晚清政局研究

——以奕劻为视角

刘鹏超 著

吉林大学出版社

·长 春·

图书在版编目（CIP）数据

晚清政局研究：以奕劻为视角 / 刘鹏超著. -- 长
春：吉林大学出版社，2020.8
ISBN 978-7-5692-6879-9

Ⅰ. ①晚⋯ Ⅱ. ①刘⋯ Ⅲ. ①中国历史－研究－清后
期 Ⅳ. ①K252.07

中国版本图书馆 CIP 数据核字(2020)第 154671 号

书　　名　晚清政局研究——以奕劻为视角
　　　　　WANQING ZHENGJU YANJIU——YI YIKUANG WEI SHIJIAO

作　　者　刘鹏超　著
策划编辑　刘子贵
责任编辑　周　婷
责任校对　安　斌
装帧设计　昌信图文
出版发行　吉林大学出版社
社　　址　长春市人民大街 4059 号
邮政编码　130021
发行电话　0431-89580028/29/21
网　　址　http://www.jlup.com.cn
电子邮箱　jdcbs@jlu.edu.cn
印　　刷　长春市昌信电脑图文制作有限公司
开　　本　787 毫米×1092 毫米　1/16
印　　张　14.75
字　　数　255 千字
版　　次　2021 年 7 月　第 1 版
印　　次　2021 年 7 月　第 1 次
书　　号　ISBN 978-7-5692-6879-9
定　　价　58.00 元

前　言

　　清朝末年，受内外双重危机影响，社会激荡突变，遭遇前所未有之变局，其中贪污腐化之风尤炽。庆亲王奕劻作为晚清的权臣、重臣，执掌内政权柄达八年之久。他主持外交事务多年，经历过《辛丑条约》的谈判，参与新政的筹谋，担任首位内阁总理，是炙手可热的政坛风云人物。对于这样一个历史人物，时人多以贪黩视之。多数人认为他昏庸贪鄙、唯利是图、碌碌无为。奕劻因为贪污备受诟病。实际上，奕劻其人极其复杂，远不止人们所认识的那样。奕劻存在不为人知的多面性，外在贪庸无能，实则深有城府、工于心计，擅用政治权术，懂得韬光养晦，能够在瞬息万变的政治斗争中保存实力。

　　监察御史有弹劾官员行为、作风的职权，对于贪污的弹劾更是责无旁贷。对于奕劻贪污，慑于他的权势，敢于直言上陈者实属异数，但仍有御史不畏权贵、仗义直陈、撄其锋芒。1904年三月初二日，监察御史蒋式瑆弹劾庆亲王奕劻在汇丰银行存有巨款。弹劾案发生后，清廷迅速做出处理，蒋式瑆因弹劾"不实"而责令其回原衙门行走。弹劾案背后有诸多疑团，奕劻是否贪污，他与汇丰银行有无往来；奕劻其人端谨精明，清廷对其的信任与重用，蒋式瑆弹劾奕劻缺乏确凿证据，错综复杂的原因决定了弹劾案的发展走势。继蒋式瑆之后，御史赵启霖再一次直揭奕劻贪污。1907年三月二十五日，赵启霖弹劾奕劻贪污受贿、其子载振纳妓，成为轰动一时的官场花案。赵启霖指出，段芝贵为夤缘奕劻父子，献十万寿金于奕劻，并将天津名妓杨翠喜献于载振，段芝贵因为献贿获得黑龙江巡抚一职。此案一出，舆论哗然。清廷派醇亲王载沣、大学士孙家鼐查办，根据二人的查办结果，赵启霖所奏失实，遂被革职查办。载振自知不容于众论，引咎辞职。赵启霖受到处分后，报界、官场、士人对其进行声援和支持。报章交相报道，官员、士子纷纷予以慰问，显示出舆论界对赵启霖遭遇的同情。

赵启霖弹劾奕劻一案与政治斗争有密切关系，同时进一步折射出晚清的官场腐败问题。蒋式瑆、赵启霖弹劾奕劻受阻后，仍有御史敢于继续弹劾奕劻贪污。1910年正月十六日，御史江春霖列出奕劻贪污受贿、结党营私等诸多罪状，最后因"污蔑亲贵"去职，这是御史弹劾奕劻贪污的一个高潮。此后，对于权贵的贪污受贿，监察御史再也发不出声音。从三次弹劾案中可以看出官员、士子、舆论对奕劻贪污的态度和看法，显现出奕劻作为政坛老手的权谋，同时揭露出清廷统治机构的腐朽和没落。

奕劻贪污是在特定历史时期出现的，折射出晚清的制度缺陷。封建专制制度是贪污成风的主要根源。在这种制度的影响下，无论是监察制度还是惩贪法律，都无法遏制贪污。另外，晚清贪污现象猖獗还受社会颓败、俸禄微薄、亲贵用权、改革混乱等因素影响。贪污腐败使清廷统治机构受到侵蚀，加快了清廷灭亡的速度。

奕劻对晚清政局产生了深刻影响。一般情况下，贪污属于个人的枉法行为。但在晚清，贪污介入权力消长过程中，成为争权夺利的无形工具。奕劻贪污直接或间接地关系到晚清的权力结构和发展态势，与政治失衡和权力竞逐有密切关系。在丁未政潮中，奕劻等人击败瞿鸿禨等政敌，使清流派没有立足之地，奕劻的权势失去制衡，对政局发展走势产生深远影响。奕劻在清末新政中，大力提倡新政，推进了宪政的进程，但因他贪污受贿，排除异己、任用私人，对立宪改革有反向作用。另外，奕劻贪污和晚清的政治命运也有密不可分的关系。辛亥革命爆发后，奕劻主张启用袁世凯。随着局势的发展，奕劻转向支持清帝退位，对晚清的政局发展走向产生了一定影响。

目　录

第一章　晚清时期的政治状况

"清朝是中央专制主义集权皇权为核心的官僚社会，官吏中的侵贪现象既是官僚政治得以存在的必要条件，也是这种政治所导致的必然结果。官僚政治的腐败，其最明显的特征是：官僚政治成员，不顾王朝前途与命运，通过废弛政务法纪、贪污婪索等行动，以满足个人或个人所在利益集团的私欲，从而严重危害封建政治的正常运行。"① 近代著名刊物《东方杂志》报道称："贪污是人性的病态，这种病态因风俗习惯及政治制度而有轻重之别。但人类赋性中隐藏着这种病菌，似乎是普遍的不经过文化势力的洗涤及法律条款的制裁。"② 从上述论述看出，贪污逐渐成为晚清政治机制滋长出的一种社会风气，道德和法律一般很难完全约制它。清代政权统治长达268 年之久。在统治初期，社会百废待兴，政权正在初步建设中，清朝统治者尚且拥有整饬吏治、一新国家的信心与魄力，对贪污现象打击得比较严厉。这一时期，社会财富积聚得相对较少，贪污现象发生得不多，法令法规能够有效地贯彻下去。到了康雍乾时期，社会富足，经济繁荣，民众安居乐业，史称"康雍乾盛世"。但繁荣的背后隐藏着巨大的社会危机，贪污现象明显有增多的趋势。乾隆年间大贪官和珅富可敌国，家财超过 8 亿两白银，竟有"和珅跌倒，嘉庆吃饱"的民谣，可以管窥当时贪污风气的盛行。到了清后期，贪污有愈演愈烈之势，成为侵蚀清朝统治的顽疾之一。

第一节　晚清时期的政情

晚清以降，内忧与外患杂糅交织。一方面，清朝已经走到了封建社会

①王春瑜主编：《中国反贪史》，成都：四川人民出版社，2000 年，第 1204 页。
②李圣武：《惩治贪污问题》，《东方杂志》，1938 年第 35 卷第 18 期。

的末期，官场腐败，民情凋敝，内部叛乱频仍；另一方面，外患来袭，国门洞开，割地赔款，西方列强瓜分迫在眉睫。清廷先是经历了鸦片战争的冲击，紧接着太平天国起义揭竿而起，内忧、外患接踵而至。经历了中法战争、甲午战争、八国联军占领北京的侵扰之后，清朝统治者狼狈地逃亡至古城西安。西方各国虽然对慈禧纵容和包庇义和团的行为感到愤慨，但他们并不准备推翻清廷的统治。因为对于偌大的一个清朝来说，"无论欧美、日本各国，皆无此脑力与兵力可以统治此天下生灵四分之一"，"故瓜分一事实为下策，如欲实行此下策，则后患又不可不防矣"①。只有将政权重新交予清朝统治者，才能保证各国利益不被侵害。西方国家这一"利益均沾"政策虽然暂缓了清廷的灭亡，却对民众进行了更为严重的盘剥和压迫。巨额赔款压得清廷无力喘息，只得默认各国划分势力范围。为了获得更多的特权和既得利益，西方国家掀起了新一轮的瓜分狂潮，可以说整个晚清时期都在岌岌可危中度过。

但这些迫在眉睫的危机并没能刺痛清廷的神经，清朝统治者并未居危思变，直到庚子变局之后，才不得不以励精图治的姿态重新寻求变法。清廷以"巨额的代价，增加了一层见识"②。光绪二十七年（1901 年），慈禧太后和光绪皇帝在西安行在发布《新政上谕》，宣布变法。这道谕旨的发布，标志着变法新政的开始，清廷在强国势力的打压下，终于以破天荒的勇气振作起来。变法诏书大致如下：

"世有万禩不易之常经，无一成不变之治法。穷变通久，见于大易；损益可知，著于论语。盖不易者三纲五常，昭然如日星之照世。而可变者令甲令乙，不妨如琴瑟之改弦。伊古以来，代有兴革。大抵法积则敝，法敝则更，惟归于强国利民而已。懿训以为取外国之长，乃可去中国之短；惩前事之失，乃可作后世之师。今者恭承慈命，一意振兴，严祛新旧之名，浑融中外之迹。中国之弱在于习气太深，文法太密，庸俗之吏多，豪杰之士少。文法者庸人借为藏身之固，而胥吏恃为牟利之符。公私以文牍相往来，而毫无实际；人才以资格相限制，而日见消磨。误国者在一私字；祸天下者在一例字。晚近之学西法者，语言文字、制造器械而已，此西艺之皮毛，而非西政之本源也。居上宽，临下简；言必行，行必果。服往圣之

---

①［德］瓦德西：《瓦德西拳乱笔记》，上海：上海书店出版社，2000 年，第 2 页。
②李剑农：《戊戌以后三十年中国政治史》，北京：中华书局，1965 年，第 46 页。

遗训，即西人富强之始基。总之，法令不更，痼习不除，欲求振作，须议更张。著军机大臣、大学士、六部九卿、出使各国大臣、各省督抚，各就现在情弊，参酌中西政治，举凡朝章国政、吏治民生、学校科举、军制财政，当因当革，当省当并，如何而国势始兴？如何而人才始盛？如何而度支始裕？如何而武备始精？各举所知，各抒所见，通限两个月内悉条议以闻，再行上秉慈谟，斟酌尽善，切实施行。"[1]从中看出，清廷在总结洋务运动和戊戌变法失败原因的基础上，认为吸取外国先进的制度文化能够革除中国的沉疴积弊，力求在吏治、民生、学校、科举、军制、财政等方面进行全方位的革新，表明了清廷对于变法的坚决态度。这份诏书是新政的一个纲领性文件，为新政的实施指明了基本方向。

为了适应变法的需要，清廷在政策上做了诸多调整。比如1901年创立政务处，改总理衙门为外务部；1903年创设商部；1905年又设立巡警部和学部，改刑部为法部，改户部为度支部；同时，废除了延续长达1300年之久的科举制度。这些重大调整，表明清廷变法图强的决心。但清廷的变法是在旧有官制基础上进行的，釜底未抽薪，更为重要的是变法未涉及皇权制度，固有的弊端仍然存在。而且随着变法的深入，预备立宪开始筹备实行，清末改革实际上成了新的权力再分配。新设立的责任内阁十三人中满族亲贵就有九人，堪称"皇族内阁"。"至于官吏人员，则为腐败之气所充塞，毫无精神之可言。其在皇室方面，则又似乎不能再行产出振作有为之人物。"[2]况且，自慈禧逝世后，中央权力开始不再集中于上，摄政王载沣怯懦、软弱的性格使得他无法驾驭整个官僚体系，皇族亲贵争权现象层出不穷。载沣任人唯亲，排挤汉族大臣，"罢斥了袁世凯，即起用亲贵，加以重任，如载洵之海军大臣，载涛之军谘府大臣，廕昌之陆军大臣（廕虽留德学陆军，然于军事毫无研究，唯载涛之命是听），载泽之度支大臣，瑞澂之两湖总督（载泽姻戚），时论谓满朝亲贵，贿赂公行，实非虚语[3]。就连侍郎这一官职也几为满族官员所占据，"陆军侍郎本拟士珍（即王士珍，汉人），及见明文，乃系廕昌。虽令王署，总使汉族无兵权耳。"[4] 这一时期，

①故宫博物院明清档案部编：《义和团档案史料》下册，北京：中华书局，1979年，第914页。
②［德］瓦德西：《瓦德西拳乱笔记》，上海：上海书店出版社，2000年，第107页。
③曹汝霖：《一生之回忆》，香港：春秋杂志社，1966年，第87页。
④陈旭麓等编：《辛亥革命前后——盛宣怀档案资料选辑之一》，上海：上海人民出版社，1979年，第30页。

"亲贵蜂起，纪纲尽弛，枢政益歧"①。对于当时的满族官员情况，章炳麟论曰："今满人之闒茸者，进不知政，退不知农商，惟赖宗室米禄以为养；而一二桀黠者，则一切取吾汉人之善政而颠倒更张之，一切取吾汉人之贤俊而芟薙鉏刈之。"② 这一说法应了光绪末年京城流传颇广的一句谚语："近支排宗室，宗室排满，满派汉"③。汉族官员与满族亲贵之间的矛盾变得异常白热化，势同水火，已达不可调和之势，以至于"各部司员候补者，每部多至千余人，满汉司员见面不交语，对于政务，满人专断处置无顾忌，汉人敢怒不敢言，出则排汉之声，叹息盈耳"④。因此，清廷在官制改革过程中并未笼络和抓住人心。当武昌起义打响之后，以袁世凯为代表的汉族官僚是不大可能与满族亲贵共进退、共同镇压各地起义的。

具体来看，清廷的改革多半虎头蛇尾、不得要领。例如，在军队建制方面，载沣以毫无军事经验的载洵和载涛充任军事要职。"其举措亦属荒谬，张南皮相国力争不可，未蒙容纳，遂自请休致，不久薨于京邸"⑤。再加上清廷并没有足够的财力来支撑军队建设，招募的新军多属于散兵游勇，缺乏战斗力，无法维护清廷在全国各地的统治，军事改革的美梦化为泡影。在财政政策方面，清廷亦存在着严重的政策失误，这在无形之中滋生出更多的贪污现象。清廷企图集中管理全国财政，打算统一货币和度量衡。这些措施遭到各省督抚的强烈反对，未得实施便随着清朝的灭亡而寿终正寝。晚清官员王树枏这样指出："自刚毅搜括各省之财，而各省之财政遂不可支；自载泽奏请各省设官监理各省之财，而国家之财政遂至大坏不可救；其所谓监理者于外间应兴应革之事毫无知觉，但箝制之使不得动作，日日造表册而已。"⑥ 官员陈宗妫亦论度支部尚书载泽曰："不知事理之轻重，不认人情之善恶。"⑦ 清廷派毫无经验之人从事财政管理，推行财政改革，无论是中央财政还是地方财政，皆无外乎"搜刮"二字，这是在以变法之名

---

①平斋：《春明梦录》，载荣孟源、章伯锋主编：《近代稗海》第十三辑，成都：四川人民出版社，1985 年，第 139 页。

②张枬、王忍之编：《辛亥革命前十年间时论选集》第一卷，北京：三联书店，1960 年，第 94 −95 页。

③刘体智撰，刘笃龄点校：《异辞录》，北京：中华书局，1988 年，第 197 页。

④李剑农：《戊戌以后三十年中国政治史》，北京：中华书局，1965 年，第 70 页。

⑤曹汝霖：《一生之回忆》，香港：春秋杂志社，1966 年，第 88 页。

⑥王树枏著：《陶庐老人随年录》，北京：中华书局，2007 年，第 69 页。

⑦徐一士：《亦佳庐小品》，北京：中华书局，2009 年，第 19 页。

行贪污之实。"大批有才能的人并没有致力于真正的革命或改革。在此制度下，没有人具有真正改变这一制度的坚定信念。中国国内变革力量的弱小与其归咎于西方帝国主义，倒不如归因于中国的社会秩序、国家和文化之强大。妨碍中国对西方的威胁作出迅速反应的抑制因素主要是中国文化的坚强内聚力和稳固的结构。"①

正如梁启超所指出的："号称预备立宪，一若发愤以刷新前此之腐败，夷考其实，无一如其所言，而徒为权位之争夺，势力之倾轧，借权限之说以为挤排异己之具，借新缺之位以为位置私人之途。"②在这样的政治氛围下，"朝廷用人，过于骤升，自微员而遽陟大僚，由杂吏而忽登卿贰，一疆臣保，疏逖者遂参枢密，一新部开，下流者亦列冠裳。……倪臣下皆怀躁进之心，斯仕途弥盛夤缘之习。受官王室，奔走私门，风俗所以日即嚣凌，人心所以日趋险诈。"③晚清特殊的政情滋生出更多的贪污腐败现象。当时，贪污腐败蔚然成风，大小官吏鲜有不沉浸其中，卖官鬻爵现象时有发生，整个官场现出暮之将秋之气。早在19世纪初期，魏源便洞悉这一时弊，深虑当时情境，他看到："朝野上下，莫不习细娱而苟近安，安其危而利其灾，以持禄养骄为镇静，以深虑远计为狂愚，以繁文缛节为足黼太平，以科条律例为足剔奸蠹，甚至圜熟为才，模棱为德，画饼为文，养痈为武，头会箕敛为富；举物力、人材、风俗尽销铄于泯泯之中，方以为泰之极也。霜未冻，月几望。气数与人事合并，沉溺而不可救，奈之何哉！诚欲倾否而保泰，必自堂陛之不太康始"④。用魏源的话来讲，清廷的气数已尽，在它奄奄一息的统治过程中，弥漫着一股奢靡之气。真可谓"时事日非，而京朝官车马衣服，酒食征逐，日繁日侈。吾辈光阴精力，皆消磨于奔驰醉饱中，可为太息。"⑤一时间，一股颓败奢靡之风笼罩着这个行将就木的政权，朝堂上下毫无生气可言，庙宇之中几无可用之才。

清末大臣丁日昌也认识到吏治清明的重要性，并进一步提出遏制贪污、整顿吏治之方："整顿吏治之方，莫如优其明中公取，而禁其暗中私赃"，而官员中"稍无定志者，在上司则必滥通馈赂，在下僚则必侵吞公帑，朘

①［美］费正清、赖肖尔：《中国：传统与变革》，南京：江苏人民出版社，1992年，第398页。
②梁启超：《现政府与革命党》，《新民丛报》，89期。
③赵炳麟：《赵柏岩集》上，南宁：广西人民出版社，2001年，第407－408页。
④杨敏之主编：《中国历代反贪全书》，长沙：湖南大学出版社，1996年，第976页。
⑤恽毓鼎著，史晓风整理：《恽毓鼎澄斋日记》，杭州：浙江古籍出版社，2004年，第371页。

削百姓，是彼得于公取者少，而得于私取者多也。私取者多，则上司不免瞻徇爱憎，而下僚得以把持挟制，衙门胥役，又复从而狼贪鼠窃，故纲纪因而日混，吏治因而日坏，民情因而日散。"①孙中山早年看到官场的腐败，遂决定弃医从政以救危局。他认为："官场一语等于法律，上下相蒙相结，有利则各饱其私囊，有害则各委其责任，贪婪之风已成习惯，官以财得，政以贿成，间有一二被政府惩治或斥革者，皆其不善自谋者也。然经一番之惩治或斥革者，皆其不善自谋者也。然经一番之惩治或斥革，而其弊害乃甚"②。以至于"凡为外官者，必谋要津大老书函致其上司，名为'运动'。且视京官无不嗜财，但挟重金，即以为无投不利。此虽贵人有以致之，然亦可以觇风气、测人心矣。"③清末官场中饱私囊、贿赂公行现象严重，可见吏治败坏、贪污腐化的程度。

第二节　晚清最高统治者纵容贪污陋规

陋规，从字面意义上讲是不良的惯例，是一项不正当收入，一般依靠违反正当的法律原则来获得，多指官员的索贿与受贿。从某种程度上讲，陋规也就是贪污得来的非法收入。当贪污演变成常规的时候，不管官员愿意与否，都必须因循此规矩行事。若是哪个官员不懂规矩，未按照规矩行事，破坏了规矩的施行，就无法在官场中立足。晚清时期的陋规现象尤其严重，成了当时的一种社会风气，不仅中下层官员为之，就连高层官员，甚至最高统治者慈禧也身列其中。慈禧带头聚资敛财，贪污受贿之风有愈演愈烈之势。

据清末士人刘体智记载："慈圣晚年，不免于寡人好货，而无与于政事，项城、西林皆以贡献，相互斗富，因其高官愈增，荣幸未必以之登进也。且此端微开于李文忠，而张文襄继之，在当日督抚，为见所未见，亦非项城、西林开其先也。辛丑回銮后，朝廷唯惧外人图己，项城近在北洋，手握重兵，尤为倚恃。侯官沈爱苍中丞时为京兆尹，窥知其隐，步袁、岑

---

①杨敏之主编：《中国历代反贪全书》，长沙：湖南大学出版社，1996年，第978页。
②杨敏之主编：《中国历代反贪全书》，长沙：湖南大学出版社，1996年，第981页。
③恽毓鼎著，史晓风整理：《恽毓鼎澄斋日记》，杭州：浙江古籍出版社，2004年，第516页。

后尘。"① 而且，"道府内放之缺，遇有素称肥缺者，部中书吏将应开列请简之名，赠与太监而招摇之，多为撞木钟，非真太后出卖也。至宣统年，则外省出应外补之缺，如归绥道某人，忽由内放，摄政之破坏祖法，竟有过于慈禧者。然亦由于女谒，实际慈禧之遗毒也（俗以或响或不响为撞木钟。摄政王纶音一下，而各省无数之候补道，不啻尽化为虚衔。事虽不大，足以见秉国钧者无一骨鲠之臣矣）。"② 上之所好，下亦效之。慈禧作为清朝的统治者，不能审视和规范自己的言行举止，贪图奢侈享受，在某种程度上助长了朝堂上下的贪污习气。在此种风气的影响下，清廷大小官员鲜少有人不涉猎贪污，亦有数量不菲的私家积蓄。"最近北京一家主要报纸刊登一些中国官吏最近几年非法所得之清单。此项数字来自御史的弹劾奏章及别的消息来源。设若该项数字完全准确，则说明，这些官员退赃数字将足以代替外国贷款。上项赃款均以银两计算，我将其用英镑折算如下：梁士诒，铁路总办，你与他曾在北京会过面，聚敛一千三百万镑。陈璧，邮传部尚书，五百八十五万镑。李德勋，津浦路北段总办，一百四十二万五千镑。而庆亲王据称在外国银行的存款，即有七百一十二万五千镑。最后，许多其它消息透露，外务部两位大臣，那桐和曹汝霖，据说由于卖国而每人每年接受之外国礼品，达十五万镑到三十万镑之多。"③ 清廷的俸禄较低，即便加上养廉银，一般的官员只能满足日常开销。对于奕劻这样的朝中大员，平时府中的开销很大，俸银和养廉银根本无法维持日常花销。在这种条件下，官员仍在银行存有巨额存款，只能说明他们利用职权营私枉法、贪污舞弊。清廷的政权统治机构已经腐朽了，整个国家也在贪腐的侵蚀下风雨飘摇、摇摇欲坠。

慈禧素来崇尚奢华，欣赏新奇事物，尤其喜爱娱乐，"在处理国事的余暇，太后尤其喜爱文学书画，又好游乐，酷爱观剧，每亲自改正戏曲"④。她还喜好和人打麻将，喜欢热闹，时而邀请外国使节妇人来宫里参加宴会，时而出去游玩。据资料记载："平日太后及帝御膳，每日各二百两，归宫内

---

① 刘体智撰，刘笃龄点校：《异辞录》，北京：中华书局，1988 年，第 214 页。

② 王树枏著：《陶庐老人随年录》，北京：中华书局，2007 年，第 172 – 173 页。

③ 骆惠敏编，刘桂梁等译：《清末民初政情内幕——〈泰晤士报〉驻北京记者、袁世凯政治顾问乔·厄·莫理循书信集下卷，（1912—1920）》，上海：知识出版社，1986 年，第 728 页。

④ [英] 濮兰德·贝克豪斯：《慈禧统治下的大清帝国》，天津：天津人民出版社，2008 年，第 305 页。

御膳房承办，不与光禄寺事也。"① 粗略估算，慈禧一天的膳食开销竟高达二百两白银之多，比一品大员一年的俸银还多，足见其奢侈腐化程度。误国首在"私"字。1890 年，为了满足纵情玩乐的私欲，慈禧极力主张修建颐和园。当时清廷的财政窘迫，根本挪不出银两来办此事。醇亲王奕譞作为海军主管大臣，迫于慈禧的压力，不得不挪用海军之建设经费作为修建颐和园的资金。颐和园得以修缮完毕，近代海军之建设却因缺乏经费而停滞不前，最终酿成甲午惨败。慈禧还在战事紧迫期间，大办寿辰，其奢华程度远远超过了清廷的财政负荷，但她仍敛财如故，坐拥巨额财富。据载：

"太后（慈禧）有私蓄三千万，半在南苑，半在大内，皆用红绳束之。庚子之岁，乘舆播迁，辇运不及，乃遗之去。八国联军入都，世相（世续）时以内大臣居守，用日兵为卫，泊驾返而无所失。慈颜大悦，世相以此骤贵。"② 根据这份资料记载，慈禧一个人的存款就有三千万之多，其贪污敛财程度可见一斑。慈禧的用度除了出自内务府之外，满朝大员、督抚无不争相进献，以为"孝敬"。1904 年，正逢慈禧太后七十寿辰之际，她虽以新政为名带头提倡节俭，拒收官员进奉的寿礼，但暗中仍照收不误。军机大臣奕劻等人通电各省督抚，以廉俸二成"相率以进，两宫深为嘉纳。始而督抚中不过袁、岑、端三帅，旋既有周玉帅、陆春帅如吕大臣，莫不争先恐后"。军机大臣世续进奉一万两零星银票为慈禧预备领赏之用，颇得慈禧欢心。盛宣怀则准备了宋、元名人字画、佛经、如意、珊瑚等物贡进，两宫甚为高兴，当场回赏给仆人一百两白银，据说当时京中最贵之贡回赏之二十两白银。③

而且，当时"宫中贿赂风行，为历史罕见。皇帝每日问安一次，索贿五十金，后妃以次各有差。宫眷苦之。家素封辄与津贴，贫瘠有因以致命者。近侍词臣，讫行省督抚司道等，有进献或赐膳观剧悉纳之，称宫门费。清介无蓄资者，每不屑为。南书房翰林，本内廷文学供奉，至清苦，且为翰林高选。宫廷赏赉费宝翰及代拟应奉文字，内侍传旨缴进，则文件与贿赂偕往（此经手内监所得），即邀御赏。否则沉没其物，恩眷亦渐疏焉。太后帝生辰三节，王大臣督抚等例进如意（督抚现任者有此制，开缺不能），

---

① 顾恩瀚：《竹素园丛谈》，第 1 页，中华文史网，http：//www. historychina. net/。
② 刘体智撰，刘笃龄点校：《异辞录》，北京：中华书局，1988 年，第 217 页。
③ 陈旭麓等编：《辛亥革命前后——盛宣怀档案资料选辑之一》，上海：上海人民出版社，1979 年，第 14 - 15 页。

及贡物，由内务府内监等递进。"① 再举刚毅献贿一事为例：

"刚毅由清文翻译，历官部郎巡抚。不识汉文，好琐屑，自谓精能。巡抚广东，以甲午入都祝嘏（慈禧六旬寿），希大用。时内地通用银，广东独制银币。刚谓总办某道曰：为我制银币三万，携入都。某曰：诺。至都因内侍献慈禧，且言：刚毅知万寿赏号繁，特铸币以表敬意。慈禧故喜誉，币新色可喜，遂饬收，刚旬入军机。某道亦不敢索偿。"② 又有记："甲午刚毅入枢垣，制铁花屏风十二面进御。时中外馈献多，太后年高懒阅之。刚毅略近侍，置屏风宫中御道侧。辇驾过，内侍奏刚毅进屏风，铁花殊精奇，老佛爷曾赏览否？后命置寝宫。刚毅自此眷遇益隆。"③ 刚毅一生，外任疆臣，内居军机，颇得慈禧的宠信和眷顾。若不是他在义和团运动期间的策略失误，引来八国联军占领北京，恐怕还要继续担任要职。有收取贿赂、贪污腐化的最高统治者，才有像刚毅这样夤缘奔走的大臣，贪污之风滋长蔓延在所难免。

晚清统治者慈禧尚且如此，其他大小官员更对钱财趋之若鹜，以贪污为一大能事。根据相关史料记载："内城旧刑部街铺垫店郑大，与李莲英定金兰之契，宫中什物，多郑经手办差。光绪帝大婚，郑大承办铺垫，获利百余万。郑常出入宫闱，慈禧太后呼之曰'郑大爷'。……清季纳赀捐官之风开，于是一般与宫中有往来者，无不广开赂门，以受请托，夕叩朝颁，竟如传舍。慈禧未殁，李阉当权，郑固烜赫一时也。"④ 内廷太监依附慈禧，公然卖官鬻爵，晚清贪污状况由此可见一斑。在皇帝眼皮底下，贪赃枉法之事亦是屡见不鲜。光绪十一年（1885 年），光绪皇帝"幸南北海，小修工程银十三万两。而任其事者，仅拆后墙而培前墙。涂饰一时，贪污如是。"⑤ 一项规模不大的修缮工程耗资竟达白银十三万两之多，这些银两并没有用作工程经费，而是全数落入官员囊中。官员连最高统治者都敢蒙蔽，可见当时贪污积弊之深。

"据汪贻年按，王蘧常所撰《沈寐叟先生年谱》言，时疆吏多以贿进，

①《清代野史》第三辑，成都：巴蜀书社，1987 年，第 350 - 351 页。
②小横香室主人：《清朝野史大观》第二册卷八，北京：中央编译出版社，第 822 页。
③《清代野史》第三辑，成都：巴蜀书社，1987 年，第 351 页。
④沈宗畸：《东华琐录》，载荣孟源、章伯锋主编：《近代稗海》第十三辑，成都：四川人民出版社，1985 年，第 622 - 623 页。
⑤文廷式：《知过轩随笔》，载荣孟源、章伯锋主编：《近代稗海》第十三辑，成都：四川人民出版社，1985 年，第 29 页。

公独未尝有馈遗达权要，故三年署藩不得真除。此亦为彼时贿赂公行之证。"① 贪污行贿成为常事，恪于职守反倒被列为异类。而慈禧所提倡的遏贪、节俭虽偶尔能达到以儆效尤的作用，但那只是统治者自欺欺人、整饬吏治的一个幌子，只不过是掩耳盗铃的举措罢了。真可谓"说取行不得的，行取说不得的"②，一语道破其中的禅机。有人把户、吏、礼、兵、工、刑六部概括成富、贵、贫、贱、武、威六个字。因为，"京都中六部书吏，以户部为最多财，而理藩院过之。盖其承袭之时，得以上下其手，故索贿尤巨，致富亦较易。"③ 为官者已将贪污当成致富的门路。晚清官场，可以称得上"做官不在大小，能够赚钱就好"④。遏制贪污的法律规约根本起不到惩治贪污的作用。作为监察机关的都察院亦是睁一只眼、闭一只眼行事，丝毫不能发挥制约贪污的作用。"从前卖官鬻缺，尚是小的，现在内而侍郎，外而督抚，皆可用钱买得。丑声四播，政以贿成。"⑤ 晚清时期的官僚体系已经被贪污、受贿所侵蚀，政治腐败现象严重。

第三节　光宣年间的贪污情况

清末官场乱象丛生，"政以贿成，官以金卖，政治紊乱，民生涂炭"⑥，"世道凌夷，人心放恣，奔竞贿赂相习成风"⑦。贪污种类之多很难予以一一枚举。当时行贿的方式多种多样，收贿的种类亦花样百出。各类门包、冰敬、炭敬、寿敬、礼敬、节敬以及捐官等形式成为孕育贪污的温床。自古以来，中国都以礼仪之邦著称，这个"礼"字包罗万象、蕴意深刻。节日、

---

① 杜春和、林斌生等编：《北洋军阀史料选辑》上册，北京：中国社会科学出版社，第38页。

② 文廷式：《南轺日记》，载荣孟源、章伯锋主编：《近代稗海》第十三辑，成都：四川人民出版社，1985年，第39页。

③ 文廷式：《知过轩随笔》，载荣孟源、章伯锋主编：《近代稗海》第十三辑，成都：四川人民出版社，1985年，第29页。

④ 番禺、沈宗畸：《便佳簃杂钞》，载荣孟源、章伯锋主编：《近代稗海》第十三辑，成都：四川人民出版社，1985年，第215页。

⑤ 岑春煊：《乐斋漫笔》，载荣孟源、章伯锋主编：《近代稗海》第一辑，成都：四川人民出版社，1985年，第101页。

⑥ 杨敏之主编：《中国历代反贪全书》，长沙：湖南大学出版社，1996年，第981页。

⑦ 吴庆坻：《蕉廊脞录》，载荣孟源、章伯锋主编：《近代稗海》第十三辑，成都：四川人民出版社，1985年，第679页。

寿辰要送礼，乔迁、升官要送礼，结婚、生子要送礼，各种礼节使贪污成了一种有"规"可循的行为。贪污的行为亦越发明目张胆和不受约束，捐官的施行更加剧了整个官僚体系的腐化。晚清官员魏少游指出："清末因财政支绌，遂大开捐纳之门，实际就是公开的卖官鬻爵。例如郑州黄河决口，名为'郑工捐'。各省遇有灾荒就开捐，名为'赈捐'。不论什么人，什么出身，都可捐官，名为'捐班'。自道台三品大员，以至'从九''未入流'末职，都规定有一定的价格，均可按其出资多少，予以大小官职，由吏部注册，或由部选，或公发各省候补。因为有捐官的捷径，所有纨绔子弟以及地主富贾，都能以钱买官。"①

面对各式的贪污乱象，时人认识到官品的重要性："操守为居官根本。长随书役，未有不觊本官之苟且以分肥者，始或藉无碍者以相尝，后则虽有碍者亦伺吾隙以相制。若于其事之可取不可取尚待犹豫，是仅有厉害之见存，而非可以语品行也。且此中区别，在我虽存界限，在人岂尽周知，徒滋影身、招摇，为人中饱。迨欲翻然改辙，而一行败而百行可疑，何以示民之信？故慧剑立断，须定自始基。"② 薛福成慨叹道："夫天网恢恢，岂能求贪墨之吏而尽殛之？然既肆其贪，复行其伪，甚且以伪侪者，则鬼神有断不能容之理。彼假誓语以欺人者，方自喜得售其术，而名利可两全也。然终至罚及其身，而名利因之两失。呜呼！贪伪之吏，亦可以知所警矣！"③但个别的呼声并不能扭转晚清官场的贪污情况。世人所提倡的恰恰是政治语境中所缺失或稀少的。各类政治贪污、军队贪污现象愈演愈烈。而由于这一时期的特殊政情，政府对贪污的抑制能力明显降低，各类惩贪立法缺乏执行力。即使有少数惩贪的案例，也不能从根本上解决留存已久的问题，不过是一种"涂饰"罢了。为了清晰地分析和理清晚清的贪污问题，根据《清通鉴》④ 统计出光宣年间清廷的惩贪情况，详见表1.1。

①文安主编：《晚清述闻》，北京：文史出版社，2004年，第264页。
②杨敏之主编：《中国历代反贪全书》，长沙：湖南大学出版社，1996年，第983页。
③杨敏之主编：《中国历代反贪全书》，长沙：湖南大学出版社，1996年，第980页。
④章开沅主编：《清通鉴》，长沙：岳麓书社，2000年，第319－1160页。

表1.1 光宣年间弹劾、惩治贪污情况一览表

序号	时间	官员弹劾内容/上谕	清廷的处置情况
1	光绪二年四月十三日	谕令福建补用道遇缺即补知府凌定国经管台湾安平口，胆敢任意侵蚀，现今查出浮冒各款已有一万四千余两之多，实属贪劣。	凌定国著即革职，严讯追究。倘延不措完，即行严参治罪。
2	光绪三年八月初四日	御史邓庆麟奏：圆明园镶蓝旗翼长文忠因官兵遇有管道差使，制造袍褂，剋扣兵丁库银，既不将用过工价开示，又于班赏项下挪移，其为怡贤亲王修理祠堂，并有借端挪动公款，及令各官摊捐情事，至春秋两操及军政用项，重复开销，意图诈取，并于应放班费等项银两，业经具稿报销，自行挪用银七百九十余两；护军校英全等随同文忠办事，既知侵欺银两，匿不举报，互相徇庇。	谕曰："文忠著照所拟，即行革职，杖一百，流二千五百里，并著该管大臣严加看守，将挪用银两，勒限追缴；英全、国春均著革去护军校，杖一百，流二千五百里；该管大臣于文忠侵欺克扣情弊，失于觉察，著交部照例议。"
3	光绪三年十一月十四日	粤东绅士梁应琨父子利用疏通河道勒捐公款。	谕令刘坤一、张兆栋彻查。
4	光绪四年二月二十九日	御史张观准奏劾内务府浮冒侵吞，怀奸不忠。	张遭传旨申斥。
5	光绪四年四月初六日	曾国荃奏称，山西阳曲县仓书李林儒、孙毓树承办粥厂放赈事宜，胆敢于运送米石时，商同侵盗，至五十石之多。	已饬令就地正法。

序号	时间	官员弹劾内容/上谕	清廷的处置情况
6	光绪四年十一月十八日	给事中王昕奏称，山西荒旱异常，地方官仍旧征收钱粮，该省富户捐款，各州县托词解省，勒限交官，甚至纵容书差，苛派中饱，官吏侵吞克扣，实惠不能遍及于民。	谕令阎敬铭、曾国荃将该给事中所奏情形一并认真稽查，如有虚冒情弊，即行据实严参。
7	光绪五年七月二十九日	有奏称，广东学政吴宝恕吸食鸦片，聚众赌博，并利用科考收受贿赂。	著刘坤一、裕宽确切查明
8	光绪六年十月初三日	有奏，中城副指挥白荃，豢贼纵赌声名甚劣，该坊地面开设赌局数处，显系得贿包庇；西珠汛都司赵遇春与白荃同恶相济，该都司并有虚冒克扣兵丁口粮情事。	谕令都察院堂官及步军统领等将白荃、赵遇春犯案各节分别确查参奏，王皮胡同等处赌局，著步军统领衙门即行严密拿办。
9	光绪七年三月十一日	两江总督刘坤一奏称，招商局委员盛宣怀收买旗昌轮船等项，舞弊属实。	从总署奏，遵议招商局员被参各款折，因刘坤一、李鸿章所奏异词，无从臆断；惟据刘坤一、李鸿章复奏，均称招商局限钱账目向由驻沪道员徐润一手经理，应请饬该大臣等调齐该局一切卷宗账据，再行详细确查，会同办理。
10	光绪七年三月十五日	以粤海关库书傅廉改名傅广，侵吞饷项，勒索规费，报捐道员，仍复把持关务。	谕令将其即行革职，勒令回籍，不准逗留。

序号	时间	官员弹劾内容/上谕	清廷的处置情况
11	光绪七年八月初九日	给事中楼誉普奏，各省督抚司道衙门，应用幕友，竟有日久盘踞，聚赌招摇，甚至肆行贿赂，广通声气，应予革除。	谕令各督抚严行查察，如有似此劣幕，立即驱逐，并严饬司道等一体访查，不准徇情迁就。
12	光绪八年七月十二日	山西冀宁道王定安贪墨营私、滥支各款、蒙混开销。	命王定安革职惩办，曾国荃保荐匪人，著革职留任。
13	光绪八年七月二十九日，八月二十四日	麟书、潘祖荫奏，太常寺卿周瑞清被参包揽云南报销一案；御史洪良品奏，云南报销一案，户部索贿银十三万两，嗣因阎敬铭将到，恐其持正驳诘，始以八万金了事。景廉、王文韶均受贿遗巨万，余皆按股私分。命醇亲王、翁同龢确查具奏。	太常寺卿周瑞清著听候查办，毋庸在军机章京上行走；王文韶准开缺回籍；户部主事孙家穆革职查办；御史李郁华革职。
14	光绪九年二月二十九	河南盗犯胡体安临刑呼冤一案。经差役刘学汰等收受贿赂放纵，教令王树汶顶替，其程孤堆、王牢夭二犯，听从胡广得行窃，把风接赃，均系案内正盗，王树汶与胡体安同此案似无关联。	河南巡抚李鹤年、河东河道总督梅启照即行革职，所有制造此冤案之大小官员著一并革职或交部议处。
15	光绪十一年十月十八日	台湾道刘璈冒领空额，虚支巨款。	定斩监候，已革提督高登玉明知刘璈虚报夫数，辄代出印领，朋比为奸，发往军台效力赎罪，已革同知胡培滋明知夫饷浮冒，知情徇隐，驱逐回籍，副将张福胜、知府刘济南，一并革职。

序号	时间	官员弹劾内容/上谕	清廷的处置情况
16	光绪十四年十二月二十四日	前出使日本大臣徐承祖营私肥己、牟利妄为、贪劣侵欺、行止贪鄙。	命将二品顶戴、候选道徐承祖著先行革职，听候查办。
17	光绪十八年六月十七日	山西巡抚、前安徽布政使阿克达春不谙文理，巧立名目，收受贿赂。	令刘坤一确查。著开缺另候简用。
18	光绪十九年十月二十日	有奏，四川总督刘秉璋，信用候选道徐春荣、署提督钱玉兴二人，招摇纳贿；知县陈锡鬯等声名狼藉，官运局本，该委员侵蚀馈送，又所属州县，设立私卡，痍毙民人，防营弁勇，暗通会匪，劫案叠出，列款纠参。	命谭继洵前往四川确查。
19	光绪二十一年七月二十三日	江西巡抚德馨赏拔贪滑卑谀之人，平日收受属员馈送，纵容门丁遇事贪索，且于筹办防务之际兼旬演戏，一味酣嬉，实属辜恩溺职。	命将江西巡抚德馨著即革职。
20	光绪二十二年十二月二十七日	鹿传霖奏川省科场舞弊事。	著严拿按律惩办。
21	光绪二十九年三月初七	闽浙总督许应骙以贪污被弹劾。	解职。
22	光绪三十年三月初二日	御史蒋式瑆奏庆亲王挥霍异常，并有巨产120万金存于汇丰银行，请存户部银行。	派清锐、鹿传霖查办。以查无实据结案。御史蒋式瑆回原衙门行走。

续表

序号	时间	官员弹劾内容/上谕	清廷的处置情况
23	光绪三十二年十一月二十五日	帮办藏事大臣张荫棠奏参驻藏贪劣人员有泰等，庸懦昏聩，贻误事机，并有浮冒报销情弊。	命将有泰先行革职，不准回京，听候归案查办。
24	光绪三十三年三月二十五日	御史赵启霖奏，段芝贵夤缘迎合，有以歌妓献于载振（奕劻子），并从天津商会王竹林措十万金为庆亲王奕劻寿礼，遂得署黑龙江巡抚。	命载沣、孙家鼐彻查；段芝贵革职；载振辞职；赵启霖因弹劾不实革职。
25	光绪三十三年九月二十日	湖北按察使梁鼎芬奏劾奕劻、袁世凯怙恶不悛，贪私误国。略谓：徐世昌本袁世凯私人，又夤缘奕劻、载振父子，得此权位；杨士骧、陈夔龙等，以贪邪而任兼圻；梁如浩、蔡绍基、刘燕翼等，以行贿而任关道，贪贿成风，纲纪荡然。	得旨：当此时局日棘，辄有意沽名，摭拾空言，乃不察时势之危迫，不谅任事之艰难，肆意弹劾，尤属非是，著传旨申饬。
26	宣统二年正月十六日	御史江春霖弹劾奕劻任用私人，老迈庸懦，并涉及袁世凯等多人。	御史江春霖回原衙门行走。
27	宣统二年二月十六日	四川提学使赵启霖再次弹劾奕劻贪鄙、任用非人。	赵启霖被解职。

依据表 1.1，从光绪到宣统这 37 年中，共有 27 宗有关贪污的案件。当然，这个表格只是官方给出的一系列数据，并不能完全代表和显示光宣年间所有的惩贪情况，但亦能从中管窥一斑。这 27 宗案件在时间分布上又极不均匀。大体来看，政局稳定、局势相对太平时期，弹劾或惩治贪污案件相对比较多；反之，外患侵袭、对外战争时期，惩治贪污案件的出现频率较低。例如，中日甲午战争时期与八国联军侵占北京时期，统治者对贪污案件无暇顾及，惩贪案件发生得比较少。晚清特殊的政情使贪污这一现象时而显现，时而潜伏，清廷对贪污的处置方法和惩戒程度也不尽相同。在

众多对官员贪污提出弹劾之人中，监察御史或六科给事中占绝对多数，这是晚清监察机构行使检举与监察职责的体现，也证明了御史在惩治贪污过程中具有不可或缺的作用。另外，在晚清最后几年，对亲贵的弹劾开始增多，如 1904 年蒋式瑆弹劾奕劻私存巨款；1907 年赵启霖弹劾奕劻父子纳妓受贿；1911 年江春霖弹劾奕劻贪鄙、任用私人；等等。同时，清廷对朝中大员贪污的态度和对一般官员的态度又有所不同，例如对待弹劾庆亲王奕劻贪污案件，清廷一概对奕劻不予处置，显示出对待大员的包容和维护。这些对上层官员贪污的控诉充分暴露出清廷上层官僚系统的腐化。

正如孙中山所言："贪污行贿，任用私人，以及毫不知耻地对于权势地位的买卖，在中国并不是偶然的个人贪欲、环境或诱惑所产生的结果，而是普遍的，是在目前政权下取得或保持文武公职的唯一的可能条件。"[1] "而这种贪污又是根深蒂固遍及于全国的，所以除非在行政体系中造成一个根本的改变，局部的和逐步的改革都是无望的。"[2] 贪污已经扎根于清廷的官僚体系之中，因此，在原有政治框架基础下进行的变革是无法从根本上去除贪污的。清廷的变革反而助长了贪污的邪风。对于这个"腐败透顶了的国家"[3]，民众痛恨至极，对之逐渐失去信心和信任，最终革命派揭竿而起，推翻了清廷的统治。可以说，贪污对政局发展产生了极大的负面影响，加快了清廷灭亡的速度。

---

①孙中山：《孙中山全集》第一卷，北京：中华书局，1981 年版，第 102 页。
②孙中山：《孙中山全集》第一卷，北京：中华书局，1981 年版，第 95 页。
③骆惠敏编，刘桂梁等译：《清末民初政情内幕——〈泰晤士报〉驻北京记者、袁世凯政治顾问乔·厄·莫理循书信集下卷（1912—1920）》，上海：知识出版社，1986 年，第 766 页。

第二章 晚清政局中的奕劻形象

第一节 奕劻其人

一、奕劻的个人经历

庆亲王奕劻（1838—1917），是乾隆皇帝之子永璘的孙子，"道光三十年（1850 年，12 岁），袭辅国将军；咸丰二年（1852 年，14 岁）正月，封贝子；十年（1860 年，22 岁）正月，进贝勒；同治十一年（1872 年，36 岁）九月，加郡王衔，授御前大臣；光绪十年（1884 年，46 岁）三月，命管理总理各国事务衙门，十月，进庆郡王；十一年（1885 年，47 岁）九月，会同醇亲王办理海军事务；十二年（1886 年，48 岁）二月，命在内廷行走；十五年（1889 年，51 岁）正月，授右宗正；二十年（1894 年，56 岁），进亲王；二十六年（1900 年，62 岁）七月，留京会大学士李鸿章与各国议和；二十七年（1901 年，63 岁）六月，改总理各国事务衙门改为外务部，奕劻仍总理部事；二十九年（1903 年，65 岁）三月，授奕劻军机大臣，仍总理外务部如故，寻命总理财政处、练兵处；宣统三年（1911 年，73 岁）四月，罢军机处，授奕劻内阁总理大臣；八月，武昌兵起，初命陆军部尚书，请于朝，起袁世凯，袁世凯入京师，代奕劻为内阁总理大臣，授奕劻弼德院总裁；十二月，诏逊位，奕劻避居天津；后七年薨，谥曰密"①。永璘是乾隆皇帝最小的儿子，在嘉庆朝获封庆亲王，其第三子绵慜承袭郡王。但绵慜身后无子，遂以顺郡王绵志之子奕綵为嗣继承爵位。"奕綵因在孝服

---

① 赵尔巽：《清史稿》，北京：中华书局，1976 年，第 9097－9099 页。

中纳妾，下宗人府议处夺爵；同时永璘第六子辅国公绵性，觊觎王爵，行贿谋袭，事发被戍盛京，道光二十六年以绵性之子奕劻继绵慜为嗣，封辅国将军，"奕劻"以罪人子，本不应继近支袭爵，乃先行过继别房，然后转继。"① 此后，奕劻的命运发生转机，日趋接近权力中枢。

"奕劻为贝勒时，家道甚窘"②。早年的潦倒使他的家境"甚贫乏，以其为中国绘画山水之能手，兼擅长书法，尝为人教读，且资书画以糊口，藉以略增其收入"③。辛丑年之前，"庆王宅内，常将杯内饮剩之茶，再行倾入茶壶，更由此以烹制鲜茶。"④ 这些经历道出奕劻身为宗室远支的生活境况，其中充满艰辛和苦楚。后来经过个人的不懈努力，奕劻开始办理海军事务、担任总理衙门大臣，并在《辛丑条约》签订后，逐渐晋升为首席军机大臣。除此之外，奕劻还担任过镶黄旗领侍内大臣、阅兵大臣、镶黄旗满洲都统、正黄旗满洲督统、崇文门正监督，管理上虞备用处、善扑营、虎枪处、颐和园事务、火器营各项差使。奕劻从宗室远支走向权力中心，从一个穷酸贝勒发展成股肱之臣，其中一步步经历的辛酸苦楚只有他一个人知道。因为是宗室远支，经济拮据又不得志，早年的奕劻并没有呼风唤雨的权力，亦没有官员愿意主动与他结纳、建交。就连善于结交权贵的袁世凯都没有注意到奕劻这个人物，直到奕劻有望胜任军机大臣之后，袁世凯才逐渐开始向奕劻靠拢。光绪三十四年（1908 年），庆亲王奕劻获得世袭罔替，是其政治生涯中的一个高峰。按照清廷的规制规约，爵秩要降一级承袭，如亲王子只能承袭郡王的爵位，郡王子只能承袭贝勒的爵位。世袭罔替就是所谓的"铁帽子王"。清朝共有十二位铁帽子王，其中，前八位为在开国之初立下战功的皇室宗亲，第九位为康熙的儿子怡亲王胤祥。咸丰年间以来，唯有恭亲王奕訢和醇亲王奕譞获封铁帽子王。他二人属于近支宗室，是咸丰帝的亲弟弟。奕劻系远房宗室，他获封铁帽子王在清代历史上无疑属于异数。晚清最后十年是庆亲王奕劻政治生涯的辉煌时期，这一时期他位高权重，手握朝廷政治、军事大权，对他的弹劾诟病也随之开始。这些弹劾主要集中在奕劻贪污方面：先是光绪三十年（1904 年）御史蒋式瑆弹劾他

---

①黄濬：《花随人圣庵摭忆》，太原：山西古籍出版社，1999 年，第412 页。

②载润：《有关奕劻的见闻》，载《辛亥革命回忆录（六）》，北京：文史资料出版社，1981 年，第464 页。

③《清代野史》第二辑，成都：巴蜀书社，1987 年，第95 页。

④［德］瓦德西：《瓦德西拳乱笔记》，上海：上海书店出版社，2000 年，第111 页。

在汇丰银行存有巨款，而后在光绪三十三年（1907 年）御史赵启霖参劾奕劻、载振父子纳妓受贿，梁鼎芬弹劾奕劻和袁世凯相勾结，宣统二年御史江春霖上奏奕劻结党营私、贪污收贿等罪状，等等。这些弹劾将奕劻推上了外界舆论的风口浪尖，他亦成为晚清政坛上备受争议之人物。

奕劻发迹，始于御前大臣，御前大臣一般掌管乾清门侍卫、司员诸务，并常日侍值于皇帝左右，逢皇帝出宫巡幸，与领侍卫内大臣任后扈大臣，并兼管奏事处事务。在宫廷办事的经历使奕劻极早地领悟到为官之道和人情世故，他从世未深的穷贝勒，逐渐发展成为一个处事老到的肱股之臣。奕劻在担任御前大臣期间，处事谨慎，办事稳妥，积累了足够的政治资本。另外，"庆邸之进也由桂祥。桂祥者，太后胞弟也。庆邸本罪人子，凡再入继，而后为庆王嗣。初为贝勒与桂祥结姻，后始袭封庆王。"① 奕劻正是凭借与桂祥的这层姻亲关系，逐渐与慈禧太后拉近关系。他还趁恭亲王奕訢和慈禧之间矛盾激化之机，逐渐获得慈禧的信任，取代奕訢掌管总理各国事务衙门。之后，奕劻为官的道路一路平坦，并与漕运总督恩寿、大学士裕德、山东巡抚孙宝琦、肃亲王善耆、大臣那桐结为姻亲。奕劻出任首席军机大臣是他权力之路的一个顶峰。按照清廷的惯例，"满清公卿贵至大拜，而未尝值军机者，不得谓之真相。军机大臣有时多至六七人，而权实操于领袖，新进者画诺奉行，徒拥虚名也。军机向例，凡京外章奏，发交军机建议者，各件必先置领袖军机案前，领袖军机阅竟，传观某军机者，亦只某军机一人阅之，他人不能聚观。领袖军机偶发一议，诸人纵不谓然，但在值庐时，决无有反对者。惟同入奏对时，尚能各抒己意，略事补救。然其人已不可多得，而为领袖所不悦矣。"② 军机大臣的实权操控于领袖军机，领袖军机的权力如日中天。奕劻能够担当此项重任，足见其位高权重。

奕劻成为清廷重臣，主要靠他自身的努力和为人处世的机敏、沉稳作风，也和他早期生活落魄所形成的隐忍性格有关。正是凭借凡事谨慎小心的作风，奕劻才得以不断登上权力高峰。另外，晚清内忧外患的政治情势也为奕劻提供了更丰富、更广阔的施展才能的空间。自奕訢和奕譞两位亲王去世之后，除了奕劻之外，朝堂之上再也找不出能够独当政局的宗室人选。同时，他善于经营官场中姻亲网络之间的关系，培植亲信关系网，擅

---

① 庄建平主编：《近代史资料文库》第六卷，上海：上海书店出版社，2009 年，第 53 页。
② 孙静庵：《军机领袖》，载《栖霞阁野乘》，中华文史网，http://www.historychina.net/。

长利用政争排除异己，为自己的仕途发展铺平道路。可见，奕劻的发迹受天时、地利、人和等诸多因素的影响，更取决于其自身的努力和经营。

二、时人眼中的奕劻

这样一个历史人物，在政界摸爬滚打了 27 年。早年的艰辛，后来的发达，种种际遇造就了一个思想复杂、处世圆滑的奕劻。有笔记记载，奕劻"初由恭邸援引时，谬为恭敬，光绪九年以后，事权渐属，遂肆贪婪，又与承恩公桂祥为儿女姻亲，所以固宠者无所不至，召戎致寇，其罪浮于礼亲王世铎云。"① 恭亲王奕訢与奕劻皆生于道光年间，属于同龄人，二人在总理衙门共事，接触的机会比较多。奕訢对奕劻早年的经历比较了解。"恭邸退闲时，知庆亲王之贪黩，尝与志伯愚侍郎言：'辅廷（庆邸字）当日貌为清节，凡有人馈送者，不得已收一二小物，皆别束置之。谓予曰：'此皆可厌，勉为情面留之，概不欲用也。'予故援引之。今贪劣如此，若国家责以滥保匪人，予实不能辞咎。'及恭邸起用，亦竟与之委蛇而已。"② 由此可见，奕劻早年为了获得重用与提拔，故意表现出清正廉洁的作风，待他逐渐得势之后，贪污的本性也展露出来了。

对于奕劻其人，历来贬多于褒，多认为奕劻碌碌无为、贪庸腐化、无才无能、缺乏主见，与袁世凯结成一派，对袁世凯言听计从。如日本学者佐藤铁治郎认为："庆亲王者，本无甚才具之人。论其学问，亦如美使之论端王等。遇事则袁谋于外，庆应于内。庆与袁交，既得钱以中饱，又得人以利用，要其志愿，不过再盖几所花园，藏若干珍宝而已。"③ 连溥仪都觉得："庆王就是以办理卖国外交和卖官鬻爵而出名的奕劻。"④ 时人警民甚至认为："奕劻贪劣至亡其家国而不惜"⑤。既然"奕劻以贪黩著"⑥，他在时人眼中的贪污形象基本定格。

章宗祥曾在奕劻部下供职，对奕劻的情况有更深刻的了解，他记曰："庆亲王奕劻，原来是郡王，后来才封授亲王；他在西太后时代执政最久，

①黄濬：《花随人圣庵摭忆》，太原：山西古籍出版社，1999 年，第 412 页。
②黄濬：《花随人圣庵摭忆》，太原：山西古籍出版社，1999 年，第 412 - 413 页。
③［日］佐藤铁治郎著，孔祥吉等整理：《一个日本记者笔下的袁世凯》，天津：天津古籍出版社，2005 年，第 185 页。
④溥仪：《我的前半生》，北京：群众出版社，2003 年，第 17 页。
⑤警民：《徐世昌》，台北：文海出版社，第 111 页。
⑥徐一士：《亦佳庐小品》，北京：中华书局，2009 年，第 19 页。

内与李莲英勾通，外与袁世凯联络。袁之拉庆，是因为庆能在西太后面前说得上话，两人对政治问题所表现的态度常是一致的。他微时曾教书度日，不是少爷出身。他贪财卖缺，视为常事，'上有好音，下必甚焉'，清末官场的贿赂公行，庆王是不能辞其咎的。所谓'做京官'的人，每天都是在征逐饮食、奔走红白酬应，从来没有整天办公的。奕劻以庸碌之身，居然占据高位多年，后来安然退职，殁于天津，这与他胆小不敢结人怨，没有借事杀人，所以不受报复有关"①。从章宗祥的记述看出，奕劻早年生活拮据，一度依靠教书维持生计。得势后的奕劻，嗜财如命，贪财卖缺，碌碌胆小，内与李莲英相结纳，外与袁世凯结为同党。奕劻的为政之道在于处事温和，不表露真心，不与人针锋相对，且不轻易树敌，这是他在民国之后得以善终保全的原因所在。

奕劻在担任总理衙门大臣期间，与外国人接触的机会相对比较多。莫理循是19世纪末20世纪初《泰晤士报》的一名驻华记者，他与各国使节和中国权臣政要常有交流和往来。宣统三年（1911年），莫理循在《泰晤士报》上发表了一篇专门介绍庆亲王奕劻的文章，从中可以窥见外人眼中奕劻的形象。据记载："庆亲王为中国最有名望之人物，其在政界，历有年所，彼二十七年来之历史，即为中国近二十七年之历史，亦即为中国国家历史中最衰弱不幸之时代……庆之私邸在皇城外之北，北京大小官员，无一不奔走于其门者，盖即中国所云其门如市者也。官吏之入邸求见者，又必先纳门包与司阍者，而后得入，彼之所得更无论矣。盖彼于官场中实为一罪大恶极之人，然因得西太后之信任，故得常蒙优遇，身受格外之恩宠。纵彼之一生，固常与国家患难为缘，今年已七十三岁，从未做一稍有荣誉之事。御史屡屡参劾之，然均无效。全国报章之于彼，除咒诅而外，几不见彼之名字。乃彼仍生活如常，且权势日见涨大。彼之妻妾之多，即在华人亦可谓仅见，故其家属之生齿亦甚多。其姻亲皆国中之王公大臣。"②

莫理循这篇报道庆亲王奕劻的文章"发表时，他（袁世凯）认为我过于严厉了。可是蔡廷干问袁世凯：'难道他说的不是真实的吗？'袁世凯不

①章宗祥：《记庆亲王奕劻和贝子载振》，载上海市文史资料委员会编：《上海文史资料存稿汇编·政治军事》，上海：上海古籍出版社，2001年，第10页。
②《清代野史》第二辑，成都：巴蜀书社，1987年，第95－98页。

得不承认我说的是真实的"①。晚近以来，袁世凯与奕劻关系密切。莫理循曾担任过袁世凯的私人顾问，他对奕劻与袁世凯的关系这一重要内容未加叙述，明显有袒护袁世凯之嫌。但同时，莫理循的这则报道也向人们展示了一个受外国人鄙夷和谩骂的奕劻。他认为庆亲王奕劻"优柔寡断，阴险狡诈，贪污受贿的老朽，他的政绩往往与灾难相联系，"② 对近代中国败坏的政局难辞其咎。这样一个饱受批评与争议的人物如何能够成为清廷最后的权力赢家？如何在云谲波诡的政坛中站稳脚跟？这和奕劻的性格特点有很大关系。

三、奕劻的性格特点

事实上，奕劻其人远非那么简单，而是相当复杂多变。这样一个权倾一时的重臣，能在清朝最衰弱的时刻掌握权柄，把握大局，他一定有自己的谋略，并非世人所认为的毫无才能。奕劻以"罪臣之子""宗室远支"登上历史舞台，以"贪婪好货"为人所熟知，在貌似平庸的背后，隐藏着他一以贯之的性格特点。有论者称："庆之为人，外虽端谨，内实精明。"③ 清末官员金梁这样看待奕劻："初为贝勒，颇以明干称，亦读书，能书画。遇事多所匡正。及直军机，忽一变其素习，用人行政，非贷不成……然其为人，亦有不可及者，能矫情镇物，喜怒不轻见于色。每议事，群争论，辄徐出一言以定。平居寡言笑。"④ 章宗祥亦曾说奕劻："平时为人很谨慎，不多说话，他接见人，在事前就把应该说的话预先想好，说完就不再开口，因此很少失言。"⑤ 从金梁和章宗祥二人的记述看，奕劻办事相当谨慎小心，懂得韬光养晦，不轻易显露自己的本心。他在担任总理衙门大臣期间，对待外国公使"意态殊极恭顺"⑥，显示其平易谦逊的态度，丝毫没有傲慢轻

---

①骆惠敏编、刘桂梁等译：《清末民初政情内幕——〈泰晤士报〉驻北京记者、袁世凯政治顾问乔·厄·莫理循书信集下卷（1912—1920）》，上海：知识出版社，1986年，第795页。

②骆惠敏编、刘桂梁等译：《清末民初政情内幕——〈泰晤士报〉驻北京记者、袁世凯政治顾问乔·厄·莫理循书信集下卷（1912—1920）》，上海：知识出版社，1986年，第729页。

③［日］佐藤铁治郎著，孔祥吉等整理：《一个日本记者笔下的袁世凯》，天津：天津古籍出版社，2005年，第185页。

④金梁：《道咸同光四朝佚闻》，转引自吴玉清、吴永兴编著：《清朝八大亲王》，北京：学苑出版社，1993年，第443页。

⑤章宗祥：《记庆亲王奕劻和贝子载振》，载上海市文史资料委员会编：《上海文史资料存稿汇编·政治军事》，上海：上海古籍出版社，2001年，第10页。

⑥徐一士：《亦佳庐小品》，北京：中华书局，2007年，第151页。

侮之色。奕劻自光绪十年（1884年）始，长期处理外国在华事务，对外国的认识远超一般官员。大学士昆冈等人认为"庆亲王奕劻在总署多年，各国最为信服，愿与早日商议和局"①，在各国公使眼中有一定的威望。同为总理衙门大臣的李鸿章却与奕劻截然相反，对待外国公使极度傲慢。可见，奕劻虽然表面上不露锋芒，其实具备相当的外交才能和政治手腕，能够得到各国公使的认同。他对于商务也有异于常人的论断，他曾上奏说："泰西以商立国。于商务特设专部。中国亦宜设立商部。以为振兴商务之地。"②清廷遂允准奕劻的奏请，设立商部，专门管理商务事宜。对于奕劻一贯的不错表现，清廷曾专门给予肯定和表扬，说他不仅"夙矢公忠、勋劳懋著"③，而且"谨慎忠纯、力持大体、竭诚筹画、悉协机宜"④，可见清廷对奕劻的优待与器重。正是仰仗清廷的重用和支持，他才得以在朝堂中立于不败之地。

奕劻表面虽谨小慎微，胆小怕事，内心却非常强大，能够屡次击败政敌。例如，光绪三十三年（1907年），御史赵启霖奏新设疆臣夤缘亲贵，物议沸腾，称段芝贵夤缘迎合，有以歌妓献于载振，并从天津商会王竹林措十万金为庆亲王寿礼等语。⑤在这场弹劾风波中，奕劻自知不容于众论，遂听任段芝贵罢黜署抚一职，又曲从载振之请，许其辞去各项差缺，而赵启霖"于亲贵重臣名节所关并不加访察，辄以毫无根据之词，率性之奏任意诬蔑，著即行革职以示惩儆"⑥。纵观这场博弈，奕劻是唯一的赢家。首先，打击了言官赵启霖，将其革职查办。同时，对与自己敌对的瞿鸿禨、岑春煊集团也是一个警醒。其次，奕劻采取"舍卒保帅"的策略，保留了自己的政治实力，最终在丁未政潮中一举击败对手瞿鸿禨、岑春煊等人，成为最后的政治赢家。同年五月，瞿鸿禨因翰林院侍读学士恽毓鼎奏参罢斥。恽毓鼎上奏称："瞿鸿禨平时与京报馆主笔往来甚密，通国皆知，朝廷慎密之谋，暗通消息，往往事未宣布，而报纸先已流传，其心所欲言则授意言

①《清德宗实录》，卷四百六十七。
②《清德宗实录》，卷五百六。
③《清德宗实录》，卷五百十一。
④《清德宗实录》，卷五百五十四。
⑤《光绪宣统两朝上谕档》第三十册，光绪三十三年（1907年），桂林：广西师范大学出版社，1996年，第43页。
⑥《光绪宣统两朝上谕档》第三十册，光绪三十三年（1907年），桂林：广西师范大学出版社，1996年，第49页。

官奏陈，瞿鸿禨窃权而为之。"① 瞿鸿禨因私通报馆而被罢黜，"语意殊牵强支离，盖不过即毓鼎一参而行其处分耳。奕劻之所以施其媒孽者，据闻乃以戊戌旧案牵动孝钦也。"② 恽毓鼎正是在奕劻、袁世凯的授意下，才参劾军机大臣瞿鸿禨的。对于另一个不与自己为伍的大员岑春煊，奕劻更是煞费苦心地搬出慈禧最为深恶痛绝的戊戌旧案，将岑春煊一举扳倒。可以看出，奕劻在政治斗争中并非他所表现出的碌碌平庸，而是懂得适时予以反击、掌控大局，他的政治权谋是掩藏在平庸贪鄙之下的。

况且，奕劻的为人城府很深。也正是因为这个原因，奕劻能够成为晚清政坛上的"不倒翁"。奕劻与袁世凯虽因钱财结交，但二人很大程度上是一种互相利用的关系。奕劻也并非毫无主见，对袁世凯唯命是听。庚辛之际，奕劻与李鸿章参与对外议和，他在谈判中尽心尽力，深得慈禧赏识，在朝中地位不断提高。"他对李鸿章明白说，谈判以你为主，我只备位而已。而事实上，他对谈判非常尽心。期间，他致荣禄密信，备说他对李鸿章不尊重他的意思十分恼火，十分巧妙地把和李鸿章意见相左之处反馈给清廷。"③ 奕劻将重臣李鸿章都不放在眼里，又怎会"完全听袁（袁世凯）支配"④ 呢？奕劻的外交与政治才能是得到清廷认可的。奕劻在大事面前能够把握大局，并非只知贪污纳贿。"武昌起义后，奕劻在袁世凯复出方面做功甚多，目的也是显而易见的，也就是维护清政府的统治，只可惜形势的发展并不如奕劻所料。"⑤

正如骆宝善先生所说："奕劻练就的是某种'大智若愚'的面孔，是他的'保护色'，他的内心明镜似的并不庸碌，李鸿章他尚且不放在眼里，对于袁世凯这个晚辈后生和政治上的伙伴，又岂能完全任其摆布，又岂能是几个铜板就能收买得了的？"⑥ 为了在朝堂之中立足，奕劻只有利用自己的"保护色"来掩饰才能与谋略。事实上，位高权重的庆亲王奕劻已经到了高处不胜寒的境地。当时，"文忠（荣禄）已逝，庆邸继文忠领班，而鹿相国

①《奏为特参军机大臣瞿鸿禨阴谋窃权分布党羽请立予罢斥事》，第一历史档案馆，档号04 - 01 - 12 - 0655 - 054。

②《丁未政潮重要史料》，《国闻周报》，十四卷第五期。

③袁世凯著，骆宝善评点：《骆宝善评点袁世凯函牍》，长沙：岳麓书社，2005年，第252页。

④载涛：《载沣与袁世凯的矛盾》，载《晚清宫廷生活见闻》，北京：文史资料出版社，1982年，第79页。

⑤丁健：《奕劻与辛亥革命再起》，《江西师范大学学报（哲学社会科学版）》，2010年第2期。

⑥袁世凯著，骆宝善评点：《骆宝善评点袁世凯函牍》，长沙：岳麓书社，2005年，第252页。

（传霖）、瞿相国（鸿禨）、徐尚书（世昌）为之辅，枢廷略具规模，然而庆邸已明受馈送矣。"① 奕劻毫不掩饰他的贪婪本色，甚至慈禧都认为他只知贪污敛财。慈禧虽然"捻知庆之昏庸，远不及荣禄也"，但她同时认为"庆之政策无他谬巧，直以徇私婪贿为唯一伎俩。较之树党羽以图权势者，犹为未达一间"②。慈禧之所以一直重用奕劻，在于奕劻外表显现出的庸碌贪鄙让她放松警惕，认为奕劻的权势在她控制范围之内，对她不构成威胁。那么，这样一个人尽皆知的贪鄙官员，怎么会在风云变幻的晚清政坛中，从边缘地带进入权力中心，并始终处于领军地位？这自然不是"庸碌"二字所能解释和作答的。面对御史的屡次弹劾和政敌的步步围攻，奕劻从容应对，最终毫发未伤。"尤为难得的是，无论是甲午战争、戊戌变法及政变、义和团动乱及八国联军入侵，乃至随后轰轰烈烈的宪政改革，奕劻都表现出了丝毫不亚于恭亲王奕訢的开明姿态和灵活身段，并以其特殊地位，为李鸿章和袁世凯等人保驾护航。英国公使窦纳乐甚至认为他是推动中国政府（进步）的一个杠杆。"③ 可见，奕劻这个人存在不为人知的复杂多面性，外在庸碌、贪鄙，实则谨小慎微、深有城府、工于心计，善用政治权谋和韬略，并能够掌控和把握大局。正因为他的这一性格特点，他才能在瞬息万变的政治斗争中保存实力，一举击败政治对手，成为晚清政坛名副其实的"不倒翁"。

第二节　关于奕劻贪污的论述

皇室宗族远支素来贫寒，不具备殷实的根基。据笔记记载：有清一代，按照"旧制，景祖以上宗支称觉罗，景祖以下子孙为宗室，而格格、额驸则无限制。乾隆三十六年，宗人议准，世祖章皇位下子孙所生女，照理视爵封授格格、额驸，给与俸禄，其余王公之女给虚衔，推恩至四世以下。同治二年诏，自高宗纯皇帝以下各王公所生女，均为近支。照理封授格格、

---

①平斋：《春明梦录》，载荣孟源、章伯锋主编：《近代稗海》第十三辑，成都：四川人民出版社，1985年，第138页。

②许指严：《十叶野闻》，载荣孟源、章伯锋主编：《近代稗海》第十一辑，成都：四川人民出版社，1985年，第117页。

③雪珥：《国运1909：清帝国的改革突围》，西安：陕西师范大学出版社，2010年，第46页。

额驸、给与俸禄，其余皆为远派，仅封授格格、额驸虚衔，虽以次递降，仍推恩至五世以下。凡一朝崛起，封建亲戚，屏藩帝室，当时人数无多，未始非荣幸之事。传之既久，至光、宣之际，愈演愈众，甚至四品宗室及格格、额驸名位，求其一饱而不可得。成都将军岐元子惠，自言幼时贫困，夜出擎篮卖萝卜，行至某处，近于其姻家，闻声延入与语，渐而逃去。余家在旧京时，车夫用一重台，即有额驸职衔，问之则云：非此，将坐以待毙。"① 贫寒的宗室远支，有的甚至不得温饱，只好靠街头叫卖度日。晚清宗室远支之艰苦惨状可见一斑。奕劻系宗室远支，早年生活艰辛，家事并不富足。他早年由于贫困，经常需要依靠出售字画和教书来谋生。还好奕劻具备书画和教书的特长，不然真要潦倒于街头。一般而言，早年贫寒的人，居低位时可以保持素习，居高位后更容易被各种诱惑所吸引，易动用手中的权力为自己牟取私利。这样看来，奕劻后期贪污腐败严重并不难理解。而且，随着权势和地位的不断增长，奕劻的俸禄并不能供给日益增长的日常开销，奕劻贪污成了非偶然性事件。士人刘体智记云："庆邸势利之交、金钱作用，夫人而知之。托活洛氏陶斋制府，于无意中，与寿州孙文正语，时为庆邸忧贫，言王府费用，每年辄三十馀万，虽有俸禄养廉，相差甚巨云。邸中用度不足，咸知取之北洋，然究于何项开支、何人过付，无人能测也"② 。庆亲王府那么庞大的开支，光靠俸银和养廉银是远远不够的，奕劻就借助贪污这一手段来获取额外收入。

李宝嘉在《官场现形记》中将做官归纳为七字秘诀："一紧，二慢，三罢休。各式事情到手，先给人家一个老虎势，一来叫人家害怕，二来叫上司瞧着办事还认真：这便叫做'一紧'。等到人家怕了我们，自然会生出后文无数文章。上司见我们紧在前头。决不至再疑心我们有什么，然后把这事缓下来，好等人家打点：这叫做'二慢'。'千里为官只为财'，只要这个到手，无论原告怎么来催，我们只是给他一个不理。百姓见我们不理，他们自然不来告状，这就叫做'三罢休'。"③ 谴责小说中的记载略有夸张之处，同时反映出清末官场乌烟瘴气的腐败景象。奕劻的贪污腐败行为很大程度上受社会风气影响。晚清的贪污腐败不是奕劻的个人行为，而是当时

---

①刘体智撰，刘笃龄点校：《异辞录》，北京：中华书局，1988 年，第 112 页。
②刘体智撰，刘笃龄点校：《异辞录》，北京：中华书局，1988 年，第 203 页。
③李宝嘉：《官场现形记》，上海：上海古籍出版社，2011 年，第 473 页。

官场中的一种"应酬"和"风尚",整个官僚体系已被贪污腐败所侵蚀。

况且,"政府官员仅仅靠俸禄无法应付日常的生活。按照清国固有的习俗,他们总能在任上捞取到一些外快或者在一定限度内搜刮民脂民膏。当然,如果超出这个限度的话,这样的官在清国人的眼里就算是为政不廉了。"① 庆亲王奕劻素有"好货"之名。由于史料的缺乏,他如何贪污,贪污多少很难具体说清楚。鉴于"清代皇室私财无可稽考"②,后人论史只能依据相关论述一探究竟。许指严指出:"庆王奕劻之贪婪庸恶,世皆知之,其卖官鬻爵之夥,至于不可胜数。人以其门如市也,戏称之曰'老庆记公司'。上海各新闻纸之牍尾,无不以此为滑稽好题目。盖前此之亲王、贝勒入军机当国者,未尝有赃污贪墨如此之甚者也。"③ 另外,"清末北京出版一种石印画报,有一幅讽刺奕劻的画,画了一个老头,头戴双眼花翎的朝帽,戴着大眼镜,身着袍褂朝珠,手里拿着一把农民用的耙子在地上搂银元宝"④,将奕劻的贪污形象刻画得惟妙惟肖。

根据刘厚生记载:

"在光绪二十九年癸卯(1903年)以前,(袁)世凯所最注意的,仅仅是一个荣禄,其时庆王为外务部的领袖,亦居重要地位,而袁世凯之所馈赠,并不能满庆王之欲。庆王曾对人发牢骚说:袁慰亭只认得荣仲华,瞧不起咱们的。但荣禄自辛丑回銮之后,体弱多病时常请假,后因久病竟不能入值,屡次奏请开缺,而那拉氏不许。但照病势推测,恐怕不能久于人世,于是庆王有入军机的消息,为袁世凯所闻,即派杨士琦置银十万两送给庆王。不多几时,荣禄死了,庆王继任军机处之后,月有月规,节有节规,年有年规。遇有庆王及福晋的生日,唱戏请客,及一切费用,甚至庆王的孙子弥月周岁,所需开支,都由世凯预先布置,不费王府一钱。那就完全仿照外省的首府、首县伺候督抚的办法,而又过之。弄到后来,庆王遇有重要事件,及简放外省督抚、藩臬,必先就商于袁世凯,表面上说请

①郑曦原、李方惠、胡书源编译:《帝国的回忆:〈纽约时报〉晚清观察记》,北京:生活·读书·新知三联书店,2001年,第109页。

②顾恩翰:《竹素园丛谈》,第1页,中华文史网,http://www.historychina.net/。

③许指严:《十叶野闻》,载荣孟源、章伯锋主编:《近代稗海》第十一辑,成都:四川人民出版社,1985年,第116-117页。

④汪荣堃:《记庆亲王载振在天津的生活》,载《晚清宫廷生活见闻》,北京:文史资料出版社,1982年,第287页。

他保举人才，实际上，就是银子在那里说话而已。"① 袁世凯抓住奕劻好贪的本性，投其所好，大献贿赂，不仅负责庆亲王府的日常用度，而且还包揽了节庆典礼的花销。这样，袁世凯逐渐将奕劻拉拢到一个阵营，二人关系日渐紧密，最终结成政治联盟。

刘厚生的说法并非空穴来风之语。在《凌霄一士随笔》中也有关于奕劻贪污的记述："西后唯一宠臣荣禄死后，奕劻代为军机领袖，权势日盛，其人贪污而好货，袁世凯倾心结纳，馈遗甚丰，并与其子载振结昆弟交。奕劻奉为谋主，甘居傀儡。庆袁之交既固，世凯遂遥制朝政。"② 刘体智亦曾有言："文忠卒，庆邸代之。时慈圣春秋高，恣为娱乐，好贡献。庆邸宗支稍远，恃其媚女四格格者供奉内廷，以固其宠。岁费巨亿，竭其禄俸所入，兼广纳货贿，犹乏于用。项城乘间与之交结，月有贡品至京，珍宝奇巧盈于慈宁宫门，内外咸受导行钱，誉声日起。朝廷大政咨而后行，任用之专比于往日寻旧。"③ 后来，"适庆邸疾，求医于北洋。项城使段香岩统制偕医往，日伺于邸侧，于是庆袁交益加密。"④ 莫理循曾记载："无法无天的小无赖小曾，将他的全部官体用来活动驻华盛顿的职位，伍廷芳一直在向庆亲王和其他人殷勤行贿，我听说张燕谋也在活动华盛顿的职位。"⑤ 仅华盛顿公使一个职务就有好几人趋之若鹜、争相献贿，足见奕劻权力之大，从中可见他贪污纳贿的情况。刘厚生、庄练、费行简、刘体智等人都认为奕劻好贪，奕劻贪污成了毋庸争辩的一个事实。由以上数则史料看出，奕劻在当时以毫不掩饰的贪污形象为人们所熟知。

第三节　奕劻贪污的形式

历朝历代，纵凡贪污，总有一些所谓约定俗成的方式方法。进入晚清，社会颓败，贪污的形式更是五花八门、多种多样。一般而言，贪污依附于

---

① 刘厚生：《张謇传记》，上海：上海书店，1985 年影印本，第 127 – 128 页。
② 徐一士：《凌霄一士随笔》，太原：山西古籍出版社，1997 年，第 576 页。
③ 刘体智撰，刘笃龄点校：《异辞录》，北京：中华书局，1988 年，第 199 页。
④ 刘体智撰，刘笃龄点校：《异辞录》，北京：中华书局，1988 年，第 200 页。
⑤ 骆惠敏编，刘桂梁等译：《清末民初政情内幕——〈泰晤士报〉驻北京记者、袁世凯政治顾问乔·厄·莫理循书信集下卷（1912—1920）》，上海：知识出版社，1986 年，第 217 页。

血缘、地缘、业缘、学缘等组成的庞大的社交网络，在其中发挥作用，最终达到互利互惠的交易平衡。无论是利用职务之便谋私索贿，还是直接收取他人贿赂，贪污都遵循着利益最大化的原则，正应了"鸟为食死，人为财亡"这一民间俗语。奕劻一路从皇族宗室远支的边缘地带走到世袭罔替铁帽子王的权力中心地带，其中的艰难和不易只有他一个人切身经历。奕劻是个城府极深的人，在官场摸爬滚打的过程中，他将自己的内心隐藏得很深。于奕劻而言，显露在外的便是众人皆知的贪污，奕劻贪污的手法大体可以归纳为以下几种形式。

一、依恃身份，违法收取

从近人论述看，奕劻贪污在他出任总理衙门大臣时逐渐显露，那时他只是"不得已收一二小物"而已。之后，随着官位越居越高，奕劻的贪欲亦愈来愈强。奕劻的贪污行为开始跃入人们视线主要在庚子国变之后。光绪二十七年（1901 年），奕劻作为全权大臣参与《辛丑条约》的议定，他同李鸿章一起承担保全清廷安危的使命。议和成功后，奕劻日益掌权，成为朝中的中枢大臣，朝廷一群官吏开始对他热络起来。

"国家之坏，在乎官腐"。在晚清最后十年，官场腐败"则正如粪土之壤，其存愈久而其秽愈甚；彼人民怨望之潮，又何怪其潜滋而暗长乎！"①贪污已经根深蒂固地生长在清廷的政治体制中。奕劻作为清廷的中坚大臣，有相当大的任命、举荐官吏的权力。因此，总有一些钻营之士向他投以贿赂的"橄榄枝"。于是，他便依恃高官身份，违法收取各方的"孝敬"，并做出有利于"孝敬者"的权力分割或分配。这些都是奕劻贪污受贿的表现。

光绪二十九年（1903 年）是奕劻从政生涯中的关键一年。这一年，中枢大臣荣禄病逝，奕劻得以进入军机处，一跃成为首席军机大臣。满朝之中除了皇帝、太后之外，再也没有出于其右之人。"袁世凯之谨事荣禄，实其得志之最大原因也"②。荣禄去世后，袁世凯很快结交庆亲王奕劻。袁世凯统领北洋新军，奕劻总理练兵处，二人于权于利相得益彰。以袁世凯为代表的北洋系竭尽所能夤缘贿赂奕劻：

"新军扩张至六镇，隶于练兵处，庆邸领之，一切贿赂之妙用，悉具于

---

①孙中山：《孙中山全集》（第一卷），北京：中华书局，1981 年，第51 页。
②徐一士：《亦佳庐小品》，北京：中华书局，2007 年，第 3 页。

此。六镇每年皆有截旷之饷，不下三四万，项城（袁世凯）悉萃以献庆邸，仅以夹单上陈，如各营官之于统将也无文件为据，无案牍可稽，知者绝少。自新官制行，直隶省仅二、四两镇，馀四镇悉隶陆军部。铁宝臣（铁良）为政，仍效项城所为。斯时尚书进而项城绌，几往东三省，盖有由也。及凤禹门将军为四镇军统，并操兵饷之权，继续前事。于是尚书权力日衰，而将军又袭前人衣钵，焜燿一时。"[①] 可见，无论是袁世凯、铁良，还是凤禹门等人，皆利用编练新军之机贿赂奕劻，这三人的"一脉相承"之处在于知晓"在庆邸初无成见，终始为一利字而已"[②]，投其所好，向其行贿；奕劻身在高位，依恃身份收取贿赂。

奕劻还利用北洋系下属的私人关系，公然卖官鬻爵，据相关笔记记载："庆邸当国时，京津道上有赫赫红人曰董柳庄者，名遇春，相传北洋三口通商大臣门役老董之子，世袭其事，无案可考，莫知其详也。时遇春甚显，奔走于势要之门，善于迎合诸贵人之意。为广交要路，动以万计，因之连捐带保，至直隶省候补道。一时大僚，有以裁缺而反得高位者，有以升任而日进不已者，有不论阶级而速化者，有以废员而破格启用者，皆缘之以进。闻一次纳费，多至十数万，少则数万。其陆续费用，亦至十数万、数万不等。其他万千以下之数、道府以下之官，更仆难数。遇春以此博得庆邸欢心，爱之重之，在其他亲友之上。庆邸叹曰：今关情于余者，为杨杏城（杨士琦）、董柳庄耳。"[③] 一个身份低微的门役之子竟能叱咤官场，来往于亲贵之间，并深得奕劻的器重，足见钱财的力量，更可以从中洞见权力强大的敛财张力。

二、上下交通，接受馈赠

古语有言："千里为官只为财。"在清朝，尤其在晚清这个特殊的历史时期，这个特点显现得尤为突出。义和团团乱之后，清廷的政情每况愈下。张之洞感叹曰："方今世道凌夷，人心放恣，奔竞贿赂相习成风，"[④] 政治氛围极为糜烂。多数朝廷官员相互钻营，上下交通，相互馈赠，就连高高在

---

①刘体智撰，刘笃龄点校：《异辞录》，北京：中华书局，1988 年，第 203 页。

②刘体智撰，刘笃龄点校：《异辞录》，北京：中华书局，1988 年，第 203 页。

③刘体智撰，刘笃龄点校：《异辞录》，北京：中华书局，1988 年，第 204 页。

④吴庆坻：《蕉廊脞录》，载荣孟源、章伯锋主编：《近代稗海》第十三辑，成都：四川人民出版社，1985 年，第 679 页。

上的慈禧也以收取献礼为能事。慈禧身为清朝的当权者，恣情奢靡，婪财黩货。在她的影响下，官员上下交通、接受馈赠，奕劻即是其中的突出代表。

一般而言，在整个官僚体系都贪污腐化的情况下，居官越高贪污越多。奕劻身处官场之中，亦不能免其俗。奕劻深明官场事理，他知道，慈禧太后能够决定他的仕途命运、升迁荣辱，若想坐稳官位，必须得到慈禧的支持和信任。于上，奕劻除了尽心尽力办事取得慈禧信任外，还派他的女儿四格格长期服侍在慈禧左右，悉心照料慈禧的起居，陪慈禧观戏打麻将，并借打麻将之机曲意向慈禧行贿。对于奕劻贿赂慈禧一事，溥仪曾这样说道："如果说奕劻的办法和他（荣禄）有什么不同的话，那就是奕劻在李莲英那里花了更多的银子，而奕劻的女儿四格格也比荣禄太太更机灵，如果西太后无意间露出了她喜欢什么样的坎肩，或者嵌镶着什么饰品的鞋子，那么不出三天，那个正合心意的坎肩、鞋子之类的玩意就会出现在西太后的面前。奕劻的官运就是从这里开始的。"① 奕劻对慈禧可谓尽心尽力、用尽心思。此外，每逢年节、寿典，奕劻都向慈禧进献礼物。这些礼物名为礼物，是礼节的一种象征，但若礼物的昂贵程度超出了"礼"的限制，实际上也可称之为对权力的贿赂。晚清高官向慈禧进献礼物并不是只有奕劻一个人，其他知名者如李鸿章、刚毅、袁世凯、岑春煊、盛宣怀等人也曾数次献重礼于慈禧。

奕劻不仅悉心对待慈禧，对下属官员亦倍加笼络、爱护，甚至利用下属官员为自己揽贿。据高树的《金銮锁记》记载："迎旨排班，庆邸见予裘敝。问铁公宝臣曰：'是何貂？'铁公曰：'未见是貂。'庆邸曰：'贫可知矣。'每人给薪金一百二十两，同辈大喜。谓非高君之裘不致此。"② 奕劻对军机章京如此礼遇和照顾，除了笼络人心之外，更有交通下属、纳为己用之意，实际在通过上下交通的关系进行权力竞逐。这种权力竞逐在中下层官员中体现得尤为鲜明。吏部郎官王宪章系庆党成员，自从"振大爷（载振）之杨翠喜案出，御史江春霖辈上疏力击，反得罢官之结果，言路益愤。诸谏台会议松筠庵，曰：'不以法破此魔障，吾终不需此乌台矣。'或曰：

---

① 溥仪：《我的前半生》，北京：群众出版社，2003 年，第 18 页。
② 高树：《金銮锁记》，载荣孟源、章伯锋主编：《近代稗海》第一辑，成都：四川人民出版社，1985 年，第 38 页。

'擒贼擒王，固痛快之事，但机会未至，徒劳何益？吾意不若先剪其羽翼，则事易办也。'众皆然之。或乃言今吏部员曹，悉系庆党，平时为其经商卖买者，不知凡几，以予所得凿凿有证者，某事某官，咸可指数，不如从此处着手，官小力薄，纵庆欲回护，然物议如此，彼必不能以一手掩尽天下耳目。揆之救大不救小之例，亦当易于得力，苟有动机，吾辈徐图进行，为得寸进尺计，此法殊占便宜。众曰：'诺。'疏上，而吏部郎官王宪章者，拿问矣。每岁鬻州县官者百计，以十分之五呈庆，而自取其二，余则同侪分润焉。行之有年，至此破裂，急求救于庆邸。庆邸报之曰：'牺牲子之一身，以保我名誉，吾官尔子孙，令尔含笑于九泉可也。'王遂正法于京市。"① 王宪章系吏部小官，以他为媒介，奕劻的贪贿之手延伸至中下层官员。虽然王宪章被绳之以法，其幕后的奕劻却岿然未动。王宪章的下场并未为奕劻敲响警钟，他行事如故，仍然有很多官员争相奔走于其门。在权力竞逐的过程中，当非正当手段介入其中的时候，官僚体系势必被打乱，从而滋生出更为严重的贪污陋习，弱化了清廷的官僚统治。

对于奕劻接受馈赠一事，御史赵启霖曾对其进行弹劾，矛头直指贪污纳贿。关于奕劻贪污，以前早有官员交章弹奏。蒋式瑆、陈田、梁鼎芬、岑春煊等人都曾直陈过奕劻的贪污劣行，时人对其亦多有微词。孙宝瑄对奕劻评论道："盛极必衰，泰极否来，祸福相倚，古有明训，是不足异也。当前月廿九赐寿之辰，歌舞连宵，貂蝉满座，一何盛也。未逾三旬，父子交困，报纸之呵讥，台谏之弹射，严旨之究诘，几无以自容矣。衮衮朝贵，其肆然无忌，竟以国家之土地生民，供其纵欲之具，可谓暗无天日。"② 这是孙宝瑄对奕劻的一个评论，言语之中不乏愤慨与激动。奕劻父子接受官员馈赠，大肆贪污，才有了御史的弹劾和各界的激烈评论，体现出各界对贪污问题的态度。

三、结拜干亲，谋得私利

庆亲王奕劻结拜干亲，是时人所知的。奕劻父子权势滔天，与他们结拜干亲之人自然不在少数。时人许指严将奕劻拜干亲的经历描写得绘声

①许指严：《十叶野闻》，载荣孟源、章伯锋主编：《近代稗海》第十一辑，成都：四川人民出版社，1985年，第142页。

②孙宝瑄：《忘山庐日记》下册，上海：上海古籍出版社，1983年，第1020页。

绘色：

"（奕劻）所最喜者，多献礼物，拜为干儿，故门生、干儿满天下，然门生不如干儿之亲也。为干儿之中坚人物者，则为二陈。一陈夔龙。夔龙本许氏婿，其夫人幼即拜老庆为义父，故夔龙实以干婿兼领干儿之职衔者也。陈夫人事义父极孝，凡所贡献，罔不投其嗜好，且能先意承志，问暖嘘寒，老庆亦爱之如所生。陈夫人常居老庆邸中，累日不去，外间有传其常为老庆亲挂朝珠者，冬日寒沍，则先于胸间温之。……夔龙督直时，每岁必致冰炭敬数万，几去其所入之半，其他缎匹、食物、玩好等不计。老庆曾从容言：'尔亦太费心矣，以后还须省事为是。'夔龙则敬对曰：'儿婿区区之忱，尚烦大人过虑，何以自安。以后求大人莫管此等琐事。'……其一则为陈璧。璧未得邮部时，颇穷窘，然戚某在京中设金店，常出入庆邸，谓之曰：'子苟肯于此一费心思，吾必当全力相助，他日富贵，幸毋相忘可耳。'璧愿求导线，戚乃令璧主其家，渐媒介与邸中人游谈。一日，戚得东珠、鼻烟壶数事，重宝也。乘间献之老庆。庆问价几何？戚言此某戚陈道某所献。庆骇曰：'素昧生平，安可受之？'戚言彼与某爷交久，诚敬欲见老王爷，特未敢造次耳。庆笑纳之，嘱暇日来。璧因入拜座下，备极谀媚。老庆大喜，璧因求为干儿，复假某戚金五万以献焉。老庆许之，于是由道藩一跃而入为侍郎，且邮部尚书矣。戚某遂攫得铁路局局长。"[1]

清末，拜干亲成为攀附权贵、笼络关系的重要方式。通过这种方式，官员之间建立起密切的"亲属"关系，以满足干亲成员之间特定的利益分配。陈夔龙和陈璧都因奕劻的提携而身居要职，足见拜干亲的巨大收益。胡思敬在笔记中记载："夔龙既由妻党显贵，曲意媚内，事无小大，必承意以行。初至河南，丧一女，请假一月治丧，大开辕门，全城文武官悉素服入吊。其夫人籍隶钱塘，每思恋江南风景，辄不乐，又新丧爱女，以南人不服北方水土，乃谋调江苏。莅任未久，升川督，夫人又不欲往。夔龙计无所出，乃私于奕劻，令尔巽以两湖让之，而令锡良以四川让尔巽。以一女子之爱憎，牵动数省督抚，当时用人之得失，盖可睹矣。"[2] 有了奕劻的支持和帮助，陈夔龙为官一路顺遂，官至直隶总督。

---

①许指严：《十叶野闻》，载荣孟源、章伯锋主编：《近代稗海》第十一辑，成都：四川人民出版社，1985年，第117–118页。

②胡思敬：《国闻备乘》，载荣孟源、章伯锋主编：《近代稗海》第一辑，成都：四川人民出版社，1985年，第272–273页。

奕劻的儿子载振亦有拜干亲经历。据溥铨回忆："袁世凯一向老奸巨滑，虽与庆王相得，又与我父亲（载振）结为盟兄弟。"① "载振称袁为四哥哥。"② 依据江春霖的记载，安徽巡抚朱家宝的儿子朱纶则为载振的干儿子。③ 载振和袁世凯结为异姓兄弟，还收朱家宝的儿子朱纶为干儿子。有好事者题诗于广和居酒楼："居然满汉一家人，干女干儿色色新。也当朱陈通嫁娶，本来云贵是乡亲。莺声沥沥呼爹日，豚子依依恋母辰。一种风情谁省得？诸君何苦问前因。一堂二世作干爷，喜气重重出一家。照例自然称格格，请安应不唤爸爸。岐王宅里开新样，江令归来有旧衙。儿自弄璋爷弄瓦，寄生草对寄生花。"④ 在拜干亲的背后则是一张权力网，奕劻靠这张权力网贪污受贿、维系个人权威，并达到"坐收渔利"的目的。

四、婚寿典礼，各类礼敬

此外，"高级官僚还有更为便捷优厚的敛财之道，即在冠冕堂皇礼敬情谊的外衣掩护下，利用祝寿、婚丧、拜访、问安、请托、上书、谢恩、朝贺、迎来送往等一切机会，公开或隐蔽地收取馈赠贿赂。"⑤ 中国素来重礼仪，所谓"来而不往非礼也"，礼尚往来，历来是表达敬意、联络感情、增进情谊的有效方式。在官场中，一些官员往往借着礼仪之名，行贪污谋私之实。这样，送礼便与贪污联系起来，礼也渐渐与联系情谊、表达敬意的含义偏离，体现更多的是对权力的一种攀附。在晚清，这种借着婚寿典礼及各类礼敬进行贪污贿赂的官员更是屡见不鲜。

奕劻七十大寿，大小臣工纷纷借机攀附权贵，奕劻亦以寿礼为契机公然收受馈赠。奕劻的寿辰"一切行为甚为华壮，传闻城北（徐世昌）两万，东鲁（周馥）、泗州（杨士琦）尤巨。"⑥ 对于奕劻办寿的情况，皇室中人载润记曰："二月二十九日伊作寿时，近支晚辈王公和蒙古在京王公暨各部

①溥铨：《我的家庭庆亲王府》，载文安主编：《大清王府》，北京：中国文史出版社，2004年，第183－184页。

②任恒俊：《晚清官场规则研究》，海口：海南出版社，2003年，第235页。

③江春霖：《江春霖集》上册，马来西亚：马来西亚兴安会馆总会文化委员会出版，1990年，第218页。

④转引自杨凯：《陈夔龙与"老庆记"公司》，《文史天地》，2009年第09期。

⑤袁澍：《论中国封建社会腐败现象的核心——腐败》，《新疆师范大学学报（哲社版）》，1989年第01期。

⑥陈旭麓等编：《辛亥革命前后——盛宣怀档案资料选辑之一》，上海：上海人民出版社，1979年，第42页。

大臣等无不前往祝寿，我亦前去，伊设宴、演戏，大事铺张，其子载搏夸耀于人曰：'此一日用费不下万金。'按其当时的豪奢举动，绝非亲王之所能办到者，事虽小节，亦足以为其平日贪污受贿之一证也。"[1]候补道段芝贵更是不惜拿出十万金作为寿礼，从而谋得黑龙江巡抚一职。奕劻的寿辰办成了官员群聚献礼的典礼，可见当时卖官鬻爵、贿赂公行的情态。有报纸探寻庆亲王奕劻在寿辰中接受馈赠的内幕，做追踪报道：

"二十八九日演戏凡名角俱到，每人赏二百金，并有某王某贝子亦上台演串毫无顾忌。此次门包所得约在二十余万，有人见二月二十四日门簿仅此一日已收七千五百两，其余可知矣，王之所得更可知矣。闻各处所送以浙藩信勤弟兄为首屈一指（勤兄系侯爵前江宁将军），吉林将军达贵乾折十万金可列为第三。外省督抚司臬仅鄂督张制军（张之洞）、鄂臬梁太史（梁鼎芬）分文未送。署某部右侍郎送礼值五千金大受阍者申斥嫌其轻也（某侍郎曾放主考学政皆王之力），闲散各大员中报效最巨者为增祺、尚其亨，外省则以盛宣怀为最出色。王之戚谊如恩寿，如希贤皆送厚礼。虽至亲亦须应酬也。两日所费约三十余万，院中五色彩棚值五万金可以例其余矣。各部司员均送公分，最优者为军机处农工商部邮传部每人摊派五十两。若送私分，则各听其便。"[2]在奕劻七十岁寿辰之时，慈圣赐寿，有六十台之多，据说值数十万。当日回贡八台，亦巨万。盛宣怀备日金币二万圆，署令陶道（陶湘）面呈，并令陶准备若干门包[3]。奕劻回信道："杨柳风前，忽好音之惠我。荷蒙厚赐，崇饰贱辰，百拜承嘉，五中增感。"[4]这两封盛宣怀档案中的信函，是奕劻贪污的实证。根据许指严记载：

"庆于七十诞辰，大开祝典，各省长官以下及京中尚侍以下，皆纳资为寿。庆阳戒其属勿收礼物，而阴则署一册籍，判礼之厚薄多寡为四级。一福字册，凡现金万金以上及礼物三万金以上者入之，另存其名手折中；二禄字册，凡现金五千以上及礼物万金以上者入之；三寿字册，凡千金以上及礼物值三千金以上者入之；四喜字薄，凡现金百金以上及礼物值数百金

①载润：《有关奕劻的见闻》，载《辛亥革命回忆录（六）》，北京：文史资料出版社，1981年，第464页。

②《纪庆王寿辰》，《盛京时报》，光绪三十三年四月初三日。

③陈旭麓等编：《辛亥革命前后——盛宣怀档案资料选辑之一》，上海：上海人民出版社，1979年，第41-42页。

④陈旭麓等编：《辛亥革命前后——盛宣怀档案资料选辑之一》，上海：上海人民出版社，1979年，第44页。

者入之；其物不满百金者列为一册，寿言、诗文、屏幛、楹联亦列册记之。闻所受现金，计其总数不下五十万，礼物不下百万云。然三日中自福晋以下所赌麻雀，统计输出之数，亦在三十万左右，其数良可惊矣。有四川候补道某者，粤人也。家本富豪，意在调署一海关道以为荣。盖其家人妇子之见地，俱以海关为有名誉之官缺，苟得之，胜于其他长官百倍，故某意务欲得之。闻庆王好货，苟满其欲壑，无不可如志，乃辇金二十万来京中祝嘏。先以现金十万为寿礼，而门包仆费亦去三万金。嗣又悉李莲英之能纳贿也，更遣人至粤取二十万金来，悉数入宫。于是庆王之福字册上，某竟裹然居首。"[1] 对于奕劻寿辰期间官员"献礼"的情况，胡思敬也有记载，云："奕劻七十生辰，山东巡抚杨士骧献金佛十尊，尊各高三尺。吉林将军达桂献玉鱼一具，周身鳞甲，皆金钢宝石装饰。过崇文门，为监督搜得，估税应纳银三万，物之贵重可知。而商部主事龚心铭怀五百金见载振，撞关同知进百金于李莲英，提督万震春献三百金于载洵，皆嫌其太啬，遂劾罢之，以沽直名。"[2] 段芝贵献妓受贿也是在奕劻七十寿典之时。奕劻的寿典为我们展示了一幕现实版的官场现形记。综合报纸和私人记载，奕劻确有借寿典贪污受贿之嫌。粗略算来，奕劻整个寿辰收到的门包达几十万之多，寿礼所得更是高达上百万。正是这个大肆铺张、风光无限的寿礼，使奕劻成为备受争议的对象，引得御史交章弹劾，朝堂上下，物议纷纷、人言沸腾。从这个豪华寿礼中，我们亦可窥见其贪污之一斑。奕劻作为朝中重臣，有人曲意逢迎在所难免。众人借庆王七十寿辰之机，大献贺礼，将这次寿典看作接近和攀附权贵的有利时机。在贪污成风的政治环境下，寿典不再是简单的祝贺生辰的吉庆典礼，而被赋予了权力的话语。在这个政治权力空间中，人们活跃其间的目的，不是单纯地进行礼节性庆祝和祝贺，也不是简单地传递和交流感情，而是为了获取权力和利益，寿礼成了攫取政治利益的一个途径。

奕劻的庆亲王府收受门包现象严重。《盛京时报》以《庆邸不见岑之原因》为题进行报道：

"闻岑尚书第一次召见时，慈宫言及庆邸至诚忧国，赏赞不惜曰：朕摄

---

① 许指严：《十叶野闻》，载荣孟源、章伯锋主编：《近代稗海》第十一辑，成都：四川人民出版社，1985年，第119页。

② 胡思敬：《国闻备乘》，载荣孟源、章伯锋主编：《近代稗海》第一辑，成都：四川人民出版社，1985年，第259页。

揽大权垂数十年，亲贵诸王嘉谋嘉献能与朕共休戚者，前有恭亲王，今推庆王，庆王至诚与恭王无轩轾，而其才略远逾恭王。卿若未见往访谋面可耳。云帅拜命。翌日直抵庆邸。通刺乞谒阍人拒云：向例督臣晋京谋谒需门包四百两，始可通报否则勿晋谒焉。此乃若辈沾染习气居中贪利，始非庆邸所知也。岑闻言大怒，愤然回寓，次日再行召见，慈宫垂询是否面见庆邸，岑告以实并奏抱歉意。慈宫听闻之下大为震怒，适赵侍御参折投隙递奏。慈宫看奏愤怒益甚，向例亲贵被参暗中查办留中不发，盖为优遇亲贵慎重事体起见。今赵参庆邸父子正为慈宫盛怒不可犯时即行宣布，枢臣谏止不听，终有著醇邸孙相国切实查办之谕云。"① 一般督抚谒见庆亲王奕劻，需要门包四百两，这并不是一个小额数目，从中看出晚清官场中各类礼敬门包的盛行。对奕劻收受门包的报道，是对其贪污问题的一大考量。

另外，每逢春节、重要节日，奕劻都会收到各类礼敬。拿袁世凯来说，除了对奕劻月有月供，年有年供之外，"亲王府中三节两寿，小孩弥月，袁世凯都承包了。"② 有了庆亲王奕劻的支持，袁世凯行事更加顺遂，奕劻亦从中得到了巨额的好处。其他人等更以巴结奕劻为能事。奕劻不仅对于袁世凯这样的大人物开放贿赂之门，对于那些没有名气的芝麻小官，只要肯"贡献"巨资，也乐于结交。"粤海关岁入数百万，部定税额 500 万两，而历任监督岁交 300 万两，余皆朋比分肥。该关有个书吏周荣当差多年，积资数百万，用贿赂敲开了庆亲王府的大门，以四品卿衔出使比利时。"③ 可见，奕劻在各类礼敬的掩饰下，公然收受价格不菲的馈赠，达到其中饱私囊的目的。其贪心至此，着实令人结舌瞠目。"大法方能小廉，庆亲王奕劻，贪庸如此，身为元辅，何能更责他人？"④

---

① 《庆邸不见岑之原因》，《盛京时报》，光绪三十三年四月初七日。
② 任恒俊：《晚清官场规则研究》，海口：海南出版社，2003 年，第 235 页。
③ 任恒俊：《晚清官场规则研究》，海口：海南出版社，2003 年，第 235 页。
④ 岑春煊：《乐斋漫笔》，载荣孟源、章伯锋主编：《近代稗海》第一辑，成都：四川人民出版社，1985 年，第 101 页。

第三章　蒋式瑝弹劾奕劻私存巨款案

清是我国最后一个中央集权制的朝代，其国家体系建立在小农经济的基础之上。"学而优则仕"的思想笼罩着整个统治机构。黄宗智曾精辟地分析清代的政治经济情况："清代的政治经济，可视为含有三个互相依存的组成部分的一个结构：小农经济、地主制和中央集权的国家。从国家及其官僚机构的观点看来，小农是征税和征兵的理想对象。他们不能像大庄园那样抗拒国家权力。清代和以前其他朝代一样，实行扶持小自耕农的政策。……从地主阶级的观点来看，国家保护和维持了他们的收租权，因而也就保证他们占有小农经济所生产的大部分剩余的权力。正因为取得了此剩余，地主阶级才得有余裕从事农耕以外的事业。此外，在地主的面前，国家提供了循科举而获显要身份的诱饵。一旦进入缙绅阶层，就可以获得庶人无法得到的报酬。十九世纪一个知县，每年平均收入约 30 000 两，总督约为 180 000 两。与此比较，一个有地 100 亩的小地主，只有 100 两左右的租金收入。真正成功的地主，是爬入士绅阶层的人，而真正成功的士绅，是进入官僚机构的人。"[1] 在此基础上建立起来的庞大权力网络支撑着整个官僚体系。这个网络有强大的张力，不仅能够吸附官员士子，而且能够感染众多追求功名之人。然而人们所梦寐以求的官职，到了晚清已经贪污腐化。奕劻素来贪庸琐鄙，一味敛财。奕劻及其子载振与那桐并称为"庆那公司"，专以卖官鬻爵、收受贿赂为一大能事。但对于他的贪污，廷臣大多讳莫如深，慈禧对其更是睁一只眼、闭一只眼。因为他是朝中大臣，是慈禧所倚重的心腹，并且在朝中遍布党羽，任谁都奈何不了他，竟到了"举朝莫敢撄其锋"[2] 的程度。事实上，仗义直陈的言官对奕劻的行为早有不满，

---

①［美］黄宗智：《华北的小农经济与社会变迁》，北京：中华书局，1986 年，第 257－258 页。
②徐珂编撰：《清稗类钞》第四册，北京：中华书局，1984 年，第 1523 页。

只是个个敢怒不敢言，或者敢言却无处可言。个别敢于出面弹劾奕劻之人都遭到了朝廷的惩治。陈石遗丈《诗话》（卷七）中概述当时的朝政情况："清末造，重用满人，以谋中央集权，举凡军机处、海陆军、财政、外交诸重任，均以皇宗亲贵掌握。时事日非。言官中赵启霖、江春霖、赵熙、陈田数人，皆直言极谏，先后罢斥引退相继去。"[①] 实际上，在前面几名御史弹劾庆亲王奕劻之前，有一人早已瞄准了他。1904 年，御史蒋式瑆首先发难，他将弹劾的矛头指向奕劻在汇丰银行私存巨款，一场旨在弹劾奕劻贪污的案件拉开了帷幕。

第一节　蒋式瑆弹劾奕劻之缘起

一、弹劾者——蒋式瑆

蒋式瑆（1866—1932 年），字性甫，名式瑆，在书法方面颇有造诣，并热衷于实业建设。他祖籍河北玉田县鸦鸿桥河东村，生于一代官宦之家。蒋家三代进士，祖父蒋叙伦道光壬午年（1822 年）进士；父亲蒋庆第为咸丰壬子年（1852 年）进士，字箸生、秀葊，书斋号友竹草堂，从咸丰三年（1853 年）至同治九年（1870 年）历任峄县、城武、曲阜、博平及章邱等县知事，勤政爱民、廉以亲躬，有《友竹草堂文集》五卷留存于世。蒋式瑆自幼熟读四书五经，在他的努力下，于光绪十八年（1892 年）中进士，馆选入翰林院庶吉士，光绪二十年（1894 年）授翰林院检讨，官居京都南城御史。蒋式瑆故乡流传着一段他年少时的轶事：

"蒋式瑆天资聪颖，16 岁时应试秀才，早早答完卷子就在考场外庭院折花玩耍，看见学差大人迎面走来。就将花枝藏入袖中垂手站立。其实大人早有察觉，学差见他小小年纪并未责备，问其何来，他说前来应试，看他年纪不大又交卷甚早，学差随口说道：'小童子暗藏春色'，蒋式瑆顺口答道：'学大人明察秋毫'。学差赞不绝口。连称其才思敏捷，及第有望。"[②]

---

①文安主编：《晚清述闻》，北京：中国文史出版社，2004 年，第 304 页。
②王竹主编：《蓦然回首灯火阑珊处：北京百年电业稗史丛谈》，北京：中国林业出版社，2008 年，第 140 页。

蒋家虽称不上名门望族，在当地也小有名望，且家资不薄，在玉田、北京皆有资产。蒋式瑆不仅旧学根底深厚，而且接触到一定的西方思想，认为只有改变现有的老臣持重的状况，清政府才有前途，并认为若欲富强必须建立自己的银行和实业。为此，他开办了中国第一家电灯公司——京师华商电灯股份有限公司，使北京开始有了电灯，并参与了河北滦县火柴厂和启新水泥厂的筹建。蒋式瑆在创办实业的过程中，实现了由官到商的角色转换，并成为北方地区民族工业的拓荒者。

二、弹劾案之前奏

蒋式瑆弹劾奕劻肇始于1903年，当时他任广东道监察御史一职。可以说，蒋式瑆是个敢于言事、勇于任事之人。他看到晚清官场的积弊甚深，而且老臣无为持重，官员只知徇私，浑浑噩噩没有丝毫一新之气，是年九月二十二（11月10日），即上奏朝廷，陈奏以奕劻为代表的各大廷臣的政治阙失：

"臣闻为政之要首在得人心，虽有良法美意苟无人焉，起而行之亦只具文而已。故曰：徒法不能以自行，又曰：人存则政举，此一说也。今之枢臣即古宰相之职，宰相贤，而后能有贤督抚。大吏贤，而后有良有司，此又一说也。方今时局，观虞日甚一日，列强环伺，争欲肆其虎噬狼吞之恶，诚危机存亡之秋，兢兢业业，犹恐不足，泄泄沓沓，此安穷？我皇上慨念时艰日夜焦劳于上，无如诸大臣贪劣昏庸莫能辅相臣，窃忧之。忧之深，故不顾罪戾，为圣明痛切言之。军机大臣庆亲王奕劻素有好货之名。入直枢廷以来，曾几何时，收受外省由票号汇集之款，闻已不下四十万两。其在京师自行馈献者，尚不知凡几。贿赂公行，门庭若市，至有因结拜师生未逾，旬日而简放外任者。钱能通神，其应如响，甚至俄人以外交经费五百金来运动该亲王，亦复收受，诚不解其何以丧心病狂至于此？大学士王文韶悖贪庸，佯为聋聩。日前，俄事紧急，我皇太后皇上方泣涕而见廷臣，垂询政策，该大学士因其妾病而入城，其视国家大事何遽漠不关心如此？尚书鹿传霖顽固己权，善言不入。瞿鸿禨从前仰鼻息于荣禄，今则仰鼻息于奕劻。近者日本前文部大臣犬养毅来京城，臣与面询维持东亚之策，伊言中国此般政府，老臣死之之后可以有为。臣念及此，为之寒心。新简军机大臣荣庆，臣随同在学堂当差已越半年，其人似近综核名实一路，而举趾高，心不固与之，言多不能入，所谓既不虚心、又不用心。法人索我云南铁路，外务部曾不以口舌力争，愦愦允许，以致俄人从，恐此后英索长江，德索山东。载振并不禀遵前旨，商律未定即请添设枢臣，挟同隐蔽，朝廷即予允行，茫无把握，从何下手？所派员中如林则一市井无赖，尝往来于南洋各岛，意在剥削南洋华商，此次考取第一之王大贞，侍郎陈璧之同乡，独得题解，外人皆以为预先漏试之言，此犹小小瞻徇，尚无关于大计者。"①

蒋式瑆不畏权贵，在奏折中参奏奕劻、载振父子及王文韶、鹿传霖、荣庆众大员。蒋式瑆直言奕劻贪污好货，丧心病狂，其掌管的外务部办事不力，各国瓜分迫在眉睫，作为外务大臣却毫无作为，应付了事；其子载振不秉旨行事，办事毫无章法，滥保官吏，引用私人。这份奏折罗列出各大权臣的数宗罪状，敢于直犯权贵，希望清廷在用人行政上能摒除老臣、重用新人，将清廷建设成为焕然一新的政府。可惜这份重要奏折并未引起足够的重视。蒋式瑆的奏折留中未发，弹劾无果而终。可谓"台谏弹章，虽孝钦暮年奕劻专政，未有不交查者。但查办大臣必先探询政府意旨，然后复禀。凡政府不愿去之人，虽空台以争，无效也。"② 由此可知，晚清的言官虽有弹劾官吏的职权，但弹劾的对象若是亲贵或重臣，往往人微言轻、不受重用，弹劾也因之不了了之。

同年十月，继蒋式瑆之后，监察御史张元奇弹劾奕劻之子载振在馀园等处朋聚宴饮、召歌妓侑酒。此事的主角名曰谢珊珊，"本是天津一妓女，偶然为贝子所赏识。这时，贝子任商部尚书，一次大宴宾客于馀园，召集沽上名妓侑酒，珊珊当然也在被招之列。席上。自贝子以次的衮衮诸公，在群芳丛中嬉谑无度，丑态百出。一时钗横鬓乱，觥筹交错。珊珊被灌得大醉，醉中以脂粉涂抹在右侍郎陈璧的面颊上，引来满座欢笑。陈璧受之陶然，不以为忤。贝子正在张牙舞爪之际，更是顾而乐之"③。后来这件事为御史张元奇所知，便上疏弹劾。按照清廷的规章约法，朝中官员不得狎妓。载振是奕劻的长子，年轻得志，身居商部尚书这一要职。可以说，奕劻、载振父子在当时权倾朝野，无人可及。对于此次弹劾，清廷做出回应：

①《奏为缕陈军机大臣庆亲王奕劻等员未能称职并政治阙失各情形事》，第一历史档案馆，档号04-01-02-0630-022。
②胡思敬：《国闻备乘》，载荣孟源、章伯锋主编：《近代稗海》第一辑，成都：四川人民出版社，1985年，第233页。
③申君：《清末民初云烟录》，成都：四川人民出版社，1984年，第14页。

"现在时事艰难，朝廷宵旰忧勤，无时或释。大小臣工自当战兢惕厉，各勤职守。载振分属宗支，所营商部关系綦重，宜如何奋勉谨慎，一意奉公，何心娱乐游讌？其中应不止载振一人。在载振尤当深加警惕，有则改之无则加勉。此外王公及大小臣工均当互相儆戒。"① 显然，对于御史弹劾载振"召妓侑酒"一事，清廷只是微加告诫，不但没有对载振加以惩治，还为他的行为进行开脱。而作为商部尚书的载振自知不容于众论，遂递交辞呈。清廷对载振予以挽留，上谕称：

"前因中国商务素未讲求，特设专官振兴一切路矿农工诸政。以载振才具开展，又经出洋留心考察，简派为该部尚书，现当创设之初，诸事方资筹办，其是否胜任自在朝廷洞鉴之中。不得以人言指摘，遂图诿卸。该尚书谊属宗支受恩深重，惟当尽心供职任怨任劳，将应办事宜次第妥慎筹画，以兴商政以济时艰。所请开缺之处著毋庸议"②。可见，御史的一纸弹劾根本不能动摇其亲贵的地位。

蒋式瑆第一次弹劾奕劻无果而终。张元奇继蒋式瑆之后的弹劾，同样是毫无结果。奕劻、载振父子在御史的弹劾下毫发未损。但蒋式瑆并未放弃御史"风闻言事"的初衷，六个月后，他再一次向庆亲王奕劻发起"进攻"。这一次，他主要将弹劾重点放在奕劻在汇丰银行存有巨款上。

三、弹劾案的导火索

自近代开埠以来，外国得以在中国开设银行。外商银行如英国的汇丰银行、日本的正金银行、美国的花旗银行等管理制度规范，办事效率高，有很大的竞争优势，更有较高的保险系数，备受当时人们青睐。因此，当时的商人、达官贵胄倾向于将私家存款存于外商银行。外商银行在中国吸收存款，发放贷款，颁发纸币，控制外汇，基本垄断了中国的金融财政市场。"中国人自己所创办的近代新式银行及其发展的历史，一般是从1897年盛宣怀首创中国通商银行开始的。在此之前，除了外资银行之外，中国的金融市场主要以传统的钱铺、票号、钱庄、典当等形式存在，没有近代新式银行可言。"③ 而且，这些钱庄、票号经营方式落后，办事效率较低，

---

① 《光绪朝东华录》，第5101页。

② 《光绪朝东华录》，第5112页。

③ 时广东：《1905—1935：中国近代银行区域发展史研究——以聚兴城银行、四川美丰银行为例》，2005年四川大学博士论文，第2页。

仍然按照原来的方式运作，根本无法与外商银行竞争。此外，当时还缺乏全国性的官办银行。各种钱票、庄票等充斥于金融市场之中，混合流通或各占一方，金融市场十分混乱。晚清特殊的政治实情使得外商银行成为吸纳存款的重要机构。

清末有识之士认识到为挽救危局，必须整顿金融币制市场，开办权威的官办银行，统一发行货币。清廷也将开办官办银行提上日程。1903 年，清廷派贝子载振、那桐等人赴日本参加第五届劝业博览会，并考察日本的金融币制，以筹办中央银行事宜。载振在日期间"往观银行，日本银行创于明治十六年，其资本金一千万元，谓之中央银行，设于东京，各府县首邑各设分行与他处各银行亦得汇通。余先至交换所该处犹北京之银市，为商家总汇之所。每日，各银行遣人至交换所核算行使钞币若干，即便登记，以故各商家款项出入盈虚官银行无不周知。"① 赴日考察团归国后，清廷有了开办官办银行的初步考量，即着手筹办。光绪三十年（1904 年）正月，财政处大臣奕劻奏请试办银行、推行银币，朝廷予以允准。二月，财政处会同户部一齐拟定试办银行章程。银行章程规定启动资本金为 400 万两，100 两为一股，总计 4 万股，户部认购 2 万股，剩余 2 万股由商民认购。然而，"户部银行招股不着，所有部筹二百万两，分四期交领，按期取息云。"②

时任监察御史的蒋式瑆为了筹备开办银行的资金奔走游说于朝堂之间，并提出了请当朝官员集资入股、以资表率的提议。于是，清廷规定当朝官员应率先将私家存款存于官办银行，以为表率，不得存入外资银行。蒋式瑆得知军机大臣、庆亲王奕劻不仅平时生活极度奢靡，挥霍无度，还私存汇丰银行白银 100 余万两，遂上疏弹劾。

第二节　蒋式瑆弹劾奕劻之经过

据胡思敬记载："（奕劻）寄顿汇丰洋行过百万，道员吴懋鼎为汇丰司会计，私以告御史蒋式瑆。"① 吴懋鼎系近代著名买办，曾在汇丰银行供职。由于资料的局限，吴懋鼎是否泄露消息，奕劻在汇丰银行是否经他存款均无据可考。《慈禧传信录》中亦有相关记载，引述如下："有某银行司事华人某，与载振饮妓寮，为振所辱，衔之，言于御史蒋式瑆，劻某日新贮资六十万，可疏劾之。"② 上述资料虽不能完全佐证蒋式瑆弹劾消息的确切来源，却基本能够认定蒋式瑆是听闻奕劻在汇丰银行有存款的，他本人并没有查证确凿，更没有可以出示的证据，这在一定程度上决定了本案的发展走向。

光绪三十年三月初二日（1904 年 4 月 17 日），蒋式瑆揭发奕劻在汇丰银行存放私款，希望他将存款转存至官办银行。他奏称：

"掌广东道监察御史臣蒋式瑆跪奏，为官立银行集款不易，请面饬亲贵大臣首先入股以资表率，恭折仰祈圣鉴事。本年二月十三日，户部请设立银行，成本四百万金。户部认筹其半，下余二百万金招商入股，月息六厘，业经奉旨依议在案。臣维银行之设，所以杜漏卮而裕利源，苟用得其人，成效可以立见。惟中国历来情形官商本相隔阂。自咸丰年间举行钞票，近年举办昭信股票，鲜克有终，未能取信于天下，商民愈涉疑惧，一闻官办动辄蹙额，视为畏途。户部堂官尚能悉心筹划，尚书鹿传霖对众宣言，拟首先入股，以为之倡，而外间票号议论仍复徘徊观望，不肯踊跃争先。鹿传霖平日于操守二字尚知讲求，即令将廉俸所入悉以充公，为数亦复有限。臣风闻上年十一月二十二日，俄日宣战消息已通。庆亲王奕劻知华俄与日本正金银行之不足恃，乃将私产一百二十万金送往东交民巷英商汇丰银行存放。该银行明知其来意，多方刁难，数次往返，始允收存月息仅二厘，鬼鬼祟祟情殊可怜。该亲王自简授军机大臣以来，细大不捐，门庭如市。上年九月间，经臣据折参奏在案，无如该亲王不自返，但嘱外官来谒，一律免见，聊以掩一时之耳目，而仍不改其故常。是以伊父子起居饮食、车马衣服异常挥霍不计外，尚能储此巨款，万一我皇上赫然震怒，严诘其何所自来。臣固知该亲王必浃背汗流，莫能置对，准诸圣天子刑赏之大权，以报效赎罪或没入减罚库以惩贪墨，亦未为过。而圣朝宽仁厚泽，谊笃懿

①胡思敬：《国闻备乘》，载荣孟源、章伯锋主编：《近代稗海》第一辑，成都：四川人民出版社，1985 年，第 246 页。

②费行简：《慈禧传信录》卷下，台北：广文书局，1980 年，第 82 – 83 页。

亲。请于召见该亲王时，命将此款由汇丰银行提出拨交官立银行入股，俾成本易集可迅速开办。而月息两厘之款，遽增为六厘，于该亲王私产亦大有利益，将使天下商民闻之，必众口一词曰庆亲王尚肯入此巨款，吾侪小人何所疑惧？行见争先恐后，踊跃从事，可以不日观其成矣。臣愚昧之间是否有当，伏乞皇太后、皇上圣鉴，谨奏。"①

蒋式瑆称户部奏请设立官办银行，急需筹集资金400万两。但现今官商隔阂，商人持徘徊观望态度，对政府十分不信任，不肯出资于官办银行。朝中官员理应带头响应，起到表率作用。而庆亲王奕劻身为军机大臣，官居一品，受恩隆重，虽力主建立官办银行，竟然不肯略出微薄之力。宁愿将存款存于外商汇丰银行，而不肯存资于清廷的官办银行。鉴于此，蒋式瑆在奏折中对奕劻极尽嘲笑讥讽，称他为能在汇丰存款"鬼鬼祟祟"、表现得极其"可怜"。听闻奕劻在汇丰银行私存120万金巨款，蒋式瑆甚至直接倡议将此笔巨款存入官办银行。蒋式瑆的如意算盘打得似乎太过简单，亲贵重臣在朝中权势滔天，并不能轻易被扳倒。蒋式瑆上奏弹劾奕劻后，慈禧顾及奕劻的颜面本拟将奏折留中不发，奕劻却为剖白自己坚持要彻查此事，清廷遂派都察院左都御史清锐，军机大臣、户部尚书鹿传霖并同御史蒋式瑆"即日前往该银行确查具奏"②。清锐等人覆奏全文如下：

"都察院左都御史臣清锐等跪奏，为遵旨查覆事。本月初二日，承准军机大臣交到谕旨：'御史蒋式瑆奏官立银行请饬亲贵大臣入股以资表率一折，据称汇丰银行庆亲王奕劻有存放私款等语。着派清锐、鹿传霖带同该御史即日前往该银行确查具奏。钦此。'遵即到署传知御史蒋式瑆一同前往汇丰银行。适值是日礼拜，该行无人。复于初三日未刻再往，会晤该行管事洋人熙礼尔以及买办杨绍渥。先借查银行章程为词，徐询汇兑及存款各事。追问至中国官场有无向该银行存款生息，彼答以银行向归，何人存款，不准告人。复询以与庆亲王有无往来，彼答以庆亲王则未经见过。询其账目，则谓华洋字各一份，从不准以示人。诘之该御史所获何据，则称得知传闻，言官例准风闻言事，是以不揣冒昧上陈。谨将确查情形据实缮折覆奏，伏乞皇太后、皇上圣鉴，谨奏。"③

①《蒋侍御奏参庆亲王存放私款折》，《申报》，光绪三十年三月十七日。
②《清德宗实录》卷五二八，光绪三十年三月辛巳。
③《清总宪等奏覆庆亲王存放私款折》，《申报》，光绪三十年三月十七日。

根据清锐、鹿传霖的复奏结果，清廷于三月初四日发布上谕，对蒋式瑆大加责罚：

"言官奏参事件自应据实直陈，何得以毫无根据之辞，率臆陈奏，况情事重大，名节攸关，岂容任意诬蔑。该御史著回原衙门行走，姑示薄惩。嗣后凡有言事之责者务当一秉至公，殚心献纳，如有应行弹劾者，仍著据实纠参以副朝廷广开言路、实事求是之至意。钦此。"①

汇丰银行的往来账目对外不予公开。对于奕劻存款之事，查办大臣只会见汇丰银行北京分行经理熙礼尔和中国买办杨绍渥，询问得知奕劻与银行没有往来。另外，查办一行人等在接到谕旨的当天即去汇丰银行，而汇丰银行按照西方的休息制度在礼拜天不予办公。查办大臣周一再次去查案，亦未看到银行的往来账目，而蒋式瑆并不能提供奕劻存款的确凿证据，遂因弹劾不实、污蔑亲贵而被罢去御史之职，回原衙门行走。

纵观整个彻查过程，存在诸多疑点。清廷处理得简单随意，堪称儿戏。第一，清锐、鹿传霖身为朝中要员，对外商银行的作息制度毫无常识，竟然对外商银行周末不办公一事不知情，连他们的下属官员亦不知道，导致吃了闭门羹。没有调查就没有发言权，查办大臣在查办之前未提前做好调查准备，殊不知他们是真的愚昧无识，还是故意欺蒙朝廷、包庇奕劻，其中情由只有他们自己心知肚明。第二，查办大臣虽奉旨查案，却没有取得正式的外交文书。近代以来，中外之间一直存有隔阂，中国不愿与外国接触和交往；而迫于外国的强势，也不得不避其锋芒，对外商银行的运营不加干涉。若想彻查奕劻存款一事，必须要通过外务部对英国大使馆发布正式的交涉文书，获得英国的支持。因此，查办大臣以非正式的方式查办正式的案件自然查不出什么结果。第三，查办大臣既然奉旨查案，就应该光明正大地去办案。清锐、鹿传霖两人表现得极其婉转曲折，先是借查银行章程之情由询问存款之事，又借存款事引出亲贵大臣存款，最后才问及奕劻存款事。堂堂朝中大员竟形同侦探查案，如此小心翼翼，着实令人匪夷所思。更为诡异的是，奕劻作为清廷的元老级大臣，汇丰银行经理竟称未见过他，对查办事情一概不知，极尽搪塞。按照清锐等人这样不着边际、不痛不痒的查办方法，查无实据自然在情理之中。

_____

①《光绪宣统两朝上谕档》第三十册，光绪三十三年（1907年），桂林：广西师范大学出版社，1996年，第41页。

弹劾风波过后，蒋式瑆回到翰林院，深居简出，不再参与论政。御史因弹劾权臣遭到斥责，奕劻却毫发未伤。但奕劻遭受此次弹劾后，处事更加谨小慎微，"惟恐偶一不谨，即入瓜田李下，盖因言路交攻，其恐怖之症已深入膏肓，不维无好恶必察之卓力，并不敢存好恶必察之思想矣"①。

第三节　弹劾案引发的舆论风波

自清末新政以来，舆论与政府之间的互动加强，各大报纸如《申报》《大公报》等对政府的各项举措予以报道，更为重要的是敢于评说政府作为，抨击时政，发表不同声音。御史蒋式瑆的弹劾虽然以失败告终，但却引起了社会各界的广泛关注，更有轰动一时的舆论效应。《大公报》《申报》《东方杂志》等知名报刊对蒋式瑆弹劾奕劻私存巨款一案进行跟踪报道，从新闻媒体特有的文化视角记述了整个案件的发展过程，用舆论的力量声援弹劾获咎的御史蒋式瑆。各大报刊的争相报道把庆亲王奕劻推到了舆论的风口浪尖；同时，御史蒋式瑆因为此次弹劾获得了报界之声誉、官场之清誉。

一、《大公报》笔下的弹劾案

《大公报》发刊于光绪二十八年（1902年），由英敛之在天津创办，是近代中国新闻史上存在时间最长、影响最大、声誉最盛的一家报纸。该报取名于"忘己之为大，无私之为公"，秉承"开风气，牖民智，挹彼欧西学术，启我同胞聪明"的宗旨。虽然在创建初期带有立宪保皇的色彩，但注重各类新闻的采集，更为可贵的是敢于揭露和抨击时政，以敢言著称。蒋式瑆弹劾奕劻案发生后，《大公报》给予了极大的关注。北京、天津两地距离近，消息流通迅速，《大公报》能够第一时间获得新闻资讯。除了刊登蒋式瑆奏参奕劻的奏折、查办大臣复奏奏折之外，还刊登了弹劾案台前幕后的故事。

光绪三十年三月初七日（1904年4月22日），《大公报》以《御史弹

①陈旭麓等编：《辛亥革命前后——盛宣怀档案资料选辑之一》，上海：上海人民出版社，1979年，第5-6页。

劾无据》为题发表社论，对御史蒋式瑆报以极大的同情，进而提出在案件的虚实尚无定论的时候，朝廷即惩治了蒋式瑆，实属不智之举。具体社论如下：

"蒋侍御以弹劾庆邸致被谴责以见明旨。今访悉读侍御原折系称：庆邸有积贿私款一百六十万分存于华俄正金。今以战争特提存汇丰。强而后可，仅以两厘行息，折中又称与其存在英行仅得区区利息，何如放在中国银行尚可得息六厘，而官银行亦可多一百六十万巨款云云。语极讥讽，本拟留中庆邸力请查办，遂派台长清、鹿二公携原参言官竟赴汇丰调查。是日适系礼拜天，银行闭门不纳，次日复往，而账目仍禁不与阅，颇失体统，且称往来账目不以示人，则事之虚实究属未定。特国家大事应补救者甚多，今竟以此见谪未免太细，议者惜之。"①

在发表社论的第二日，《大公报》又以《御史清洁可风》为题，对御史蒋式瑆给予高度评价，称蒋御史弹劾奕劻本是深思熟虑后的结果，其铮铮意气可敬可叹，其廉洁清风亦可圈可点：

"蒋侍御史式瑆因弹劾庆邸致遭薄谴已详记，本报今闻侍御于起草时，家人侍仆见其闭门终日，营缮撰旋，掷笔慨叹，似预知其心有不测者，然而意气颇壮。今竟以细故夺其言论自由之权，识者惜之，又三月王御史乃徵于太后召见时颇蒙奖其敢言，并谓凡汝所条陈苟能切中时务，有裨大局，我无不采纳云云，故近来聘上侍御反格外慎重，以期不负圣明。"②

蒋式瑆回原衙门行走后，免去了言官之职，遂萌生了退志。《大公报》在三月十九日（5月4日）发表题为《言官之短气》的社评，对蒋式瑆去职做后续报道，剖露其去职之后的心态：

"日前，京朝官有至蒋性甫侍御寓慰其失意者，见侍御指挥僮仆打叠行李，若将远行。讶而诘之，侍御曰：'老父春秋已高，年来屡欲祈养老父，辄诚以时局艰难，身为谏官有所建白，以裨国事，不可遽隐退，今幸以无言职，正当膏车归去。特某虽以言事获罢，而于朝政曾无丝毫补救，觉不能无歉'。然耳所亲闻其将出都，争谋祖饯，侍御已一律谢却。刻已定于四月初旬启程云。"③

_____

① 《御史弹劾无据》，《大公报》，光绪三十年三月初七日。
② 《御史清洁可风》，《大公报》，光绪三十年三月初八日。
③ 《言官之短气》，《大公报》，光绪三十年三月十九日。

三月二十日（5月5日）起，《大公报》以连载的方式发表题为《官场九如颂》的社评，直击官场的弊端——贪污。蒋式瑆弹劾奕劻私存巨款事刚刚尘埃落定，《大公报》即以大篇幅刊登社论抨击政治腐败，这是对御史蒋式瑆的支持与声援，同时也是对清末官场情态的一大生动写实，暴露了"官场现形记"的种种丑态。且略引之：

"今当寰球交通之会，群雄角逐之时，强者存，弱者亡，优者胜，劣者败，物竞之风潮日烈，天演之公例难逃，以弱小之日本亦以风气所趋变新法大改革，竟得进于富强，成为地球上之文明国。独怪我中国素负大国之名，反不足齿数于列强之间。我国民同此堂堂七尺身，因国弱之故不免受外国之揶揄，致使豪杰心灰，英雄气短，思之殊觉汗颜。说者谓我中国政治太坏，民格太低，以故不为世界所重，究之政治之坏，民格之低，实有其致之原因，实即为官场之腐败。盖官者为一国承上启下之枢纽，有行政治民之责也，故政治坏而不能改良，民格低而不使进步，为官者实不能辞其咎。虽今日中国国势之陵夷非一时腐败之官场所致，即今日官场也未必尽属腐败一流。要之，今日官场腐败者可谓独占其多数，可谓已达于极点，试一披览官场现形记，道不啻禹鼎之铸奸焉。"① 也就是说，官场中的贪污腐败不仅阻碍改革进步，而且使官风民风为之一变，已经影响到清廷的统治。

此外，《大公报》还报道了蒋式瑆归里后的境况。三月廿三日（5月8日），《大公报》发表了《侍御归里再志》一文，展示了蒋式瑆回衙门行走后的生活状态：

"蒋性甫侍御归里一节已志，本报兹悉该侍御自奉旨回原衙门之后，所有车马仆从登时裁减，闻四月初旬归里悉专送眷属，不久仍回京供职，恐外人议论也，请求普通交涉。"②

继蒋式瑆后，御史中有王乃徵因条陈利弊外放，《大公报》记云：

"近日政府诸当道之举动每为有言责者所诋毁。前之，某侍御因参某满军机大臣外放。今王侍御乃徵整顿地方条陈利弊，颇为台谏中不可多得之员。今忽放江西抚州府其中亦有故欤。"③

----

①《官场九如颂》，《大公报》，光绪三十年三月二十日。
②《侍御归里再志》，《大公报》，光绪三十年三月廿三日。
③《侍御外放原因》，《大公报》，光绪三十年四月十一日。

庆亲王奕劻因蒋式瑆的弹劾声名大大受损，为了维护形象、挽回声誉，奕劻巧加弥缝，处事也更为小心谨慎。他对言官格外礼遇，对因条陈利弊外放的王乃徵御史倍加安慰、体恤。四月廿七日（6月10日），《大公报》对奕劻礼遇王侍御一事进行报道：

"王御史乃徵放抚州府后，例谒政府至庆邸，回事处未及禀见，时而庆邸已预谕王某来时务请人接见，并深奖其平时言事殊堪嘉尚，今一行做吏，更可见诸实学，云云。"①

蒋式瑆弹劾奕劻引起轩然大波，作为时论报纸的《大公报》敏锐地捕捉到这场政治风波，以其独特的新闻媒体视角对整个案件进行追踪报道。从案件的缘起、经过、结果，到案件的后续发展，从蒋式瑆个人命运的沉浮，再到奕劻面对危机的反应，《大公报》将整个案件贯穿起来，最大化地接近并还原历史。通过报道，使我们碰触到案件不为人知的真实一面，蒋式瑆的大义凛然、敢于言事、从容不迫与奕劻的谨慎小心、胸有城府形成鲜明对比，显示出政治博弈中各方复杂、微妙的关系态势。

二、《申报》等报论蒋式瑆弹劾奕劻事

《申报》创办于同治十一年（1872年），在近代史上存在了77年，是很有影响力的一份报纸。蒋案发生后，《申报》密切关注此事，予以报道和评说。光绪三十年三月初九日（1904年4月24日），《申报》以《论蒋侍御奏庆亲王存放私款事》为题，发表长篇评论，指出蒋式瑆弹劾奕劻的三大不智之处。

首先，"日前蒋侍御式瑆奏庆亲王有存放汇丰私款。上谕清锐、鹿传霖前往确查，覆奏称该银行往来账目不以示人，询以与庆亲王有无往来，据称并未见过，侍御因事回原衙门行走处分。呜呼！侍御直臣也，然而吾惜其不智，庆亲王以天潢贵胄，凡军机、外部、政务、练兵诸事无不由庆王掌之，圣眷优隆，廷臣莫之以抗，群僚方承颜希，奔走不遑。清锐、鹿传霖犹是阿谀奉承之人，庸讵敢确切详查，致撄其怒？侍御虽官居台谏，职在直言，然欲以疏远小臣而与国家至亲至贵之王公，是犹以卵击石也，断乎不能，此侍御不智者一。"

其次，"夫上行者，下必效，宫廷之内苟能戒奢华、惩贪侈、敦崇节俭

---

①《太守优蒙邸奖》，《大公报》，光绪三十年四月廿七日。

为天下先，则在廷臣何敢不廉隅自饬。庆王亲臣也、旧臣也，与国家有休戚相关之理，当更不敢以妒蓄为心。是故庆王而果有私财，不徒庆王之咎，抑亦朝廷所当因为耻者也。即非清锐、鹿传霖之阿谀奉承，亦讵敢查明确据有伤宫廷之大体乎？此侍御之不智者二。"

再次，"银行之不以账目示人，彼乃自守其行中之规例。查者固不得，而强不能谓之虚言。询以与庆邸有无往来，据称并无见过，此亦实在之事。除非银行、清锐、鹿传霖等彼此互相袒护为庆王掩护弥缝也。何也？庆王即有存放私款亦岂必亲往汇丰与之联络，不过遣人致送一纸存单而已，且即银行账目肯以示人，而庆王之有无存款亦断断不能查出，盖官绅存放私款，无论为钱铺，无论为银行，率用某记字样以掩人之耳目，俟为庆王所存放则更深自隐讳，断无有大书直书为庆王之款者。乃侍御先不计及，率而上陈，卒使查者以不得实据真凭覆奏。当于庆王仍毫无所损，而于己则已受回原衙门行走之惩矣，此侍御之不智者三。"

况且，"虽然侍御固不智而诸言官皆以智自处，系不敢言。侍御乃竟敢冒昧言之，受朝廷之谴责，而侍御传矣。其传之也，非侍御自传之，乃朝廷传之也。何则朝廷广开言路准言官以风闻之事上闻，故此事而查之若确，庆王之营私罔利，故不得无罪也，查之而不确则侍御不过守其风闻言事之例，不得谓之非也，乃著令回原衙门行走，姑示薄惩，一若此系宽大之恩，尚不足以蔽其罪，然此言官皆将以蒋侍御为戒，凡较此重大之事更何敢言是？实闭塞其言路，而尚得谓之广开言路乎？嗟乎！时局如此岌岌可危，臣下皆贪，滔滔皆是，朝廷之所以图更始者，惟尚赖此言路，而若更塞之，是微特格非规过者无人，而衮衮中之不肖者益将肆无忌惮矣。可叹哉！可危哉！至于庆王实亦不必以存放私款为讳，臣下服官略积资财何伤清洁，必欲如庆王者而责之一贫如洗，亦岂人情？"

正是，"侍御之奏意固不在庆王之存款，直谓其贪耳。贪则远臣、小臣且不可，何论庆王即盈箱累箧藏之于家亦不可，何论存放取利？明季周奎、王之心皆甚富烈，皇宣诏求助，而奎与之心仅各献一万金，后之心为贼，拷掠出现银十五万两金银实物，称是周奎抄出现银五十三万两什器无算。今之国势虽尚未至如明末之危，而庆王之亲则非周奎、王之心可比，毁家纾难古有是风。际此库侯空虚，群臣自应协力输助，庆王何昧于此义，而尚待谏垣之指裁乎？然而侍御则传矣。"①

《申报》发表此文的真正意图并不在于批评蒋式瑆冒昧直陈的不智之举，而是用反语的表达方式为蒋式瑆辩白。第一，奕劻身为天潢贵胄，集军机、外务、政务、练兵之权于一身，其权势地位在当时无人企及。因此，查办大臣慑于他的权势不敢认真查办此案。第二，贪污之风本是上行下效之事，若要因此事惩处奕劻便是承认了朝廷中枢机构的腐败，于朝廷颜面无光。鉴于此，查办大臣不敢查明实据。第三，银行账目不予示人本是外商银行行规，并非有意包庇奕劻。即便奕劻在汇丰存款，也不会亲自去银行，更不会用自己的名字存款。蒋式瑆不考虑上述因素便贸然直陈，最终以"查无实据"获咎。言官本有风闻言事之责，纵使所奏非实也不应该受到责罚。本来"御史一官职司风宪，凡朝政之得失，吏治之废兴，民生之休戚，苟有所见皆能上书直陈。古来以道事君，犯颜无忌。"② 蒋式瑆却因为弹劾奕劻之事受责，之后言官无不引以为戒，不得不噤声咋舌。对于奕劻，他为官多年，存些资财属于情理之事；他却不肯救国家于水火，尚待御史指裁，实不应居枢臣之位。显然，《申报》的言论更倾向于同情蒋式瑆的遭遇，基本认定奕劻在汇丰存款一事为事实。此外，《东方杂志》光绪三十年第一卷第三期刊登了三月初四日上谕，并登载了查案结果和对蒋式瑆的惩处。《盛京时报》刊登题为《某侍御请施恩获咎言官》一文："日前某侍御奏称赵启霖已奉明诏开复，蒋式瑆亦请格外施恩以广言路，盖各报所载故蒋有开复消息。想即因此折而讹传耳。"③ 这是时隔三年后，对蒋式瑆事件的后续报道，反映出蒋式瑆弹劾奕劻一案影响之大，开弹劾奕劻之先。

第四节　时人笔下的弹劾案

弹劾案在朝堂内外引起强烈反响。翰林院侍读学士恽毓鼎论曰："近年劾枢臣者谏垣仅三人：王乃征出守，蒋式瑆、顾琼皆回原衙门。"④ 时任军机大臣的荣庆曾与蒋式瑆共事，对蒋的为人有一定了解，但他口风很紧，

①《论蒋侍御奏庆亲王存放私款事》，《申报》，光绪三十年三月初九日。

②《论今日台谏之不知自爱》，《申报》，光绪三十年五月十七日。

③《某侍御请施恩获咎言官》，《盛京时报》，光绪三十三年六月十九日。

④恽毓鼎著，史晓风整理：《恽毓鼎澄斋日记》，杭州：浙江古籍出版社，2004年，第312页。

对此事只是轻描淡写地记云："蒋性甫以言事不实，回原衙门行走"①，丝毫看不出他的态度和想法。同是御史的江春霖远没有荣庆那么镇定淡漠，他慨叹道："蒋式瑆以劾奕劻罢官，仗马一鸣，三品料去，只以枢垣重地，恐或汲引私人贻误大局，激于忠悃，冒昧直陈。"②对于此事，时人刘禺生在《世载堂杂记》中称："朝政已无是非，言官犹有气节。"③恽毓鼎、江春霖、刘禺生等人对蒋式瑆弹劾权贵的行为更倾向于同情、赞赏和钦佩。御史胡思敬对此事记载得比较详细，他专门写了《蒋式瑆参庆王》一文，且引之：

"辛丑回銮后（奕劻）浸浸用事，既领枢务。五福晋争宠，各通贿赂，积存金钱日益增多，寄顿汇丰洋行过百万。道员吴懋鼎为汇丰司会计，私以告御史蒋式瑆。式瑆劾之。事下尚书鹿传霖、左都御史溥良查办。奕劻大惧，遣使先与吴约，愿割其半以借券还之，请勿宣。吴许诺。翼日，传霖等至，呈其簿据观之，凡巨室所存母金皆隐其名曰某堂某会。传霖等不能辨，亦不愿穷竟其事结怨于王，遂以查无实据入告。而式瑆斥还翰林院，懋鼎浸浸富矣。"④胡思敬写得字字确凿，将事件的来龙去脉写得详尽、清楚。其中，对奕劻的经历和受贿记载较详细，反映出奕劻在一般官员心中的形象定位。

陈恒庆长期出任京官，曾担任工部都水司主事、营缮司员外郎、巡城御史、兵科给事中、河南道监察御史、掌印给事中等职。他对京城中发生的各类事情了解比较多。对于蒋式瑆弹劾奕劻一事，他没有做直接记载，而是以《姜侍御》为题加以记述，从中可以窥见案情不为人知的一面。摘引如下：

"姜侍御续娶为王氏，有嫁资钜万。入门以来，用度浩繁，数年赀罄。王氏不能食贫，不免诟谇其夫，反目者日数次。侍御闻枢廷王爷有百万之款，存汇丰洋行。洋行司事与侍御相契，乃秘商一计，令侍御奏参王爷贪婪，存储洋行者数百万。上命大臣率侍御往查，洋司事乃暗改账簿，将款支出，入于私囊，王爷敢怒而不敢言。追查无实据，侍御以诬参革职，洋司事分给侍御二十万。骤得钜赏，乃新市房，设庖厨，以悦妇人。予见

---

①荣庆：《荣庆日记》，西安：西北大学出版社，1986 年，第 71 页。

②《紧要新闻》，《申报》，宣统二年正月廿六日。

③文安主编：《晚清述闻》，北京：中国文史出版社，2004 年，第 304 页。

④胡思敬：《国闻备乘》，载荣孟源、章伯锋主编：《近代稗海》第一辑，成都：四川人民出版社，1985 年，第 246 页。

《阅微草堂》记有家贫年荒，妇人自鬻其身以养其夫，今侍御自鬻以养其妻，正作对比。都人赠一联云：'辞却柏台，衣无獬豸，安居华屋；家有牝鸡。'夜以洋色写于砖壁，洗之不能去。予曰：'此如窃贼面上之刺字也。'然刺字一事，亦须有仁心。予审窃贼，只令刺'窃'字，不刺'窃'字，俾少受疼楚，殆亦古哀矜勿喜之义也。曾见两城满汉御史为此'窃'字相与争论，此曰宜正写，彼曰俗写亦可，争论不已，复刮贼之肉而改刺之。迂儒任事，贻害苍生，一旦秉国之钧，必将言封建、复井田，或创新法以乱天下，如王安石其人者。"① 陈恒庆将姜侍御描写成一个惧内之人，为了满足妻子的奢欲，不惜触犯权贵，最终分得 20 万巨款。他用嬉笑怒骂的笔触记载了这一轰动一时的案件，反映出时人眼中弹劾案的不同面貌，也对晚清的贪污情况进行了隐喻。

李宝嘉是晚清有名的谴责小说家，他从小在官宦之家长大，对官场中的贪污腐败现象了解得比较清楚。为了揭露、谴责贪污问题，李宝嘉开始撰写谴责小说，他写的内容多数取材于搜集到的实事逸闻，描绘出晚清形色各端的官僚群像，反映出整个官场尔虞我诈、欺鄙贪污的丑恶现象。李宝嘉将蒋式瑆弹劾奕劻在汇丰私存巨款的事情写入了谴责小说《官场现形记》中，但人物略加虚构，参劾者为不知名的都老爷（监察御史），被参者系道台余荩臣。参劾事由为：余荩臣总办厘金，非但出卖厘金，并且以剔除中饱为名，私向属员需索陋规。等到属员和盘托出，他又不将此款归入公家，一律饱其私囊。所有赚来的银子足有 50 多万两，除了在上海买了些地皮产业外，剩下的齐存入外商银行。查案者是江苏制台、藩台、粮道；查办地点在上海的汇丰银行。这藩台查案不甚认真，不仅不知道外商银行有几家，以为外商银行只有汇丰银行一家，更不知晓银行行规，礼拜日去了汇丰银行，结果吃了个闭门羹；待周一再去银行，等了半天也没有见到银行管事。最后从买办那得知外国银行的账查不得，才打道回府，断了查账的念头。藩台只得拿话来搪塞制台，说是问了洋人，簿子上没有余某人的花户，所以无从查起。正如粮道所说："制台虽然拿这件事（去汇丰查账一事）委了兄弟，其实也不过敷衍了账而已。现在的事情，那一桩，那一件，不是上瞒下就是下瞒上？几时见查办参案，有坏掉一大票的？非但兄弟不肯做这个恶人，就是制台也不肯失他自己的面子。他手下的这些人虽

①陈恒庆：《谏书稀庵笔记》，国家图书馆缩微中心库，缩微号：00M073556。

然不好，难道他平时是聋子、瞎子，全无闻见，必要等到老爷说了话，他才一个个地掀起来？岂不愈显得他平时毫无觉察么？不过其中也总得有一两个当灾的人，好遮掩人家耳目。"① 李宝嘉小说中的情节和蒋式瑆弹劾奕劻一事有如出一辙之处，都是被监察御史参劾私存巨款于汇丰银行，亦都是去汇丰银行查账，就连查账的细节也极度相似和吻合，案件的结局亦都是不了了之。从中可见这桩弹劾案在当时影响程度之深之大，从中亦能窥见小说家心中的历史真实。小说中的历史是现实的延续，有针砭时弊的作用，李宝嘉正是用小说的笔触去描绘蒋式瑆弹劾奕劻一案，同时也为我们留下了一段耐人寻味的小说中的历史。

第五节　弹劾案的"台前幕后"

一、奕劻在汇丰银行存款是否属实

蒋式瑆被罢黜御史职务，这场弹劾风波似乎尘埃落定，事件背后的谜团却并未解开。奕劻是否贪污，他有没有在汇丰银行存款？

奕劻是否会在汇丰存款，是问题的关键。报界名流汪康年曾这样记述："余尝遇北京某银行中人，既与通姓名，因问所事繁简。其人欣然曰：'吾辈京中甚暇，胜上海、天津多矣。以彼等处小款出人多，北京财动辄一二十万，故款多而事简也。且吾辈在行中甚高贵，与王公贵人接席，甚至谈谑打牌。至平常无名气之京堂及部郎等等，推有伊等仰余辈眉睫，余辈且白眼视之。在外省能若此乎。'侃侃而谈，略无愧怍。"② 另据当时上海的《北华捷报》说："汇丰两字成为获得中国人信任的一个重要标志。那时清廷官吏和后来民国官吏所贪巨款，宁可少获利息，也要存入汇丰银行。"③ 由此可见，晚清亲贵与外国银行多有往来，在银行中私存巨款也是极有可能的事情。

---

①李宝嘉：《官场现形记》，上海：上海古籍出版社，2011 年，第 383－384 页。

②汪康年：《汪穰卿笔记》，载荣孟源、章伯锋编：《近代稗海》第十一辑，成都：四川人民出版社，1988 年，第 489 页。

③李思浩：《清季京曹闻见琐录》，载上海市政协文史资料委员会编：《上海文史资料存稿汇编》第一册，上海：上海古籍出版社，2001 年，第 1 页。

据曹汝霖记："亲贵中富有者则以金钱宝件之类，寄存英商汇丰银行，因不明手续，存于中国之买办处，收据亦由买办所出。迨事平往取，洋经理不知有此事，华买办不知何往，亲贵大受损失，买办大得其利，此亦可证亲贵们毫无常识也。"① 曹汝霖曾供职于商部与外务部，与庆亲王奕劻和载振都有相当接触，他的记载不应有虚。另根据《那桐日记》统计，仅1901 年一年，那桐就先后四次在汇丰银行存款共计两万两足银②。另外，"汇丰银行是第一家总行设在中国的外商银行，在中国刚创办时与其并存的金融机构，只有晚清旧式钱庄、票号，及从事金融业务的洋行和殖民地银行"③，不仅资金实力雄厚，运营方式新颖，而且向清廷提供贷款，有政府的支撑，因此，汇丰银行在众多外商银行中影响力最大。"据日人报告，中国富翁在汇丰定期存款，在二千万以上者有五人；在一千五百万以上者有二十人；在一千万以上者有一百三十人；连百万及数十万各户一并计入，其总额实至可惊人。"④ 大臣李鸿章去世后，其在汇丰的存款就有本息共计白银 150 万两。据统计：晚清官商存于外国银行的存款约有一亿三四千万元，单是汇丰一家，就有七千余万，道胜约三四千万，正金二千余万。⑤ 按照上面的数据，中国官商在汇丰存款占总存款数的一半以上。可见，清末权贵在汇丰等外国银行存款系属普遍现象。

那么到底奕劻在汇丰银行有没有存款呢？按照御史胡思敬在《国闻备乘》中的说法，奕劻在汇丰银行的存款高达百万。另据许指严记载："庆自革命后颓丧欲绝，于是家人亲友俱劝其出京，往居津门，闻其产寄顿外国银行者，约在三百万左右。"⑥ 《清稗琐缀》以《拍卖》为题，对奕劻等亲贵在外商银行存款进行记述："清廷未倒时，北京内阁发爱国公债票，应者寥寥，奕劻卖马，那卖宅，故作寒酸，求免担负。实则诸亲贵私财，寄顿外国银行者，据内阁调查报告，现银达六千余万。聚敛所得者如彼，乃装

①曹汝霖：《一生之回忆》，香港：春秋杂志社，1966 年，第 89 页。

②那桐：《那桐日记》，北京：新华出版社，2006 年，第 373 – 408 页。

③司春玲：《晚清汇丰银行研究（1865—1894）》，2009 年河北师范大学硕士学位论文。

④杨荫溥编：《上海金融组织概要》，上海：商务印书馆，1930 年，第 185 页。

⑤汪康年：《汪穰卿笔记》，载荣孟源、章伯锋主编：《近代稗海》第十一辑，成都：四川人民出版社，1988 年，第 383 页。

⑥许指严：《十叶野闻》，载荣孟源、章伯锋主编：《近代稗海》第十一辑，成都：四川人民出版社，1985 年，第 120 页。

穷如此，效明末诸臣拍卖破烂桌椅之手段，民安得不困？国安得不亡?"①
汪荣塱曾在载振府里供职近十年，据他回忆："（奕劻）一旦无权后，还是
一个最大的富豪，所有家私现款入民国后完全存在东交民巷里的各外国银
行，如美国花旗银行、英国汇丰银行等，每月家庭生活开支就是利用得到
利息支付还用不完。"② 鉴于此，奕劻选择汇丰银行存款也在情理之中。综
上所述，基本可以认定奕劻在汇丰银行确有存款。

既然奕劻在汇丰银行确有存款，这笔巨款来源成为有待考究的问题。
蒋式瑆弹劾奕劻之时，奕劻升任军机大臣不过 11 个月。在这短短的 11 个月
期间，奕劻凭借微薄的俸禄和养廉银是不可能积累那么多财富的。之前他
担任外务部总理大臣兼督办政务处大臣，这两个官职都是不易贪污巨款的
要职，也不可能有那么多积蓄。正如庄练所分析的那样："即使他论职卖
官，也不能在不到一年之内积资百万之多，显而易见，此款中的大部分是
出于袁世凯之进奉。而袁则取资于北洋的存积，藉公款为纳贿之计而已。"③
从中可知，奕劻这笔巨款中的很大部分出自北洋派袁世凯诸人的进奉。

二、弹劾失败原因分析

弹劾案背后有诸多因素左右其发展。奕劻的为人，外表庸碌，内心精
明，正是由于这个原因，经过戊戌变法、八国侵华、丁未政潮，他能够一
路高升、显赫一时、权倾当世。义和团活动猖獗时，"庆王于谈论间，时讥
笑义和团，谓不值智者一笑。但在朝堂，则发言极为谨慎。数日之前，太
后曾问庆王对于义和团之意见如何，庆王答言义和团可用，可以保卫国
家"；德国公使被杀后，"庆王意见不同，反复言杀死外国公使之重要，谓
此事关系极大，以前所杀洋人，不过是传教的，今系使臣，必动各国之
怒"。④这样一个工于心计、善用权术之人，面对御史蒋式瑆的弹劾，显然
要巧加弥缝。《东华续录（光绪朝）》透露出一个重要信息：清锐、鹿传霖、
蒋式瑆一同前往汇丰银行，适值是礼拜日，该行无人，复于初三未刻再往

---

①佚名：《清稗琐缀》，中华古籍全录，http：//guji. artx. cn/Article/28657. html。
②汪荣塱：《记庆亲王载振在天津的生活》，载《晚清宫廷生活见闻》，北京：文史资料出版社，
1982 年，第 287 页。
③庄练：《中国近代史上的关键人物》下，北京：中华书局 1988 年，第 152 页。
④景善：《景善日记》，载《清代野史》第一辑，成都：巴蜀书社，1987 年，第 193、199 页。

会晤该行管事洋人熙礼尔及买办杨绍湜。① 也就是说，查办大臣是在第二天去汇丰银行查办的，奕劻有足够的时间去处理这件事。奕劻亦是善于弥缝之人，处事极为沉稳圆滑，他不大可能在这件事上坐以待毙。

另据《那桐日记》记载："（那桐）托代耕在汇丰存公码足银五千两，一年期，五厘行息，写绍景沂名下。"② 那桐在汇丰银行存钱，用的不是本人的名字，而是用"绍景沂"这个名字，自然是为了避免引起不必要的麻烦。依奕劻之谨慎、精明，也不大可能用自己的名字去存款，这也正是案件查无实据的主要原因。

而且，蒋式瑆御史所陈"得之传闻"③，并未找到足够的证据证明奕劻在汇丰银行有存款。在这种情况下，蒋式瑆在打无把握之仗，他与沉稳历练的奕劻相比不具备胜算。

此外，当时奕劻任领班军机大臣，又管理外务部、财政处、练兵处事务，成为继荣禄后慈禧倚重的又一心腹大臣，慈禧对他宠信有加。光绪二十八年（1902 年）五月，慈禧赏赐大臣石印大板《图书集成》（此书系前数年用原版在上海石印，每部计工价银三千五百两）五部，军机四人外王公惟庆邸得与，亦异数也。④ 慈禧也并非不知道奕劻贪钱，岑春煊面劾奕劻纳赂鬻官，"太后为之嘿然有愧色，遂不能更言"⑤。但慈禧同时认为："奕劻死要钱，实负我，我不难去奕劻，但奕劻既去，宗室中又谁可用者？"⑥ 当时，清廷的新政正如火如荼地进行，急需人才，奕劻作为老成派必不可少。基于上述原因，慈禧并不会真正查办奕劻。再者，查办大臣鹿传霖"办事和平"⑦，"至其晚年，以衰老之故，于国事无所裨益"⑧，行事更趋昏聩。他又与奕劻同为军机大臣，几个月前还受过蒋式瑆"顽固己权、善言

①《东华续录（光绪朝）》，光绪一百八十六。

②那桐：《那桐日记》，北京：新华出版社，2006 年，第 373 页。

③《东华续录（光绪朝）》，光绪一百八十六。

④王文韶著，袁英光、胡逢祥整理：《王文韶日记》下册，北京：中华书局，1989 年，第 1073 页。

⑤岑春煊：《乐斋漫笔》，载荣孟源、章伯锋主编：《近代稗海》第一辑，成都：四川人民出版社，1985 年，第 99 页。

⑥胡思敬：《国闻备乘》，载荣孟源、章伯锋主编：《近代稗海》第一辑，成都：四川人民出版社，1985 年，第 277 页。

⑦费行简：《近代名人小传》，台北：文海出版社，1974 年，第 141 页。

⑧汪康年：《汪穰卿笔记》，载荣孟源、章伯锋主编：《近代稗海》第十一辑，成都：四川人民出版社，1988 年，第 374 页。

不入"的参劾，他在查案时的态度可想而知，不过草草了事而已。左都御史清锐与奕劻亦有交情。在此基础上，查办大臣秉承慈禧的旨意办事，不会认真彻查此案。因此，蒋式瑆因弹劾奕劻而摔下马在所难免。

三、奕劻在汇丰银行的存款去向

弹劾案以奕劻大获全胜、毫发无损告终，那么奕劻存在银行的"一百二十万两银子"到哪里去了？

一种说法正如胡思敬所述，奕劻按照与吴懋鼎的约定，"割其半以借券还之"，也就是说存款的一半归了买办吴懋鼎。另一种说法是蒋式瑆向慈禧太后动本参奏庆亲王，奕劻拒不承认，并暗中派心腹跑到银行说：银子，不要了！于是这百万两银子便落到汇丰银行老板和蒋式瑆的手里，而蒋式瑆就落个参奏不实被罢官，用他分得的48万两银子做了本钱，办起了华商电灯公司。① 还有一种说法，"又前时某邸被言官劾其存银某银行，朝廷派大员至行，勘知无有，言官得惩谴。闻此款竟非复旧主所有。"② 按照以上两种说法，奕劻存在银行的银子被银行和蒋式瑆私吞了。这几种说法是否属实呢？奕劻在汇丰的存款究竟落到了哪里？

《玉田县文史资料》中提到蒋式瑆因弹劾奕劻分得48万两银子，在《慈禧传信录》中也有类似说法：银行司事与蒋式瑆密谋，"行查时，劻必托销簿籍，则此款我二人平分之，君可富，若劻不我托，我必以实告查办者。则劻必罢枢要，君（蒋式瑆）直声且震天下，更必获大用。式瑆大喜。疏入，令大臣查覆。劻果托是司事注销存据。遂以查无实据入奏。式瑆落职，竟分得三十万。"③ 依据上述说法，蒋式瑆分得了30万两白银，这让人怀疑蒋式瑆参劾奕劻的动机。笔者认为蒋式瑆不可能在弹劾后分得存款，也不像传闻所说的有得名得利的参劾动机。汪康年一向洞悉时弊、深察政情，他在《汪穰卿笔记》中对此事提出质疑，且引之：

"此事（奕劻在汇丰银行存款）有无，朝野莫不了然，无庸余赘言矣。惟当时乃忽有极怪谣言，谓蒋君因此大有所得。前派查时，银行中人即私

①中国人民政治协商会议河北省玉田县委员会文史资料委员会编：《玉田县文史资料》第5辑，1991年，第143页。

②汪康年：《汪穰卿笔记》，载荣孟源、章伯锋主编：《近代稗海》第十一辑，成都：四川人民出版社，1988年，第373页。

③费行简：《慈禧传信录》卷下，台北：广文书局，1980年，第83页。

与蒋商略，乾没此款，属蒋随查时勿加跟究。行中人因先诣庆邸，问来查时，应直告以有此款，抑应讳之欤。庆踌躇曰：'但可言无。'行中人曰：'如是请书一纸为信。'庆不得已，书与之。而此款遂为行中人乾没，蒋亦得一二十万之多，常州某君曾为予言之，且叹蒋君雅望，何乃有此。余谓此事不确，行中欲乾没此款，何必与蒋商，使生枝节。已而又有人谓：'奏上时，行中人即与蒋商者。'余曰：'奏上时，行中固或未知，且安知必派查。'久之又变其说，谓蒋此奏，实行中人商令作为瓜分此巨款计。余曰：'此更奇，蒋未必与行中人捻，且行中人安敢以此未必然之事，而轻与人商。'总之，以如是著名之银行，经理之人固必慎选，且稽核尤密。安有此等巨款任人侵吞之理。然此谣至今犹在人口，因叹吾国兴讹造讪之人多，而研究剖白之人少，是非何日得明乎？"①

由上述资料可见，蒋式瑆侵吞巨款的传闻确实存在。谣言往往是为了满足人们探寻重大事件内幕的迫切欲望，越是荒唐离奇的谣言对人们越有吸引力，传播速度也越快。所谓众口铄金，若没有人出来辟除谣言，谣言也会被人们当作事实来传播。对于蒋式瑆弹劾奕劻之事，汪康年认为蒋式瑆不可能勾结银行司事吞并存款，银行司事不敢拿侵吞存款这样的大事与人商量，他的论断在《大公报》得到了印证：蒋式瑆在弹劾失败后，"虽至友访寻亦拒不纳，又去岁福州将军某氏本相友善，近因其风烈，托某帽店转赠千金，蒋终将不受，如是者不只一事，该侍御之清风亮节不可一世。"②蒋式瑆在弹劾之前不肯接受千金赠送，弹劾后又拒绝接见探访的亲友，显然，他看重名声气节，不可能私吞这笔巨款。

另外，蒋式瑆去年曾上奏弹劾奕劻，二人早已到了水火不容的境地，蒋第二次弹劾奕劻冒着极大的风险。因为官官相护是官场中的一个通例，官场中容不下异己势力。他在书写奏折的时候已经预见自己的结局，不可能秉承"以墨制墨"的原则，将清誉与官职统统抛之脑后。蒋式瑆系性情中人，他在书写奏折时大义凛然，面对馈赠亦拒不受纳。御史赵启霖赋诗赞蒋式瑆曰："谁拚肝胆存吾道，独为朝廷惜此人。羸马敝车行慷忱，泰山乔岳正嶙峋。逝将去汝踟蹰候，欲往从之寂寞滨。闲与排云叫阊阖，万方

---

①汪康年：《汪穰卿笔记》，载荣孟源、章伯锋主编：《近代稗海》第十一辑，成都：四川人民出版社，1988 年，第 493－494 页。

②《时事要闻》，《大公报》，光绪三十年三月初八日。

憔悴一沾巾。"① 赵启霖首先肯定了蒋式瑆的品行和气节，紧接着对朝廷处置蒋式瑆表示不满，最后描写了蒋式瑆罢官后的凄凉场景。这样一个清风可嘉的人，又怎会贪图奕劻的存款？况且，奕劻亦非等闲之辈。奕劻爱财如命，当年清廷动员亲贵捐款，他便吝于捐输。若蒋式瑆与人侵吞奕劻的存款，以奕劻在朝中的权势及威慑力必然不肯轻易善罢甘休。由此可见，蒋式瑆未分得奕劻在汇丰银行的存款。

银行经理或司事也不可能吞并这笔存款，原因如下：按照汪康年的说法，外国著名银行管理制度严格，规章健全，私人存款不可能随意任人侵吞；汇丰银行十分看重与权贵的关系，与权贵关系融洽，银行经理吴幼舫、熙礼等都曾到那桐的府上拜访②，奕劻的官位和权势都在那桐之上，对于这样一个权倾朝野的中枢大臣，汇丰银行笼络他都来不及，又怎么会侵吞他的存款？更为重要的是，奕劻在民国后仍将全部积蓄寄存在汇丰等外国银行③，如果这个银行信用不好，曾侵吞过他的存款，奕劻是不会再往汇丰银行存款的。

既然蒋式瑆和银行都没有侵吞这笔存款，那么奕劻在汇丰银行存款的去向如何？毋庸置疑，存款还老老实实地躺在汇丰银行的钱柜里，只是奕劻在存款登记簿上隐讳了他自己的名字。

蒋式瑆曾为南城监察御史，官至五品，居净谏要职；奕劻则为外务部尚书、军机大臣，官至一品，权倾一时。这个备受瞩目的弹劾案将二人的命运紧紧地联系在一起。成则为王，败则为寇。身居言路之职，监察御史也是距离君主喜乐最近之人，他们往往因为触怒君主而受到惩处。奕劻在弹劾案中胜利，稳坐权力中心；蒋式瑆进言失败，从此仕途一蹶不振。"无心插柳柳成荫"，蒋式瑆却因弹劾权臣奕劻而名声大震，享同僚之推崇、报界之清誉。蒋式瑆在长久的言路不振之后，振臂一呼，应者云集，而由此形成的强劲辐辏，为晚近以来一蹶不振的言路增光添色。历史总是巧妙地让"故事"继续，继蒋式瑆后，御史赵启霖、陈田、江春霖等人向庆亲王奕劻发起了新一轮"攻势"，最后也都败下阵来。所谓"补天浴日敷陈切，

①施明、刘志盛整理：《赵瀞园集》，长沙：湖南出版社，1992年，第252页。
②那桐：《那桐日记》，北京：新华出版社，2006年，第407、605页。
③参见汪荣塈：《记庆亲王载振在天津的生活》，载《晚清宫廷生活见闻》，北京：文史资料出版社，1982年，第287页。

穴社凭城掩盖工。此去料知身似叶，只愁言路一时空"①，清朝末世似秋叶飘零。蒋式瑆弹劾奕劻案是清末台谏末路的表象，言官因弹劾亲贵大臣获咎，显示出清末监察御史权力的式微。言官本许风闻言事，御史蒋式瑆的被斥宣示了清末言官制度的没落，御史上疏言事不再毫无顾忌。清廷自行关闭了纳谏之门，都察院作为监察机构形同虚设，亲贵弄权排除异己，官制改革以失败告终。奕劻身为朝中的中枢大臣，对他贪污的弹劾反映出上层官员的贪污情况，同时也体现了清廷对奕劻贪污的包庇，展现出清廷的统治危机，清廷的统治在岌岌可危中走到了尽头。

---

①江春霖：《江春霖集》，马来西亚：马来西亚兴安会馆总会文化委员会出版，1990 年，第491页。

第四章　赵启霖弹劾奕劻案

　　蒋式瑆对奕劻的弹劾只是小试笔锋。在遭遇蒋的弹劾之后，奕劻的行为稍有收敛。但那只是奕劻的短暂沉寂，不久之后，他家仍然门庭若市，大小官吏无不奔走其间，以夤缘攀附奕劻为一大能事。1907 年奕劻大寿，争相献礼者不计其数。一时间，奕劻的豪奢和贪婪成为众人瞩目的焦点。此外，奕劻之子载振也因为天津歌妓杨翠喜一事成为舆论关注的对象。御史赵启霖得闻奕劻父子之事即向清廷上奏，是为轰动一时的御史弹劾亲贵案。弹劾案发生后，朝野上下大为震惊。赵启霖作为案件的参与者，与案件相始终，他发起弹劾，又因"弹劾不实"而被革职，最后又开复处分。晚清贪污成风，查办大臣孙家鼐、载沣畏葸乡愿，奕劻与袁世凯及时转移罪证，奕劻作为宗室中的老成派，深得慈禧信任，诸多因素决定了案件的最后发展走向。弹劾案还与政治斗争密切相关。奕劻与岑春煊素来政治观点不合，赵启霖与岑春煊亦有接触和往来，种种迹象表明：弹劾案是奕劻集团与岑春煊集团政治斗争的一个初级表象。通过对奕劻的控诉，案件还折射出晚清极为严重的贪污现象。

第一节　赵启霖和弹劾案

　　赵启霖（1859—1935 年），字芷荪，晚年号瀞园，湖南湘潭县十四都梅村里（今湘潭市青山桥区明道乡）人，家中三代均以务农为生，家境贫困。6 岁始入私塾，族人因为他天资聪慧好学，遂资助他读书。赵启霖 9 岁时通晓文法，以"学而时习之"命题，作"学能尽其心，学在君子也"二语，足见他的聪明伶俐。据载："芷荪先生幼贫。其外舅周觉先生精星相之术，适芷荪先生之封翁送先生往县应试，在驿路饭铺中与周遇。周奇其相、算其命，复看其文章，因挽饭铺主人为媒，而以一女妻之。招至家，课其读。周有二子，甚轻视赵。入赘之日，例设席陪新郎，周子以赵之身材短小也，发起即席联句以嘲之。时同席者，除二周外有李某，亦周之戚而赵之同窗也。周发言云：'今同席有四大人、一小孩（指赵），限每人联五言一句，说四大一小者。'周首言：'鼋鼍蛟龙鳅。'其弟云：'江淮河汉沟'；次李云：'厅台楼阁厕。'周遂谓赵云：'芷苏，轮到你了。'赵即应声答曰：'赵钱孙李周。'天衣无缝，举座为之叫绝。"① 可以看出赵启霖才思敏捷和聪慧过人之处。

贫寒的经历使赵启霖极早成熟和自立，在上学之余，他时常与弟弟拾薪卖钱，以减轻家中的负担，并用中秀才所得的奖金为家里还清债务。此后，赵启霖一直利用自己的官课奖金贴补家用。在他的不懈努力下，光绪十一年（1885 年）中举人，位列第三名；光绪十八年（1892 年）中进士，钦点翰林院庶吉士（俗称翰林），后授翰林院编修；光绪三十二年（1906年）正月赴京考御史，补授河南道监察御史，九月请假省亲，十月掌江苏道监察御史，十二月担任山西道监察御史，官至四川提学使，后辞官隐居于故乡。赵启霖一生热衷于教育事业，担任麻阳、武陵、澧州训导，主讲于濂溪书院和蘋州书院，先后任湘学堂监督、岳麓高等学堂监督，在担任四川提学使期间崇尚经学，设立崇古学堂，对教育多有建树。为了兴学育才，他亲力亲为，开办学校。光绪三十年（1904 年）他在家乡联络族人创办伍赵福田学校，宣统元年（1909 年）发起创办振铎学校。教育成为他毕生孜孜以求的一项事业。

赵启霖在担任御史期间，多次向朝廷上疏，能够体恤民情，针砭时弊，抨击权贵，勇于言事。在短短一年的御史任上，赵启霖上书十一道，内容涉及吏治、禁烟、教育、赈灾、练兵等多方面，为整顿吏治、禁绝鸦片、改革教育、赈济灾民、改革练兵而疾呼呐喊，终因弹劾权臣庆亲王奕劻而落职。"当庆王奕劻当国时，举朝莫敢撄其锋，时台谏中有矫矫不阿之三霖焉。三霖者：湘赵启霖，闽江春霖，桂赵炳麟，启霖首揭其奸"②。光绪三十三年（1907 年）三月，御史赵启霖"奏新设疆臣夤缘亲贵物议沸腾，据实纠参一折，据称段芝贵夤缘迎合，有以歌妓献于载振并从天津商会王竹

---

①徐一士：《凌霄一士随笔》，太原：山西古籍出版社，1997 年，第 1212 – 1213 页。
②徐珂编撰：《清稗类钞》第四册，北京：中华书局，1984 年，第 1523 页。

林措十万金为庆亲王寿礼。"① 这就是晚清历史上轰动一时的御史参劾贝子纳妓、亲王纳贿的"杨翠喜案"。杨案发生后，举国哗然，段芝贵被革职，赵启霖遭遇去职，载振则引咎辞职。在整个弹劾案中，赵启霖作为案件的发起者和参与者，起到了至关重要的作用。因为他，"杨翠喜案"浮出水面；因为他，奕劻等权贵被推上了舆论的风口浪尖。而载振作为庆亲王奕劻的儿子、农工商部尚书以纳妓落人口实，最终引咎辞职，奕劻作为晚清中枢大臣屡次因贪污遭人弹劾，名声大损，官誉扫地。同样因为这起弹劾案，赵启霖成为享誉全国的铮铮御史。真可谓："一疏惊天下，行闻去国吟。忧危生士气，忠笃亮天心。道直兼狂狷，怀孤自古今。看看白日远，孰肯烛沉阴"②。赵启霖也因此获得了庙堂内外的声誉和景仰。他曾自题诗一首，诗中有云："止戈反正漫猜疑，投老痴心尚不移。半亩荒原存净地，海滨终有待清时"③，表现出一如既往的高贵情操。

晚近以来，社会激烈动荡，新思想与旧思维并存，社会肌理正在经历着深层次的新陈代谢。在社会变革时期，各种乱象丛生，新政和预备立宪实际成了权力的重组。在这一过程中，社会风气极其败坏，卖官鬻爵现象更为严重与普遍。对于当时的社会习风，时人论曰："清末朝士，风尚卑劣，既非顽固，又非革新，不过走旗门混官职而已。故辛亥革命，为清室死节者，文臣如陆春江等，武臣如黄忠浩等，皆旧人耳，新进朝士无有与焉。向之助清杀党人者，既入民国，摇身一变，皆称元勋。朝有官而无士，何以为朝？"④ 对于晚近这一情态，监察御史并未完全受社会上不良风气之影响，与之相反，"御史弹劾权贵，亦成为一时风气，时人谓清运将终，留此一缕回光返照。如江春霖、赵启霖、赵炳麟，世称为'三菱公司'。他如赵熙、王鹏运之流，亦有建树。著称者如参庆亲王贪污，参伦贝子纳贿，并及杨翠喜案，段芝贵因此而罢免巡抚（原折指女伶杨翠喜为段芝贵所进，藉博伦贝子欢心）。参瞿子玖案，参邮传部案，参盛宣怀案，皆哄动一时。朝中虽无是非，言官犹有气节"⑤。赵启霖身为监察御史，有风闻言事的职

---

①《光绪宣统两朝上谕档》第三十册，光绪三十三年（1907年），桂林：广西师范大学出版社，1996年，第43–49页。

②施明、刘志盛整理：《赵瀞园集》，长沙：湖南出版社，1992年，第400页。

③施明、刘志盛整理：《赵瀞园集》，长沙：湖南出版社，1992年，第320页。

④刘成禺：《世载堂杂忆》，沈阳：辽宁教育出版社，1997年，第125页。

⑤刘成禺：《世载堂杂忆》，沈阳：辽宁教育出版社，1997年，第122–123页。

责和权限，他弹劾庆亲王奕劻亦属于职责范畴之事。但鉴于奕劻的身份和地位，也不是每一位御史都敢于撄其锋芒。当大小臣工争相奔走于奕劻之门时，赵启霖独以杨翠喜事"风闻入告"，足见其不同于常人的胆识和魄力。赵启霖弹劾奕劻，不仅是在履行其御史的职责，更是在维护士子心中的道德底线，显示其不肯媚俗的骨鲠之气。早在弹劾奕劻、载振等人之前，赵启霖已上疏弹劾吉林将军达桂徇私溺职。他参奏达桂"贪污猥杂，朋比为奸，徒以地处偏远，不惧发觉，罔上行私，至于如此，无怪人言藉藉，谓该省吏治之黑暗，他处殆无其比也。……乃该将军欺罔营私，任吏治民生之窳败，以龙兴之要地，迫虎视之强邻，而弊政贪风若此其甚"，并认为自己"既有所闻，不敢缄默"[1]。最终，清廷依据赵启霖提供的线索，彻底查办此案，将吉林将军达桂革职，并处置了相关人等。赵启霖对于朝中大员的违规行为毫不姑息，敢于直犯权臣，彰显出一代铁面御史的性情和风范。在举世皆浊、奔竞之风盛行的年代，赵启霖能够尽忠职守，并没有同乎流俗，这也正是赵启霖作为监察御史弹劾庆亲王奕劻的原因。

第二节　弹劾案的经过

一、案件的缘起

光绪三十二年（1906 年）九月二十日，清廷派"载振、徐世昌往奉天吉林查办事件"[2]。东三省作为清廷的"龙兴之地"，具有至关重要地位，同时正被日俄两大强邻觊觎。光绪三十年（1904 年），为了争夺对中国东北和朝鲜的控制权，日本和俄国在中国东北的领土上大打出手，上演了一场真枪实战，是谓"日俄战争"。中国当时国力衰弱，不敢触怒两国中的任意一国，只得被迫宣告中立。这场在中国国土上持续了一年多的战争，使得日、俄、中三国都蒙受了巨大的损失。特别是中国，虽然名义上为中立国没有参加战争，却使东北大地生灵涂炭，备受摧残。战场上，日胜俄败。俄虽战败，气势犹存，俄国奉行"不割寸土，不赔一卢布"的原则，将在中国

---

① 施明、刘志盛整理：《赵瀞园集》，长沙：湖南出版社，1992 年，第 24 – 25 页。
② 《光绪朝东华录》，第 5574 页。

东北和朝鲜的权益转让给了日本。中国"刚出虎穴，又入狼口"。时人有论曰："日俄战后，和约于日本无利，夫人而知之矣。当是俄使维德（现多译为"维特"）之强项，殊非吾国之比。维德一闻日本使小村寿太郎有需索之意，立与之绝，且曰：'俟汝兵至彼德堡，再作此请未晚也。汝今乃以战胜国自居耶？'小村寿太郎曰：'然则孰为战胜国？'维德曰：'无之，惟其无战败国，是以无战胜国。'小村竟无如之何。"① 可见，日本虽为战胜国，获益并不多，因为畏惧俄国的威力，只得将掠夺对象转向中国。另外，俄国在战败后并没有完全失去对东北的控制。这样，清末的东北三省就成了日俄两国剑拔弩张争相掠夺的对象。东北三省作为清朝的发源地，地广人稀，物产丰富。在管理方式上极其陈旧，仍然沿袭传统的将军制度，未设行政长官，且对外封闭，禁止汉人移居等。这种僵化的管理体制自然无法应对外患急剧的危局。盛京将军赵尔巽曾屡次上书陈明东三省改制的重要性和紧迫性，他明确指出："奉省荒地日辟，交涉日繁，相距较远之有司未能顾及，自非画疆分界、添设专官无以严责成以资治理。"② 清廷对此也深表认同："奉省为根本重地，百战疮痍，列强环集，经营措置动多棘手。所有练兵理财以及农工商业均为刻不容缓之图。"③ 在内外交迫的局势下，东北三省改制一事势在必行。载振和徐世昌正是代表清廷实地勘察东三省官制改革的事宜。令人意想不到的是，二人的此次出行竟然引发了一场轰动一时的官场风波。

载振和徐世昌路过天津。直隶总督袁世凯受官制改革的影响，势力发展受挫，首先是丢掉了苦心经营多年的北洋军权，其次丧失了督办政务、邮政、电力、路政等重要兼差，此时的袁世凯仅留直隶总督一职。经过此事的沉重打击，袁世凯本来是百无聊赖，"颓丧之至，终日在楼上，非要客不见，非要事不办"，载振等人的到来，给了袁世凯转圜颓势的曙光，他借机笼络载振，"极力与振周旋（无微不至）"④，并命令亲信段芝贵负责陪伴招待。"段芝贵，字湘岩，安徽人。或言其曾得幸于刘延年军门，以守备为袁帅材官，供洒扫奔走之役，嗣改官县丞，蹶捐道员，充天津巡警总办，

---

① 刘体智撰，刘笃龄点校：《异辞录》，北京：中华书局，1988年，第195页。
② 《光绪朝东华录》，第5561页。
③ 《光绪朝东华录》，第5575页。
④ 陈旭麓等编：《辛亥革命前后盛——宣怀档案资料选辑之一》，上海：上海人民出版社，1979年，第47页。

年仅三十余，不甚识字。"① 其最大的特点是"奔走疏附"②，善于逢迎，其祖为"合肥之仆，其父为武弁。渠应童试为人所攻，后随刘江北，由刘至本初（袁世凯），不过一武弁耳，却甚得意，由弁捐县佐而起，目下试用道，未引见，为某镇之参议，署统制，皆不满人意，人皆以嬖人目之。客冬，随城北（徐世昌）赴东，于贝（载振）处非常融洽。天水（赵尔巽）入部后，津巡即归彼接管。平日在津亦鲜有人许可者，但怕其气焰，敬远而已"③。段芝贵和载振等人在一起吃饭，席间"女伶杨翠喜出演，备极妖冶，合坐为之注目，而贝子心旷神怡，不觉手为之拍板"④。据《清末民初云烟录》记载："翠喜一时被目为尤物，十六岁起就在哈尔滨卖笑。当时，帝俄还在该地驻有军队。翠喜曾为帝俄军官所眷顾，声名籍籍，以后更以演戏得名，擅长演《拾玉镯》《卖胭脂》之类以淫荡见称的戏。后来，翠喜辗转到天津，亦伶亦妓，在天津大观园演出。"⑤ 杨翠喜当时在天津已经是名噪一时，连李叔同这样的青年才俊亦为之倾倒。杨翠喜演出的天津大观园时常能够见到李叔同追逐和陪伴的身影。李叔同不仅钦慕杨翠喜的花容，更赏识她的才艺，二人志趣相投，时常一起谈论戏曲。李叔同为杨翠喜讲述戏段的历史渊源和背景，还指导杨翠喜的唱腔和身段。在李叔同的帮助下，杨翠喜的才技造诣进一步提高。为了纪念这段感情，在杨翠喜出事后，李还专门为杨翠喜写过两首《菩萨蛮·忆杨翠喜》以寄相思。诗中写道："燕支山上花如雪，燕支山下人如月。额发翠云铺，眉弯淡欲无。夕阳微雨后，叶底秋痕瘦。生怕小言愁，言愁不耐羞"，"晚风无力垂杨嫩，月光忘却游丝绿。酒醒月痕底，江南杜宇啼。痴魂销一捻，愿化穿花蝶。帘外隔花阴，朝朝香梦沾。"⑥ 诗中饱含情谊和眷恋，足见杨翠喜当时的魅力所在。"庆亲王之子（载振），据说是一个好色的浪荡青年"⑦。对于杨翠喜这样色艺俱佳的女子，为之着迷和倾倒之人不在少数。段芝贵见载振情迷歌妓杨

①恽毓鼎著，史晓风整理：《恽毓鼎澄斋日记》，杭州：浙江古籍出版社，2004年，第348页。

②刘体智撰，刘笃龄点校：《异辞录》，北京：中华书局，1988年，第195页。

③陈旭麓等编：《辛亥革命前后——盛宣怀档案资料选辑之一》，上海：上海人民出版社，1979年，第49页。

④刘体智撰，刘笃龄点校：《异辞录》，北京：中华书局，1988年，第200－201页。

⑤申君：《清末民初云烟录》，成都：四川人民出版社，1984年，第15页。

⑥李叔同：《大家小集：李叔同集》，广州：花城出版社，2012年，第56页。

⑦骆惠敏、刘桂梁等译：《清末民初政情内幕——〈泰晤士报〉驻北京记者、袁世凯政治顾问乔·厄·莫理循书信集下卷（1912—1920）》，上海：知识出版社，1986年，第215页。

翠喜,便心生一计。他在载振走后,立即约来与杨翠喜关系密切的盐商王竹林,请"王(竹林)锐身自任,为之(杨翠喜)摒挡脱籍"①。根据当时官府规定,朝廷官员不允许私蓄优妓,但以非官府的名义赎买优妓,然后暗地里倒给政府官员则无人问津。终以不菲之资赎得杨翠喜。段芝贵将杨翠喜献予载振,并送给庆亲王奕劻十万两的寿礼,三月初八日,"东三省初建行省,当设三节帅,清廷遂授(段)芝贵为黑龙江巡抚。"② 这样,段芝贵通过袁世凯结识庆亲王父子,并通过其夤缘攀附的手段成功攀上权贵,并从一个微不足道的武弁成功跃居巡抚这一要职。对于段芝贵结交庆亲王父子一事,时人对其后果早有预料:"此次(段芝贵)居然署中丞,渠在京寓居城北(徐世昌)处,城北为之援引,本初(袁世凯)加保(始不碰,继又力保。始得如从前杨五之京卿然也)。实则寿仪送十万(有店号,均八厘,孙仲英为之谋);仲英之意在后日之军装也。贝为力谋,领袖莫名其人之如何,遑论殿廷耶? 后闻酹复十万,言路以为彼乃段祺瑞。一时尚无人攻,恐日久不免人言。甚矣,破格用人乃如此尔。或谓其'破格'二字甚确,则殊堪喷饭矣。"③ 世上没有不透风的墙,段芝贵献贿庆亲王父子的事情一出,报章即刊载于世。"据报纸云,此次以十万金得开封府,且闻其有松寿之献。"④ 赵启霖亦风闻上奏。

二、赵启霖弹劾奕劻受贿、贝子载振纳妓

奕劻获巨资,载振得美人,段芝贵谋高官,这本是件"皆大欢喜"的事情。但纸里包不住火,此事一出,朝堂内外,人言籍籍,道路传播,报章讥评。光绪三十三年(1907年)三月十八日,《京报》发表文章《特别贿赂之骇闻》,首先披露段芝贵献贿庆亲王父子之事。一时间,段芝贵献贿之事无人不知,无人不晓,成了朝堂上下公开议论的话题。但大多数人都慑于权势的威力,不敢轻捋虎须。御史赵启霖得知此事,他在"以县人罗

---

①许指严:《十叶野闻》,载荣孟源、章伯锋主编:《近代稗海》第十一辑,成都:四川人民出版社,1985年,第121-122页。

②胡思敬:《国闻备乘》,载荣孟源、章伯锋主编:《近代稗海》第一辑,成都:四川人民出版社,1985年,第230页。

③陈旭麓等编:《辛亥革命前后——盛宣怀档案资料选辑之一》,上海:上海人民出版社,1979年,第49页。

④恽毓鼎著,史晓风整理:《恽毓鼎澄斋日记》,杭州:浙江古籍出版社,2004年,第348页。

顺循知府正钧之约，偶赴保定，归始发弹劾贝子"①。三月二十五日，赵启霖在弹劾段芝贵夤缘奕劻、载振父子的奏折中称：

"奏为新设疆臣夤缘亲贵，物议沸腾，据实纠参，恭折仰祈圣鉴事。窃东三省改设督抚，原以根本重地，日就阽危，内而积弊日深，外而强邻交迫，朝廷锐意整饬，特重封疆之寄，冀收拱卫之功。不谓竟有乘机运动，夤缘亲贵，如署黑龙江巡抚段芝贵者。臣闻段芝贵人本猥贱，初在李经方处供使令之役，继在袁世凯署中听差，旋入武备学堂，为时未久，百计夤缘，不数年间，由佐杂至道员。其人其才，本不为袁世凯所重，徒以善于迎合，无微不至，虽袁世凯亦不能不为之所蒙。上年，贝子载振往东三省，道过天津，段芝贵夤缘充当随员。所以逢迎载振者，更无微不至，以一万二千金于天津大观园戏馆买歌妓杨翠喜献之载振，其事为路人所知；复从天津商会王竹林处措十万金，以为庆亲王奕劻寿礼，人言籍籍，道路喧传。奕劻、载振等因为之蒙蔽朝廷，遂得署理黑龙江巡抚。不思时事艰难，日甚一日，我皇太后、皇上宵旰焦虑，时时冀转弱为强。天下臣民稍有人心者，孰不仰深宫忧勤之意？在段芝贵，以无功可记，无才可录，并未引见之道员，专恃夤缘，骤跻巡抚，诚可谓无廉耻！在奕劻、载振父子，以亲贵之位，蒙倚畀之专，惟知广收贿遗，置时艰于不问，置大计于不顾，尤可谓无心肝！不思东三省为何等重要之地，他族逼处，为何等危迫之时，改设巡抚，为何等关系之事，此而交通贿赂，欺罔朝廷，明目张胆，无复顾忌，真孔子所谓'是可忍，孰不可忍'者矣！旬日以来，京师士大夫晤谈，未有不首先及段芝贵而交口鄙之者。若任其滥绾疆符，诚恐增大局之阽危，贻外人之讪笑。臣谬居言职，缄默实有所不安。谨据实纠参，应如何惩处以肃纲纪之处，伏候圣裁。恭折具陈，伏祈皇太后、皇上圣鉴。"②

从这份奏折的内容看，主要阐明了三个要点：首先申明了东北三省对于清廷的重要性。东北三省是清朝的发祥之地，又面临日俄两大劲敌的威胁，清廷正对其进行官制改革，因此处理好东北三省问题至关重要。其次，揭发了段芝贵夤缘奕劻父子之事。段芝贵献妓于载振，又献巨额寿金于奕劻，最后谋得了黑龙江巡抚一职。奕劻等人无视清廷法律，无视当前危局，更无视东三省的重要作用，不惜铤而走险，以犯众怒。最后，赵启霖在奏

---

①申君：《清末民初云烟录》，成都：四川人民出版社，1984年，第18页。
②施明、刘志盛整理：《赵瀞园集》，长沙：湖南出版社，1992年，第25—26页。

折中着重阐述了舆论的作用。奕劻父子之事广为流传，已经是人言籍籍，不仅影响到整个官员群体的形象，更影响到清政府的对外形象。

三、清廷对此案的关注和处理

赵启霖此奏一出，群臣哗然，物议沸腾，朝堂内外的反响十分强烈。因涉及亲贵重臣，且关系到贪污这一敏感话题，清廷十分重视赵启霖的这份奏折。在赵启霖上奏的当天，即发布上谕，上谕称：

"御史赵启霖奏新设疆臣贪缘亲贵，物议沸腾，据实纠参一折，据称段芝贵贪缘迎合，有以歌妓杨翠喜献于载振，并从天津商会王竹林措十万金为庆亲王寿礼等语，有无其事，均应彻查。著派醇亲王载沣、大学士孙家鼐确切查明、务期水落石出，据实复奏。段芝贵著撤去布政使衔，毋庸署理黑龙江巡抚。黑龙江巡抚着程德全暂行署理"①。清廷的这道上谕颇令人玩味。查办大臣载沣和孙家鼐，一个是少壮派，一个属于老成派。载沣涉世未深，胆小怕事，不具备独立处理案件的才能；孙家鼐久值于毓庆宫，顽固己见，圆滑世故，深悉宫中的政情内幕。载沣曾因查案事由向老臣世续求解其中之道，世续言道："此何事也，而可轻发语耶！王年幼，诸事宜诿诸寿州（孙家鼐），庶慎己免咎。"② 孙家鼐洞若观火，对于庆亲王奕劻等人在朝中的权势了解得很清楚："庆邸亲臣也，非常熟比，无辞可令出京。遇年节、吉日，递如意、蒙召见，与在位者同，甚或仍准内廷行走。而四格格朝夕在太后侧如故，项城在北洋如故，时时能为庆邸作卷土重来之计。且乘间媒蘖吾辈，以去其毒，何以御之？且今之与项城为敌者，未必能致其死命，惧无以持其后。即使得志，亦将顺焉矣耳，安见其矢忠于上。"③ 二人的搭档组合使整个案件的查办蒙上了一层纱，他们都不具备彻查案件的决心和勇气，都不敢放手去办案。另外，在赵启霖上奏后清廷即将段芝贵革职查办。一般而言，清廷惩治官员都需要证据确凿之后，而对于段芝贵却处理得立竿见影。这只能说明赵启霖参奏的内容不虚。

醇亲王载沣、大学士孙家鼐派满洲印务参领恩志、内阁侍郎润昌前往天津查案，最后二人将查办的情况汇报给清廷，其奏折如下：

---

①施明、刘志盛整理：《赵瀞园集》，长沙：湖南出版社，1992 年，第 26－27 页。

②刘体智撰，刘笃龄点校：《异辞录》，北京：中华书局，1988 年，第 202 页。

③刘体智撰，刘笃龄点校：《异辞录》，北京：中华书局，1988 年，第 202 页。

"臣等奉到谕旨次日即商同办理，委派正红旗满洲印务参领恩志、内阁侍郎润昌前往天津详细访查。现据该员等禀称到津后即访歌妓杨翠喜一事。时天津人皆言杨翠喜为王益孙买去。当即面询王益孙称名王锡瑛，系兵部候补郎中，于二月初十间在天津荣街买杨李氏养女名翠喜为使女，价洋三千五百元，并立有字据。再三究问，据王锡瑛称杨翠喜现在家内服役。又据杨翠喜称现在天仙茶园唱戏于二月初间经过付人梁二与养父母说允，将身卖与王益孙名王锡瑛充当使女。复讯杨翠喜之父母并过付人梁二等称：伊养女杨翠喜实在王益孙名锡瑛家内现充当使女等语。其王竹林措十万金一事询据王竹林称名王贤宾，系河南候补道充当商务局总办，与段芝贵并无往来，现虽充监商并无数万之款，所办商会年终入款七千余元，本局尚不敷用。其商会事件系公同各商董会办，并非一人专理。当即调查账簿亦无此款。并令王竹林与在局商董公同面质，据商会协理宁世福等公同言及给段芝贵措十万金之款不但未见，而且未闻。商董等均情愿出具连名甘结。复询天津阖郡各商据钱行商董郑金鼎等各商人，共同为王竹林具结，称段芝贵实无向王竹林拨给十万金之事等语。据该员等禀复前来，臣等即将案内要证王益孙名王锡瑛、杨翠喜之父母、王竹林名王贤宾，并保证商会协理宁世福、钱商郑金鼎等提传来京面询，各所供与该员等所查相符均无异词。所有臣等查明据说覆陈缘由理合恭折具奏伏乞。皇上圣鉴训示，再臣等现将王益孙名王益孙等亲供各甘结及账目等项共十七件咨送军机处备查合并声明，谨奏。"①

根据载沣、孙家鼐的彻查结果，清廷四月初五日发布上谕：

"前据御史赵启霖奏参新设疆臣夤缘亲贵一折，当经派令醇亲王载沣、大学士孙家鼐确查具奏。兹据奏称，派员前往天津详细访查，现据查明，杨翠喜实为王益孙即王锡瑛买作使女，现在家内服役；王竹林即王贤宾，充商务局总办，与段芝贵并无往来，实无措款十万金之事，调查账簿，亦无此款。均各取具亲供甘结等语。该御史于亲贵重臣名节所关，并不详加访察，辄以毫无根据之词，率行入奏，任意污蔑，实属咎有应得。赵启霖著即行革职，以示惩儆。朝廷赏罚黜陟，一秉大公。现当时事多艰，方冀博采群言，以通壅蔽，凡有言责诸臣，于用人行政之得失，国计民生之利病，皆当剀切直陈，但不得摭拾浮词，淆乱观听，致启结党倾陷之渐。嗣

①《醇邸孙相查复杨翠喜案原折》，《申报》，光绪三十三年四月十二日。

后如有挟私参劾，肆意诬罔者，一经查出，定予从重惩办。"①

按照清廷上谕所说，杨翠喜并未在庆亲王府，而是被天津盐商王益孙买作使女，段芝贵亦没有措款十万金献于奕劻。案件"水落石出"，赵启霖作为案件的弹劾者以"弹劾不实"而落职。对于案件的结果，赵启霖曾赋诗一首以表心志："击筑声中带暮蝉，西山斜照对樽前。青蒲謇謇初何有，白简区区但偶然。物论标题滋歉咎，天心元漠与回旋。秋霜烈日嵯峨在，直觉风裁愧昔贤"②。此诗将一个铁面御史的执着与无奈表现得淋漓尽致。

赵启霖弹劾书上奏以后，载振自知不容于众论，内心颇为不安。为了"稍塞论者之口"③，遂提交辞职奏折，他这样写道："臣系出天潢，夙叨门荫。诵诗不达，乃专对而使四方，恩宠有加，遂破格而跻九列。方滋履薄临深之惧，本无资劳才望可言。卒因更事之无多，以致人言之交集，虽水落石出，圣明无不烛之私，而地厚天高，跼蹐有难安之隐，所虑因循恋栈，贻衰亲后顾之忧，岂惟庸钝无能，负两圣知人之哲，思维再四，辗转彷徨，不可为臣，不可为子。惟有仰恳天恩，准予开去御前大臣、农工商部尚书要缺，以及各项差使，愿从此闭门思过，得长享光天化日之优容。倘他时晚盖前愆，或尚有坠露轻尘之报称。"④ 这份辞呈据说出自唐文治之笔，言辞斐然，写得微妙婉转，把载振的境况描述得婉曲贴切，同时又回避了案件的重点内容，对杨翠喜一事只字不提。"人言可畏"就能令仕途得意的振贝子辞职吗？只能说明载振与本案确有关系。更为诡异的是，清廷并未对载振加以挽留，而是屈从了载振的奏请，四月初六日下达了首肯的谕旨："朕钦奉皇太后懿旨，载振奏历陈下悃恳请开去各项差缺一折。载振自在内廷当差以来，素称谨慎，朝廷以其才识稳练，特简商部尚书，并补授御前大臣。兹据奏陈请开去差缺，情词恳挚，出于至诚。并据亲王奕劻面奏，再三吁恳，具见谦恭抑畏之忱，不得不勉如所请。载振著准其开去御前大臣，领侍卫内大臣，农工商部尚书等缺及一切差使，以示曲体。现在时事多艰，载振年富力强，正当力图报效，仍应随时留心政治，以资驱策，有厚望焉。钦此。"⑤清廷虽然罢免了载振的农工商部尚书职务，但同时对待

①施明、刘志盛整理：《赵瀞园集》，长沙：湖南出版社，1992年，第27页。
②施明、刘志盛整理：《赵瀞园集》，长沙：湖南出版社，1992年，第335页。
③恽毓鼎著，史晓风整理：《恽毓鼎澄斋日记》，杭州：浙江古籍出版社，2004年，第351页。
④《光绪朝东华录》，第5666页。
⑤《光绪朝东华录》，第5666页。

宗室又留有余地，为日后重新启用载振埋下了伏笔。没多久，清廷即重新起用载振，命其代表清廷参加英皇加冕，随即任命他为弼德院顾问大臣。

再者，为了平息外界的舆论压力，庆亲王奕劻亦上疏恳请开去军机大臣要职。清廷顾及"军机事务繁重，该亲王当差有年，遇事悉心筹画，诸臻妥善。现在时局多艰，该亲王谊属懿亲，自应亟图补救，不忍遽行引退，益当不辞劳怨、力任其难。所请开去军机大臣要差之处，著毋庸议。"①

第三节　诤谏以诤背后

赵启霖因揭露"杨翠喜案"遭遇革职后，群情激奋，为之惋惜慨叹，各界声援之声骤起。御史江春霖、左都御史陆宝忠、御史赵炳麟上书为其请命，更有甚者，"翰林院士子声称集体罢考"②。一时间，各界舆论将奕劻、载振推到了风口浪尖。各大报纸如《京报》《大公报》《申报》等纷纷跟踪报道此事，对御史赵启霖报以极大的关切，"一月之内，各报馆对其之评论奖誉之语甚多，外间且有将此事撰成小说者，有编成戏剧者，有仿《长恨歌》为诗者"③。山阳曹昌麟为《白杨花曲》四首记之，词甚艳丽，诗曰："送尽钿车拾翠人，一天风韵殿芳春。相逢无赖随萍水，堕落微怜杂涸茵。歌馆淡烟弹粉黛，帝城寒雪罨香尘。谢娘休负闲才思，台阁阴迷飞燕春。　　一段柔思照柳星，榆钱十万抵金铃。花非冷眼难为白，天若无情不见青。粉籙亭台初索漠，绣衣尘土共飘零。昨宵梦堕长安第，半响流莺更唤醒。　　搅碎离怀不可赊，绿杨一数记苏家。玉颜未委燕支土，青史烦书掌故花。杜曲日迟骄宝马，章台风急返香车。王孙真觉春魂断，海思云愁有暗嗟。　　宣武城南尺五天，飞花三月忆年年。风吹池水谁相问，雾隔珠帘汝尚颠。迁客春归愁楚雨，宰官衣解剩湘绵。翠楼一角杨枝外，曾许昆仑几度眠。"④赵启霖成为享誉全国的御史，有招饮赋诗者，有登门拜访者，有献礼馈赠者。最后，在各界的压力下，清廷开复了赵启霖的处分。宣统元年（1909 年）二月十八日，"赵侍御启霖署四川提学使，侍御为

---

①《清德宗实录》，卷五百七十三。

②施明、刘志盛整理：《赵潇园集》，长沙：湖南出版社，1992 年，第 390 页。

③施明、刘志盛整理：《赵潇园集》，长沙：湖南出版社，1992 年，第 334 页。

④赵炳麟：《赵柏岩集》下，南宁：广西人民出版社，2001 年，第 337 页。

前年参劾段芝贵不实褫职，玄奉旨开复，前案为摄政王奉旨查办，颇知其冤，此次简命皆缘于此。"①

一、御史对赵启霖的声援

身为御史的赵启霖以敢言触犯权贵，最终被革职查办。赵启霖虽然败下阵来，但其他御史并未偃旗息鼓，纷纷对其进行声援。在赵启霖上奏的第五天，御史江春霖即上《劾庆亲王父子疏》，进一步弹劾庆亲王父子，同时看到报纸评论亲贵前后不符，有为载振洗刷之嫌，请清廷确查此事。奏折内容如下：

"奏为报纸评论亲贵，前后顿殊，托辞更正。拟请饬并调核传问，以凭查究。窃庆亲王及其子农工商部尚书载振，威权日甚，势倾中外。此次奕劻七十寿辰，都下喧传收受礼物，骇人听闻者甚多；而京外各报，尤秉笔直书而不讳，不第署抚段芝贵一人、歌妓杨翠喜一事而已。臣久拟疏弹，以上年七月初八、八月初十、十二月二十四，及本年二月二十五日奏劾内外大臣各折片，均皆奉旨留中未发，又念赃私之律，授受过付同罪，言之虽确有凭，按之类皆无据。……是以一月以来，屡贻仗马寒蝉之消，而不敢摭拾上陈也。不意本月二十五日，御史赵启霖奏参，派醇亲王载沣、大学士孙家鼐查办。而天津《大公报》《顺天时报》又有更正杨翠喜之说。臣阅之大骇。外议多谓载振当将杨翠喜赠其旧好王益孙出名顶领，而胁报馆为之洗刷。人言故不尽可信，但以臣所见各报门包寿礼数目，言之凿凿，路人皆知，何以绝不更正，独沾沾于更正杨翠喜一节。且各报皆有访事，前之误登，访从何处？后之更正，访自何人？断非绝无来历，岂容信口雌黄。……而报纸顿更初议，难保无掉弄笔墨，颠倒是非，荧惑众听情弊，应请饬并调查各报，传到该报馆访事、主笔，诘问前后不符原因，以凭追究。臣为慎重查案起见，谨缮折具陈。"② 对于内外大臣的政治阙失，早在赵启霖之前，江春霖就曾先后四次加以弹劾，最终都无果而终。可见，御史对权贵重臣的行为早有关注。所以赵启霖上疏后，很快得到响应。江春霖敏锐地察觉到，各大报纸对杨翠喜之事前后报道不符，明显有为载振开

①许宝蘅：《许宝蘅日记》第一册，北京：中华书局，2010 年，第 237 页。
②江春霖：《江春霖集》上册，马来西亚：马来西亚兴安会馆总会文化委员会出版，1990 年，第 50 – 52 页。

脱之嫌，并进一步提醒查案大臣一定要关注这条线索，务使案件真相大白。但江春霖此奏同样石沉大海。

赵启霖遭遇革职后，四月十二日，江春霖又上《奏劾王大臣查案疑窦疏》，提出查案的六点疑窦：

第一，"买献歌妓之说，起于天津报纸，而王锡瑛则天津富绅，杨翠喜又天津名妓，若果二月初即买为使女，报馆近在咫尺，历时既久，见闻必确，何至误登？"杨翠喜和王锡瑛皆是天津名人，如果杨翠喜被王锡瑛买作使女，天津报纸岂会不知，又怎么会将消息刊载错误呢？

第二，"使女者婢之别名，天津买婢，身价数十金，至百金而止，无更昂者。以三千五百元而买一婢，是比常价增二三十倍矣。王锡瑛即挥金如土，愚不至此。"杨翠喜既然被买作使女，怎么会比正常的使女身价多出二三十倍呢？

第三，"翠喜色艺倾动一时，白居易《琵琶行》所谓名在教坊第一者，无过是矣。老大嫁作商妇，尚诉穷愁，岂有年少红颜，甘充使女？"以杨翠喜的名声和心气，怎么会舍弃风光耀眼的生活而甘作一名使女呢？

第四，"王锡瑛称在天津荣街买杨李氏养女，不言歌妓，而翠喜则称先在天仙茶园唱戏，经过付人梁二与身父母说允，又不言养于李氏。供词互异，捏饰显然。"王锡瑛和杨翠喜的供词明显有出入，办案人员竟然丝毫没有发觉。

第五，"既为歌妓，脂粉不去手，罗绮不去身，其不能胜操作也明甚。谓在家内服役，不知所役何事？"既然说充作使女，又不知道在家里所干的差事，着实可疑。

第六，"坐中有妓，心中无妓，古今惟程颢一人，下此虽十年浮海之胡铨，不免动情于黎倩矣。而曰买为使女，人可欺，天可欺乎？"王锡瑛放着一个绝色佳人作使女，与常理不符，违背人之常欲。

在此基础上，江春霖又进一步对王锡瑛进行威慑，希望通过他能导出案件的实情："臣以情理断之，出名顶领之说，即使子虚，买妓为姜之事，更无疑义，伏查《大清律例·户例》内载：'凡官吏娶乐人为妻妾者，杖六十并离异，等语。案经王大臣查无实据，本不敢倡为异论。惟是赵启霖业已革职，载振亦复开缺，而兵部候补郎中王益孙名王锡瑛以职官而纳歌妓，顾独逍遥法外，未免滋人拟议。若非照娶乐人律科断，不惟国法未伸，实无以塞都人士之口。"① 江春霖言辞凿凿，虽然能够击中痛处，却还是回天乏术，没能挽救赵启霖的命运。清廷仍然置若罔闻，坚持对赵启霖的处置。这种做法实属有意阻挠言路，亦是对官员劣行的纵容。

四月初八日，"台谏三霖"之赵炳麟亦上书为赵启霖请命，他在《请救御史赵启霖疏——奏为宽容台谏维系人心恭折仰祈圣鉴事》中明确提出惩治赵启霖会导致言路闭塞，大失人心，其论曰：

"御史赵启霖因弹劾亲贵不实，革职以示惩儆。雷霆之下，谁不震慑？夫时局至今日，危险极矣。臣愚以为处此时势，大小臣工皆应劝善规过，过济时艰，倘敢言之谏臣严加屏斥，臣恐言路闭塞，人心解散，天下事有不忍言之矣。乾隆时，御史曹锡宝弹劾权贵不实，部议降调，高宗谕云：御史究属言官，一时未察虚实，以书生迂拘之见，托为正言陈奏，姑免实降，着加恩改为革职留任。洋洋圣谟，述为美事。古人自王以下，官师相规，善则劝之，过则匡之，患则救之，失则革之。明盛之时，大抵如此。若夫恶闻过举，驱逐言官，皆末造秕政，其祸至于无所底止。奕劻身为大臣，而因言该亲王去位者，前既有蒋式瑆，今又有赵启霖。揆诸大臣爱才之心，必有惶悚不自安者。今日幸祖宗之泽未湮，君臣之纲具在。尚有人不计祸福，以卵触石，为朝廷争名器。若使纪纲废弛，仁义充塞，我皇太后、皇上虽悬赏以求直言，恐亦不闻于耳矣。"况且，"段芝贵自署黑龙江巡抚以来，士夫之谈笑，报纸之讥评，久已传布天下。日本东京报纸亦记其事"。赵炳麟早欲具折纠参，苦于没有真凭实据。"及见赵启霖纠参，益钦皇太后、皇上之清明，深自愧多所顾忌，不如赵启霖之不顾处分。今则如臣之多所顾忌者，独留于朝；如赵启霖之不顾处分者，罢职而去，谓立言官之谓何？将何以作其气耶？他日，倘有权奸干国，贿赂公行者，谁复为之直言极谏耶？庆亲王奕劻守大臣之风度，不计小嫌，则朝野上下传为美谈，劝善规过，共维时局，天下幸甚。倘以臣言为朋比，则臣实无面目立于朝，亦将还冠带于陛下，辞我皇太后、皇上而归田里矣"②。赵炳麟与赵启霖同为监察御史，二人都有"济苍生、安黎元"的夙愿。无奈时局颓危，政事黑暗，纵有一腔热血亦很难施展抱负。正可谓"身居沧海横流日，

---

① 江春霖：《江春霖集》上册，马来西亚：马来西亚兴安会馆总会文化委员会出版，1990年，第56页。

② 赵炳麟：《赵柏岩集》上，南宁：广西人民出版社，2001年，第444－445页。

百计何由挽陆沉"①，御史越发人微言轻。

另外，左都御史陆宝忠作为赵启霖的顶头上司，亦站出来为他请命。陆宝忠认为："乃近所拔擢者，徒借破格之名，转失用人之当，无怪人言之啧啧也。御史赵启霖罔识忌讳，冒昧直陈，轻听道路之言，以致诬及亲贵，其咎固无可解，而其心实有可原。况御史原准风闻言事，即传闻失实，亦宜曲示优容。查赵启霖平时学问颇优，声名尚好，戆直乃其本心，弹劾因之过当。合无仰恳逾格鸿慈，鉴其愚诚，仍留言路，以作台鉴敢言之气，而慰天下望治之心。"② 显然，陆宝忠更倾向于同情赵启霖的遭遇，认为言官有风闻言事的权力，即便所言失实，也应该从宽处置。

对于赵炳麟、陆宝忠等人的交章上陈，清廷于四月初八日发布上谕："御史赵启霖诬蔑亲贵重臣，既经查明失实，自应予以惩儆。台谏以言为职，有关心政治、直言敢谏者，朝廷亦深嘉许。惟赏罚之权操之自上，岂能因臣下一请即予加恩。至所虑阻塞言路，前降谕旨也已明白宣示，凡有言责诸臣，务各殚诚献替，尽言无隐，以副朝廷孜孜求治之至意。"③ 清廷既要求言官直言上陈，又坚持对赵启霖进行处置，堵塞言官的谏言谏行，这一掩耳盗铃之举显然是自相矛盾的，体现出清廷不得人心之处，这正是其自取灭亡的原因之一。

二、报界媒体对赵启霖弹劾案的报道

晚近以来，言论禁约逐渐放开，报纸这一传播媒体以摧枯拉朽之势飞速发展。报纸的作用和力量在于传播，通过传播各类消息以达到信息资源共享的目的。清廷对媒体不甚约束的做法实际对政治风潮有推波助澜的作用。"民之所畏者官，官之所畏者，一曰言路，一曰报馆。报馆网利之术，凡攻人过恶，必先隐其名而微讽之，不动则甚其辞，直叙其劣迹；又不动则指其名而大骂之"④。"于是凡任事稍繁之官，不敢不联络报馆，且以此为紧要公事之一。"⑤ 段芝贵献贿之事本是轰动一时的官场花案，各大报纸如

①赵炳麟：《赵柏岩集》上，南宁：广西人民出版社，2001 年，第 404 页。

②施明，刘志盛整理：《赵瀞园集》，长沙：湖南出版社，1992 年，第 29－30 页。

③赵炳麟：《赵柏岩集》上，南宁：广西人民出版社，2001 年，第 445 页。

④胡思敬：《国闻备乘》，载荣孟源、章伯锋主编：《近代稗海》第一辑，成都：四川人民出版社，1985 年，第 308 页。

⑤汪康年著，匡淑红选校点：《穰卿随笔》，北京：中共中央党校出版社，1998 年，第 29 页。

《京报》《顺天时报》《盛京时报》《申报》《大公报》等无不争相报道，探测其详，甚至外国报纸如《泰晤士报》《纽约时报》都刊载了此事。继《京报》首先揭露此事后，《盛京时报》对段芝贵献贿之事展开报道：

"闻有三四品大员，以一万两千金购津妓杨翠喜赠诸某贵族，而于某要津复有珍珠蟒袍之献遂得骤跻显要。京报又云，前报载某大员赠某贵人杨翠喜一事后，闻所贿尚有银十万两貂皮五千张，又赠某亲贵重金，故得自闲散道员一跃而得封疆重要之职务，其父亦得补高贵武职。一时都下闻之，均生感羡，惟各自恨财力不及，不能追随盛轨云。惟某向虽以贪著，然以奢荡之故不能有所盈余，此等重金不知从何得来耳。"① 显而易见，其中报道的大员为新晋黑龙江巡抚段芝贵，某贵族指农工商部尚书、贝子载振，某亲贵指军机大臣、外务部尚书、庆亲王奕劻。通过报章的披露，段芝贵献贿庆亲王父子之事已经为天下人所共知，展露出一个日趋腐化的官员群体。

《申报》甚至提前得到消息："新简黑龙江巡抚段芝贵被御史联名奏参有更动消息，遗缺钱能训可望简补。"② 这样一来，庆亲王父子承受的舆论压力不可小觑。在各界压力的面前，三月二十九日，庆亲王奕劻采取以退为进的迂回策略，"庆邸在召见时面奏：臣病虽痊，身体殊觉异常怯弱，恳恩开去军机大臣差使，俾资调摄，实因衰不胜劳，恐蹈旷职之咎，非敢稍枕安逸也。两宫谓：现在政务纷繁，正赖匡辅遂不允所请。"③ 虽然慈禧没有同意奕劻的辞职，但她并未放弃对案件的追查，"是日折上，两宫大为震怒，即拟将载振严惩，世中堂及林绍年奏云：该御史所奏无非摭拾报纸之词，其事之有无尚未可预定，遽加严谴恐非所以体恤亲贵之道，两宫始露霁色"④，遂命令载沣、孙家鼐务必将案件查到"水落石出"。见慈禧查办之心已决，庆邸又面谓两查办大臣云："此事吾父子名誉不足惜，如国体何？贵王大臣宜秉公确实查办，如其事属实，予甘认面欺之罪。如无，亦应将查办详情宣布天下，勿使吾父子贻笑于全球也。"言之泪下，回府后即放声大哭，为之不食者一日夜云。⑤

---

①《特别贿赂之骇闻》，《盛京时报》，光绪三十三年三月二十五日。

②《专电》，《申报》，光绪三十三年三月二十三日。

③《庆邸辞退军机未能邀准》，《盛京时报》，光绪三十三年三月二十九日。

④《参案续志》，《大公报》，光绪三十三年三月二十九日。

⑤《情何以堪》，《盛京时报》，光绪三十三年四月初六日。

关于查办大臣的办案情况，报界有一段生动的记述："醇邸因牵连同族关系重大，承命之下意颇踌躇，惟孙相国毅然扼腕云：老夫年迈又无能为，但国恩隆重不允退休，久居枢要，惭愧尸餐，今奉旨查办，誓死力彻底根究，俾水落石出。王爷与庆邸父子身在天潢谊居同族，其私情余岂不知，惟事关纲纪，当不徇情面切实清查。若查办失实致召烦言，老夫当担责任请勿过虑。查某大臣亦由旁委婉劝说以大义勿拘小节。醇邸意乃决。奋然拜命赴津查办云。"①这段记述将查办大臣的心理刻画得惟妙惟肖。醇亲王载沣与奕劻同属皇族，查起案来有诸多不便，老臣孙家鼐则沉稳历练，老于世故。这样的二人组合必然使其中一人在查案中占主导地位，这个人便是老臣孙家鼐。

对于参劾案的后续发展，《盛京时报》进一步追踪报道："闻醇亲王载沣商之孙中堂拟亲至庆邸传讯杨翠喜是否在府，不难水落石出，并调查贺寿收礼簿以检查十万金之事，业于日前咨会，传闻如是，恐未必有如此拙笨之查办也。"②如果按照这种拙劣的查案方法，自然不能使案件水落石出。载沣和孙家鼐也深悉这一点，转而采用间接的查案办法，从杨翠喜和王竹林身上寻找答案。

杨翠喜是名噪一时的天津歌妓，更是参劾案中的重要人物。对于她的历史，报界详加考究，《盛报》登专文论述道：

"杨翠喜一女优耳，只抵登一花界琐闻，本不足以污报章，但彼既经过奏案，牵涉政界，则其历史自不可没，兹特查访其前后踪迹以饷阅者。翠喜本土产颇有神光，前在天津日本租界唱落子，时伯乐过而顾者尚稀。近年始名噪，登台一剧倾动四座。于是会客津门者无不耳翠喜名，亦无不爱听翠喜戏，以故津人皆识之。天津盐商有所谓益德王氏者，世代以巨富闻。其孙号益孙，藉祖父荫，尤雄于财，喜与官场来往，尤好侠邪游，年二十余岁，盖翩翩佳公子也，自祖父见背后益肆挥霍。迩来慕翠喜名以两千金为之出籍，然为大妇所不容，乃为翠喜营外室于天津河北三太爷庙，终日双双同坐马车招摇过市，见者艳之，时有守望巡警查问，则曰：这是你们段大人好朋友的往眷，盖以王与段亦素相识故云，而外间遂哄传段大人购杨翠喜也。王竹林名贤宝，亦天津盐务中人，其人颇喜应酬，然并不富远，

①《醇邸孙中堂之查办》，《盛京时报》，光绪三十三年四月初三日。
②《参案续志》，《盛京时报》，光绪三十三年四月初四日。

非王益孙比，且其人颇讲商务，亦非买妓一流人物也。噫，杨翠喜以一女伶经动奏折辱降明谕，翠喜亦阔矣哉。"①

《申报》还访查到杨翠喜、王锡瑛的供词："（一）盐商王锡瑛禀为据实陈明事，窃职于光绪三十三年二月初十日有杨李氏情愿将其养女杨翠喜卖给职为使女，言明身价洋三千五百元，当时人钱两交立有字据为证，现在该使女杨翠喜收在职家服役，实无他项蒙混情弊，缘奉饬查，理合抄呈卖据呈候钦差大人查核，施行上禀。（二）杨翠喜呈为据实陈明事，窃身向在天仙茶园唱戏，于光绪三十三年二月初间有王五爷向身母说允，以三千五百元价卖充当使女之用，身遂于三月初三日在天仙茶楼停演，初四日回东安县，初十日返津在日本租界楼房暂住，于三月十八日归王五爷住宅服役。所具是实，并无蒙混情弊，为此叩乞钦差大人查核施行，光绪三十三年三月二十九日。"② 王锡瑛在供词中称杨翠喜是他买来的使女，与之前他在《顺天时报》所发"购之为妾"不符。明眼人一见便知其中必有蹊跷，这也正是案件疑点重重之处。赵启霖也因此获得报界更多的关注。对于赵启霖弹劾亲贵之举，有报道称："探闻奏参段芝贵一折系经各御史分拟折底四件，或虚拟，或指实，或连频揭参，各有重轻。然后按人拈阄，何人拈得何折即具何人之名入奏，是以此次台谏中人颇为慎重云"③。可见御史弹劾亲贵已是筹谋已久之事。

赵启霖弹劾奏折一出，举国哗然，更多御史闻风而起。据报载："顷因赵御史启霖参劾某邸之后，而某侍御亦要封章入告，欲参某某大臣其内容系为舞弊之事，闻不日即要入奏。"④ 在赵启霖上奏之后，"京师之运动家闻而大震，咸为揣揣。又有江（江春霖）赵（赵启霖）两御史因此案涉及亲贵，恐醇邸孙相查办不实代为掩饰，拟再联衔奏参以证其事之确实云"⑤。

御史江春霖更是连章请命，"以死争之，再请旨查折留中不发"⑥。在陆宝忠、赵炳麟、江春霖等人为赵启霖请命失败后，"言官意愈不平，遂有联衔奏请之说，然台谏中真敢上言者诚无几人。今朝阳凤鸣之赵启霖已经革

①《杨翠喜之历史》，《盛京时报》，光绪三十三年四月初四日。

②《时下近闻》，《申报》，光绪三十三年四月十七日。

③《御史分奏拈阄》，《大公报》，光绪三十三年四月初五日。

④《某侍御拟参某大臣》，《盛京时报》，光绪三十三年四月初六日。

⑤《又拟续参》，《大公报》，光绪三十三年三月二十九日。

⑥《联衔奏参作罢》，《盛京时报》，光绪三十三年四月二十一日。

职，而直言敢谏之王步瀛、吴钫，一授江苏知府，一补奉省提法使，所余皆庸庸碌碌者耳，故联衔奏请之议业已作罢，专制政体之刑威有如是哉。"①

可见，报界对因弹劾亲贵而革职的赵御史多有同情和赞誉，而对被弹劾的亲贵则略带讥讽。有报载："昨日庆邸又上封奏一件力辞军机大臣差事，未蒙允准，原折留中。或谓庆邸未上之先论者早知此折之无效，至有谓庆邸将借是以固宠者，则近于周纳之论矣。"② 与其父的迂回策略相比，载振显得沉静很多。载振"辞差后闭门闲居，日以读书为乐，有谈及时事者辄回以他语，平日所阅各种报纸最多刻皆屏去，或曰不欲以时事撄心也"③。但奕劻父子皆未泯为官之心，载振在短暂沉寂后先孜孜以求出洋游学，而后又积极筹进贵胄学堂；奕劻更是防微杜渐，在外务部约束部员的行为，以免落入言官口实。

与奕劻父子的恋栈心理相反，御史赵启霖在罢职后显得从容淡定。据载："赵侍御启霖革职后，各台谏及同乡京官无不愤其冤抑者。日前共同会议拟措集川资令其先行出洋游历，俟回国后再作出山之计。侍御慨然曰：此次因公参劾亲贵，以致革职，自问臣心如水，决不愿再登仕版，又何必出洋言次？意显坚决。呜呼，出洋二字本为今日热心富贵者终南之径，岂有名公而肯出此者乎？"④ 面对各界的慰问和挽留，赵启霖并未被虚名所迷惑，他选择"束装出京，于十六日乘火车抵汉，随带仆役一人，行装颇形萧索，翌日早晨即搭输回湘，并未勾留，汉上官场亦绝无与之投刺者"⑤。报界对弹劾案的追踪报道，从新闻媒体的特定角度诠释这一事件，提供了更多的案情信息和内幕，使得案件更加清晰地展示出来，并且凸现出赵启霖淡泊名利的风格和作风。经过各大报纸的大肆渲染，奕劻、载振等人因此陷入舆论危机，行为不得不有所收敛。

三、时人对赵启霖的声援

赵启霖因弹劾亲贵去职，一时舆论大哗，群相愀叹。朝中的多数官员十分钦佩赵启霖的这一"壮举"，纷纷对其表示慰问。赵启霖革职的次日晨

---

①《日下近闻》，《申报》，光绪三十三年四月二十三日。
②《日下近闻》，《申报》，光绪三十三年五月十四日。
③《日下近闻》，《申报》，光绪三十三年四月二十三日。
④《日下近闻》，《申报》，光绪三十三年四月十九日。
⑤《赵侍御出京旋里》，《申报》，光绪三十三年四月二十一日。

起，即有朝官数人至寓所慰藉。铁宝臣尚书良、姚石荃左丞锡光馈赠比较殷勤，赵却之。台长陆文慎（陆宝忠）率同台醵四百金以赠，赵不得已受二百金。① 赵启霖"出京时，士大夫饯于江亭旁之龙树寺，至者数百人，赠诗盈箧。……江亭之饯，恽薇孙学士发起，并同以电摄影"②。赵启霖临行前，京中同僚争先为其饯行，赋诗摄影为念。赵启霖离京时，诸好友送至车站。至武汉，张之洞、梁鼎芬等人盛情款待，足见赵启霖在朝中人气之高。张之洞将赵启霖"邀至督署宴谈，……时天暑，宾主接见，照例皆宽外褂朝珠。文襄直至就席斟酒后，始宽珠褂，以示特别尊礼之意"③。梁鼎芬在宴席间为其赋诗曰："正气一歌光日月，大文三策贯天人。大难未可悲来日，正论还当继古人"④。恽毓鼎激烈地论道："特以节钺滥加，为朝廷羞，为边疆危，为时局痛，热血冲心，握拳透爪，不觉其言之激矣。"⑤ 并指出："都御史陆宝忠疏言，言官语虽失实，心实无他。近来政府用人往往不洽舆论。赵启霖所论未始无因，请开复原官，置之谏垣，以作直臣之气。御史赵炳麟疏言，言官不宜获罪，言路不宜沮遏，语尤激切。上虽不允其开复，然为之申谕言路，遇事仍当直言敢谏。两公此疏有功朝廷，可光日月矣。余亦草一疏，申救赵芷生，谓言官不当反坐。拟于初九日入告，乃迟一日而明谕已下，不及上陈。"⑥ 众人对赵启霖的同情和支持，表达了他们对时局的不满，抒发了对清廷前途的忧虑。

赵启霖因为弹劾奕劻等人，直声震海内，或论此事，无不交相赞誉。四月初十日，傅基虞、苏舆、郭宗熙来函慰问："公此番一疏，足令台谏生色，权贵破胆。吾乡前有烧车侍御，惟公可以雁行。桑梓之光，实朝廷之光也。"⑦ 甚至，有素不相识如城南客者，赠别留念。台长陆宝忠认为赵启霖此举无疑使"京师久旱祷雨不应，而是得沛甘泽，说者比之洪北江"⑧。更有论云："比来台谏奄奄无生气，任朝廷之秽浊，不敢出一语。君今直挦虎须，虽因是失职，然以一疏去一巡抚、一尚书，视博浪之仅中副车，固

---

①施明，刘志盛整理：《赵瀞园集》，长沙：湖南出版社，1992 年，第 336 页。
②赵炳麟：《赵柏岩集》下，南宁：广西人民出版社，2001 年，第 322 页。
③施明，刘志盛整理：《赵瀞园集》，长沙：湖南出版社，1992 年，第 336 页。
④施明，刘志盛整理：《赵瀞园集》，长沙：湖南出版社，1992 年，第 336 页。
⑤恽毓鼎著，史晓风整理：《恽毓鼎澄斋日记》，杭州：浙江古籍出版社，2004 年，第 348 页。
⑥恽毓鼎著，史晓风整理：《恽毓鼎澄斋日记》，杭州：浙江古籍出版社，2004 年，第 351 页。
⑦施明，刘志盛整理：《赵瀞园集》，长沙：湖南出版社，1992 年，第 391 页。
⑧施明，刘志盛整理：《赵瀞园集》，长沙：湖南出版社，1992 年，第 392 页。

犹豪矣！从兹直声震天下，虽败犹荣。然君抗疏时，宁能计哉！其所以为君慰者，使天下知犹有不畏权贵，不恤名位之书生，既思为吾辈增色，而使当轴稍稍惧，宫廷稍稍悟，朝政渐留一线之光明，江山暂延破碎之岁月，则君之功伟矣！"① 可见时人对赵启霖评价之高。

对于赵启霖的去职，时人专门赋诗对其表示慰藉。赵的同乡陈毅时任邮传部郎中，与赵平时交情颇笃，二人又是儿女亲家，比常人更知事情的原委。他当时为赵写下五律四首："一疏惊天下，行闻去国吟。忧危生士气，忠笃亮天心。道直兼狂狷，怀孤至古今。看看白日远，孰肯烛沉阴。

吾楚离骚地，宁从泽畔吟。几挥离别泪，都见爱君心。礼乐原非古，衣冠况不今。行藏莫可适，天地若为阴。 生小闻夫子，怀余祖德吟。与君离别意，长此踽凉心。只见云成雨，难令后视今。几多天下士，挥涕向城阴。 亦有匡庐在，容君抱膝吟，半生芳草意，一寸卷葹心。去住休遗世，艰危恐自今。前途慎栖止，恶木岂无阴。"② 诗歌洋洋洒洒，道出了御史赵启霖的铮铮气节。另有朋僚杨增荦为赵启霖南归题诗，其中写道："登楼恐被天狼怪，犹有人见骨鲠臣。……料理千秋差不负，子瞻诗案在乌台"③。书写出赵启霖作为一代监察御史的风范和气度。

《忘山庐日记》对赵启霖事评论道："赵侍御因此罢职，闻者多为不平……振贝子自请开缺，奉旨允准。盖惧人言，示敛退也。庆王父子，年来盈满已极，稍稍自损，亦是养福之道。"④《谏书稀庵笔记》对整个案件记载得颇详，云："杨翠喜者，天津乐妓。美姿容，歌喉清彻，名噪一时。有商人王姓与有交，欲纳之而索价过昂。会某贝子至津，见而悦之。某候补道员重金购之，献于某贝子，并备妆奁，值数千金。贝子大悦，为某候补道说项，竟放巡抚，京师哄传为笑柄。御史赵启霖递折奏参，上命大员查办。大员委司员往津。某贝子知事难掩，潜送翠喜回津，交其母家。司员集讯时，预教以供，供曰：'从未至京，实系嫁与王某。'王某亦供曰：'以数百金买为妾，半年矣。'案遂定。大员覆奏，谓御史妄奏。乃革御史职，御史得直名而去，祖饯者，赠诗歌者若干人。某巡抚仍降为候补道。越月，又起赵御史为湖北学使，而赵御史入山不出矣。王商人不费一文而得美妾，

---

①施明，刘志盛整理：《赵瀞园集》，长沙：湖南出版社，1992年，第395页。
②申君：《清末民初云烟录》，成都：四川人民出版社，1984年，第18页。
③施明、刘志盛整理：《赵瀞园集》，长沙：湖南出版社，1992年，第399－400页。
④孙宝瑄：《忘山庐日记》下册，上海：上海古籍出版社，1983年，第1025页。

人为作《艳福歌》。某贝子春风不及廿四番而失美妾，人为作《长恨歌》。"① 陶湘在《齐东野语》中记载："开复赵启霖日，即得大雨，守旧者呼为御史雨"②。同为御史的胡思敬在《送赵侍御罢官归里序》中说："至段干木踰垣泄柳，闭门迫以不得不纵之势，犹且绝物而逃论，其行虽不合于圣人中道，皆以天爵自尊，无假于外物以为荣辱者也。后世古义不明，人君私其爵赏，如操果饵以弄婴儿，喜则予之，怒则夺之。一夺一予傲然有德色，及其变也，予授太滥，名器不足以动人，则有如天宝之乱，公侯告身只博一人之醉饱，诸责太严利禄不足以啖众，则有汉用公孙贺为相，临败畏罪，顿首哭泣不起。以势交者，势衰则散。以利合者，利尽则疏，天子孤立于上，提公侯宰相之空名至不能牢笼，中才以下岂不大可惧哉？光绪丁未四月余友赵芷生侍御以言事失官。京朝士大夫惜其去者，争扼腕奋髯愤恚不平于色，盖犹未离乎。一官得失之见欤，余平日持论及芷生自相期许，俱不合或又慕其直声，置酒杨椒山、吴柳堂两先生故宅作为诗歌，称引楚辞互相褒重。呜呼！国步艰难至今日而极，又恶直丑正，播其恶于四方，祸变亟矣，海内将被其患。先生独纵容受敢谏之名以去，推其平时依恋之忱。虽身在江湖犹将引为大戚。国将乱，而后有忠臣；家门不幸，而后有贞女烈妇。……万世之后，藉其名以维纲常、扶世教，不得不侈焉美谈。令当时取忠义节烈之褒词直陈于龙逢比干共姬伯姬之前，吾知诸人呼天抢地、肝肠欲裂，不以为讥刺必以为狂怪不入耳。然以此观天下人心好恶之公虽当破坏决裂之余，直道犹存，是非未泯，知祖宗德泽绵长，士气奋发可用，鲁秉周礼齐未敢动，中国大有可为之机。芷生非忘情于世者，异时相逼，而来责我以仁，胁我以义，虽欲却聘，陈情执予前说以拒当路，当不吾谅也，其勉图之。"③ 胡思敬又在《国闻备乘》中论曰："家鼐（孙家鼐）昏髦畏事，不敢开罪政府，复奏尽为伸雪，启霖遂以诬蔑亲贵夺职。陆宝忠、赵炳麟、江春霖连章争辩，不获伸。士大夫慕其直声，争置酒作为诗歌以宠其行。奕劻父子虽悍，固无如舆论何也"④。林绍年在枢廷，颇

①陈恒庆：《谏书稀庵笔记》，国家图书馆缩微中心库，缩微号：00M073556。

②陈旭麓等编：《辛亥革命前后——盛宣怀档案资料选辑之一》，上海：上海人民出版社，1979年，第58页。

③胡思敬：《退庐全集》，载沈云龙主编：《近代中国史料丛刊》第四十五辑，台北：文海出版社，1966年，第303－306页。

④胡思敬：《国闻备乘》，载荣孟源、章伯锋主编：《近代稗海》第一辑，成都：四川人民出版社，1985年，第230页。

持正论。赵启霖革职时，绍年谓谏官本许风闻言事，事虽不实，当稍示优容①。可见，在时人眼中，赵启霖敢于触犯当朝权贵，不顾惜个人安危，颇享直声美誉，对他的支持和声援不绝于缕。赵启霖虽以言事去职，却获得了士人的普遍认同，其引发的辐辏遍及朝野上下，可见赵启霖弹劾奕劻案在当时影响之大。

第四节　奕劻在弹劾案前后的表现

在弹劾案发生之前，奕劻、载振父子二人在清廷中的权力攀到顶峰。70岁的奕劻集军机大臣、外务部大臣、财政大臣、陆军部大臣数职于一身；30岁的载振年少得志，不仅有留洋经历，而且身居农工商部尚书一职，是年轻亲贵中最有作为的一个。这对父子在出事前，风光无限。奕劻大办70大寿，载振筹办30整寿，大小官员无不借此机会大献殷勤。奕劻父子亦毫不客气，收取各方献礼。除了节庆典礼等各种报效外，奕劻的外务部和载振的农工商部俨然成为金钱与权力交织互换的集散地。据莫理循回忆："中国新设立了几个出使大臣，派驻意大利、比利时和维也纳。每处拨有固定年度花费，共三万两。想要得此职位，须出钱买通，卖官的钱便入了清朝最不足道的庆亲王的私囊。我们昔日的无能的雇员张德彝，现在是出使伦敦大臣，他花了二万五千两谋取该职。伍廷芳将其全部薪俸汇给庆亲王才得以留任。而他自己靠卖领事职位、华人登记和签发华人保护书，等等，大发横财。"② 他还进一步指出："奕劻在外务部每月俸银二千两，但他每年从膳房榨取到的大量回扣有十八万两。"③ 按照这些资料记载，奕劻总理外务部有二十多年，他从中获得的俸银之外的收入就有上百万两之多，这还不是他全部的额外收入，他全部额外的收入预计有上千万两白银。奕劻的儿子载振亦是捞钱的"能手"。"商部既设，小人皆由是取径而入，不独堕坏

---

①胡思敬：《国闻备乘》，载荣孟源、章伯锋主编：《近代稗海》第一辑，成都：四川人民出版社，1985年，第260页。

②骆惠敏编，刘桂梁等译：《清末民初政情内幕——〈泰晤士报〉驻北京记者、袁世凯政治顾问乔·厄·莫理循书信集下卷（1912—1920）》，上海：知识出版社，1986年，第241页。

③骆惠敏编，刘桂梁等译：《清末民初政情内幕——〈泰晤士报〉驻北京记者、袁世凯政治顾问乔·厄·莫理循书信集下卷（1912—1920）》，上海：知识出版社，1986年，第484页。

朝纲也。盖全国之权寄于奕劻，奕劻之权又寄于载振，载振又转寄权于商部二三宵小之手。"①与乃父相比，载振年轻气盛，喜好新奇事物，更易纵情于声色。官员接近他的手段五花八门，其贪污的方法也更趋多样。但无论是奕劻还是载振，他们都以贪污为能事，丝毫不顾惜清廷的财政拮据和日趋枯竭的民脂民膏。

弹劾案发生后，庆亲王奕劻、贝子载振被舆论的浪潮包围起来。"圣眷颇隆"的奕劻经历着前所未有的政治考验。按照以往优待亲贵的惯例，参劾亲贵的奏折一般留中不发，不予纠察。这次慈禧竟然破天荒地要彻查此案，奕劻父子内心的忐忑可想而知。对于身历道光、咸丰、同治、光绪四朝的老臣奕劻来说，坐以待毙形同束手就擒。此次弹劾案的关键点在于歌妓杨翠喜。既然"杨事、段事均实在者"②，对奕劻来讲，转移罪证为第一要务。奕劻首先联系盟友袁世凯，希望袁能设法补救。终以世凯等巧为弥缝，载沣等亦惧开罪奕劻等，未肯深究。③袁世凯指派杨以德将歌妓杨翠喜连夜送出庆王府，并唆使王益孙认其为使女。贪污本是极其私密之事，一取一授一概秘不示人。段芝贵献礼十万金之事的关系人王竹林供述道："家世业盐，数年来积引滞销，差务已形弩末。自禁绝硝池以来始有转机，每年除纳课及一切开销外仅足糊口，安能以十万金之巨款借贷于段芝贵?"④段芝贵献礼十万金之事自然查无对证。

案发后，奕劻受困于舆论，他同样懂得利用舆论来挽回形象。"奕劻诸人，方嗾使其所谓机关报者，颠倒是非，大肆其邪说，其言曰：'政界诸公，馈仪物赠婢妾，不过个人交际之常，何为纷纷论说，攻讦个人之私事，至再至三而不惮烦也。'"⑤此外，奕劻惯用的伎俩便是以退为进。报界屡屡传出他因病请辞的消息。《大公报》在三月二十九日以《政躬不豫》为题进行报道："闻政界人云庆邸因赵侍御之参劾深为愤闷，王躬已觉不豫，饮食

①胡思敬：《国闻备乘》，载荣孟源、章伯锋主编：《近代稗海》第一辑，成都：四川人民出版社，1985年，第264页。

②陈旭麓等编：《辛亥革命前后——盛宣怀档案资料选辑之一》，上海：上海人民出版社，1979年，第54页。

③汪诒年：《汪穰卿先生传记》，载荣孟源、章伯锋主编：《近代稗海》第十二辑，成都：四川人民出版社，1985年，第265页。

④《王竹林观察为查办赵侍御参案亲稿供》，《盛京时报》，光绪三十三年四月十二日。

⑤汪诒年：《汪穰卿先生传记》，载荣孟源、章伯锋主编：《近代稗海》第十二辑，成都：四川人民出版社，1985年，第272页。

亦减，惟仍力疾入值，两宫如常宠眷云。"① 慈禧虽知"奕劻借朝廷势，网取金钱"，但她不得不承认"若夺奕劻位以授他人，他人亦不足信"②。后来，奕劻在面圣时直接提出辞去军机大臣一职，正是洞悉了慈禧的心理，才敢屡次请辞。与此同时，奕劻处事更趋谨慎。他和载振都更加注意自己行为，深居简出，处事低调。据《申报》报道："庆邸自被参后，办事格外小心，日前在外务部宣言近来台官专以伺隙弹劾为事，此后交涉事宜我等务要详慎，以免被人指摘，并命将每日所办公事，无论巨细是否议结一并清缮，事宜单逐日送邸以便详核。或曰庆邸前次被参并不关交涉一事，而台官可伺之隙亦不止交涉一门，不知庆邸将何以防之。"③ 在赵启霖因言获咎后，奕劻又表现出异乎寻常的"深明大义"。"醇邸孙中堂查覆折上，两宫以案无确据大怒，欲加赵启霖以严谴。庆邸陈不可，各军机亦竭力护持，故得从轻革职，倘非预备立宪之时代，则不堪设想矣。"④ 从奕劻上述种种行为来看，他都不是一个只知贪污、昏聩无能的人，而是一个富有权谋的政坛高手。奕劻在弹劾案前后的变化反映出监察御史在监督官员方面所起到的作用，同时近代以来舆论的作用和影响也不容小觑。

张伯驹（其父张镇芳为袁世凯之表弟，与段芝贵相熟悉）写下如此诗章："买赠佳人金屋娇，封疆擢任气何豪。启霖多事煞风景，却上弹章拆凤巢。"这首诗歌是当时赵启霖弹劾奕劻父子的真实写照。赵炳麟直言道："当是时，日本战胜俄国，陪京利权被人攘夺。余痛亲贵之无识，撰《杂感》一律云：黄尘十丈蔽云天，忽听荒庄奏管弦。公子乌衣歌踏踏，美人红袖舞娟娟。维扬乐府《龙舟曲》，京雒新声《燕子笺》。知否辽阳消息恶，倭奴齐唱凯歌旋？"⑤ 表达了对晚清亲贵不顾时艰、纵情享乐的控诉和鞭笞。

一起弹劾案，一场政治风潮，一个濒临灭亡的腐败政府，"杨翠喜案"虽是一场官场花案，却包含了极其复杂的政治内容。三年前，同为监察御史的蒋式瑆因弹劾奕劻而被罢言官；三年后，赵启霖同样因弹劾奕劻而被罢职，正如蒋式瑆御史所言："三年依旧青青柳，送客江亭信惘然。我欲归

①《政躬不豫》，《大公报》，光绪三十三年三月二十九日。
②胡思敬：《国闻备乘》，载荣孟源、章伯锋主编：《近代稗海》第一辑，成都：四川人民出版社，1985年，第302页。
③《日下近闻》，《申报》光绪三十三年四月十九日 。
④《庆邸护持赵侍御》，《盛京时报》，光绪三十三年四月十三日。
⑤赵炳麟：《赵柏岩集》下，南宁：广西人民出版社，2001年，第338页。

时归未得，天涯今见子成名。"① 蒋诗难掩凄凉，道出了身为言官的无辜与无奈。按照"清廷立法，言官许风闻言事，即使所言不实，律无反坐，所以激发言路，使其不畏强御，整肃朝纲"，但若御史因弹劾权贵获罪，"言路从此结舌，不敢再犯枢臣，相率习为容默，主听日蒙，外延是非无由上达"②。都察院各科道因赵侍御革职特在松筠庵集讲，此后不论何人得有何项消息，宜即通行报告，严密查访，如果得有确据，再行参奏，以免徒自吃苦。虽然金屋之娇可为商人之婢，暮夜之魂会无过付之人？诸君必欲先得确据而后具参。恐长此噤若寒蝉矣。③ 此次清廷对赵启霖的处置直接影响到了监察御史的秉公上陈，其监察职能大受限制。有人甚至直言："褫赵启霖职，并申戒言路，倘再妄言诬罔，定予严惩。闻者咸短气。赵启霖亦不足惜，唯国家设立言官，特许风闻言事，原欲其搏击权要，以警奸邪，而肃朝纲，若课以反坐之罚，则此后谁复敢犯权贵，致蹈不测之诛乎？言路结舌，主听日蒙，恐非朝廷之福也。"④ 在晚清的最后十几年，御史身份十分尴尬，一方面身负仗义执言的职责，一方面又面临因直言而获罪的危险。"士贪而畏人，犹有重清也；士至于清而畏人，几无独清"⑤。耿直赵御史的遭遇让我们看到了一个病入膏肓的贪腐政府。在这个政府中还有激烈的派系斗争，庆袁集团与瞿岑集团明争暗斗、争执不断。"杨翠喜案"是两派纷争的开始，之后庆袁联手击败了政敌瞿鸿禨、岑春煊等人。这样，奕劻、袁世凯在朝廷中失去了旗鼓相当的政治对手，奕劻可谓权势滔天。庆亲王奕劻亦成为晚清政坛的"不倒翁"，直到辛亥革命后他才真正退出政治舞台。赵启霖弹劾案发生之后，御史的行为虽然大受约束与限制，但亦屡有谏臣敢于冒险直犯权贵，显现出晚近以来御史不灭的生机与活力。继赵启霖之后，御史江春霖再一次倡言直书，这次他对奕劻的贪污直言不讳，掀起了另一波"倒庆"风潮。

---

①赵炳麟：《赵柏岩集》下，南宁：广西人民出版社，2001年，第322页。

②恽毓鼎著，史晓风整理：《恽毓鼎澄斋奏稿》，杭州：浙江古籍出版社，2007年，第125页。

③《日下近闻》，《申报》，光绪三十三年四月十二日。

④恽毓鼎著，史晓风整理：《恽毓鼎澄斋日记》，杭州：浙江古籍出版社，2004年，第350页。

⑤《贺邑博周圣嵋先生擢守云龙序》，《高阳诗文集》卷一二。

第五章　江春霖弹劾奕劻贪污案

第一节　"三菱公司"之江春霖

一、江春霖

有"台谏三霖"和"三菱公司"之誉的御史赵启霖、江春霖、赵炳麟，以敢言著称，他们因弹劾庆亲王奕劻而扬名一时。这三人在晚清最后十年，多次交章上疏，弹劾亲贵重臣、痛陈时弊要害、揭露社会黑暗，成为在政坛上异常活跃的净谏名史。江春霖是"三霖"之中的佼佼者，对奕劻的抨击最烈。江春霖（1855—1918 年），号杏村，字仲默，一字仲然，晚号梅阳山人，福建省莆田人。出身于书香门第世家，其父亲江希濂为同治乙丑年（1865 年）间的举人。江春霖自小受家学影响，勤奋向学、聪慧机敏。时人评价他"气调英拔，操行纯笃，刚正憨直"。光绪十七年（1891 年）中举人，二十年（1894 年）中进士，历任翰林院检讨、武英殿纂修、国史馆协修，三十年（1904 年）补授江南道监察御史，旋掌新疆道监察御史，历署辽沈、河南、四川诸道的监察御史。江春霖从小志向高远，尤其钦佩范仲淹"先天下之忧而忧，后天下之乐而乐"的胸怀，立志当一名监察御史。他在《言志对》中这样言明心智：

"宰相固所愿也，天下无事，官以次升，非早岁功名，安能崛起在位哉？翰林则务于诗赋文字，国计民生无补也。至六部九卿，吏部不得理兵部，太仆不得理太常，智效一官，能效一职而已。独谏官于庶政之得失，万民之休戚，社稷之安危，职官之能否，目之所见，耳之所闻，皆得形于奏牍，天下事之不系职司者，惟宰相行之，而谏官言之。宰相知无不为，谏官知无不言，官职虽卑，任同宰相。……吾儒志在天下，不为谏官，将安为？……夫士君子见用于时，其居言路也，有去就争之者矣，争之而其言不用，官可去，身可舍，而公论是非，必不可泯，遑暇计及取忌乎？"①

监察御史能够奏政事之得失，民生之疾苦，社稷之安危，更能就所见所闻所感发表意见。这正是江春霖一直钟情于御史的初衷所在，他以自己的实际行动践行着御史的谏言精神。昔司马光论言官当以三事为先：一不爱富贵，二重惜名节，三晓知治体。三者具而始可称谏官。② 江春霖作为一代御史做到了上述三点。他在担任御史的 6 年内，注重民情，访察吏治，抨击弊政，不畏权贵，重视名节，所上封奏达六十八件之多，与奕劻、载涛、载洵、袁世凯、徐世昌、孙宝琦、陈夔龙、陆宝忠等亲贵重臣分庭抗礼，名声响震朝野内外。其中，光绪二十四年（1898 年）上奏一篇，在光绪三十二年（1906 年）上奏十四篇，光绪三十三年（1907 年）上奏十九篇，光绪三十四年（1908 年）上奏十五篇，宣统元年（1909 年）有奏议十七篇，宣统二年（1910 年）上奏两篇。上奏内容涵盖之广，涉及田赋、税制、吏治、铁路、立宪等项内容，真正做到了"知无不言，言无不尽"，仅被他直疏上陈弹劾的官吏就有 15 人之多。他"首论都御史陆宝忠冒烟禁不宜长御史台，闻者悚慑。时项城袁世凯与庆王奕劻相结，纳贿揽权，多树私党，势倾人主。春霖列十二事并劾奕劻载振纳妓，疆臣段芝贵贿缺事，上虽寝其奏，而世凯颇严惮之。……宣统改元，庆亲王奕劻奉旨世袭罔替。春霖疏论世凯与奕劻朋比，不宜处枢近，防祸发肘腋，蒙召见面奏监国，侃侃直陈"③。宣统二年（1910 年）终因屡次弹劾庆亲王奕劻而被罢去御史职务。江春霖见朝廷重用私人，谏言无效，对清廷失望之极，遂断然淡出政坛。正可谓"园小庚子山，栽花犹幸多余地；世无曹孟德，种菜何须更闭门"④，过着闲云野鹤般的隐居生活。江春霖虽然隐居在家，"然乡党之益，知无不为，为匪不力"⑤。他还关心家乡建设，致力于家乡的公益事业，倡

---

①江春霖：《江春霖集》下册，马来西亚：马来西亚兴安会馆总会文化委员会出版，1990 年，第 409 - 411 页。

②辜鸿铭著，黄兴涛等译：《辜鸿铭文集》，海口：海南出版社，1996 年，第 442 页。

③江春霖：《江春霖集》下册，马来西亚：马来西亚兴安会馆总会文化委员会出版，1990 年，附录第 5 页。

④赵炳麟：《赵柏岩集》下，南宁：广西人民出版社，2001 年，第 313 页。

⑤江春霖：《江春霖集》上册，马来西亚：马来西亚兴安会馆总会文化委员会出版，1990 年，墓志铭第 3 页。

修湄洲天后宫、双霞溪石桥、陈墩桥、莆田梅峰光孝寺、韩坝海堤、萩芦溪大桥等项目。遗著留有《江侍御奏议》《江春霖文集》等，收在《江春霖集》中。江春霖虽然称不上晚清的重臣、要臣，却是一位志节高远、颇负声望的知名人士，《清史稿》《福建通志》《莆田县志》均将其列入名臣行列。江春霖之所以位居名臣之列，在于他敢于触犯奕劻等亲贵重臣，勇于仗义执言。

此外，江春霖还能甘守清苦，不为权钱所动。按清廷的俸禄标准，身居五品的御史年俸不过九十六两、米九十六斛，都察院更是号为清班，鲜少有额外收入。按照惯例，御史连任两年便可以调任知府，江春霖为了能够倡言直书，断然放弃了外调升迁的大好机会，继续担任监察御史。他在回复吏部的咨文中列出五点继续担任御史的理由："一、本道山林伏处，已近四旬。台阁服官，又逾十载。应酬所未娴，戆直更难遽改。一旦出为知府，不惟任情率性，必开罪于长官，并恐责实循名，易失欢于僚属。二、古之循良，惟称内治，今之能吏，专讲外交。而愚民之忍辱不甘，势难禁其暴动；强敌之要求无已，才尤赖夫折冲；国力不足相竞，公法有时而穷。知府管辖州县，多则十数，少亦二三，欲消隐患，虑稽查之难周，负委任而何解？三、辛壬以来，既摊赔款，又办新政，取尽锱铢，搜括未已。宪司派诸州县，州县派乎诸闾阎，知府介乎其间，实有督催之责。过于刻剥，固非心之所安，拙于催科，更忧职之不称。四、旧时上司督抚、司道无过四五，犹谓治官官多；今东省试办官制，总督之下，既有巡抚及左右参赞矣，而民政、度支、交涉、提学、提法又分为五司……知府以数事而责一人。但使奉行文书，日已忧其不给，何论整躬率属，政克底于有成。五、监临之官，知府最近州县，不职应听揭参，自知县半归督抚调补，投鼠忌器，府职之克举固已十无一二，今复尽归外补，永停部选，业已举之于前，谁肯劾于其后。果属贤能，直赘疣之无用；设逢贪酷，将袖手而莫何！"[1] 江春霖正是为了对各类政治阙失不遗余力地进行参劾，以"区区之心，夙夜自盟，而不欲顿更初志"[2]，甘愿继续担任御史。陈璧与江春霖都是福建人，有同乡之谊。陈代表袁世凯来说和，许以不菲之资，希望江春霖不要

---

[1]江春霖：《江春霖集》上册，马来西亚：马来西亚兴安会馆总会文化委员会出版，1990年，第226-227页。

[2]江春霖：《江春霖集》上册，马来西亚：马来西亚兴安会馆总会文化委员会出版，1990年，第228页。

继续参劾袁世凯，江春霖断然予以拒绝。江春霖触犯权贵被罢职后，对同僚、友朋送来的馈赠，更是一概不予接受，显示出其异于常人的情操和修养。同台众御史为他筹措两千金，他作《辞同台馈饯》谢却不受，诗中有言："同僚款洽别应难，盛饯躬逢况长官。归去已无三尺献，兴来且尽一杯欢。也知在宋金为赆，尚记过曹璧反盘。闽海舟车今已便，还乡莫作远行看。"① 他归乡时仅有"蔽衣数袭，朝衫外无他物"②。更有甚者，清帝退位后，袁世凯担任中华民国大总统，为了拉拢人心，曾数次托人邀请江春霖出山任职，清廷元老重臣岑春煊也曾连续四次发信劝说江春霖"重出江湖"，江一概婉然拒绝，其清风气节由此可见。

二、江春霖关于吏治的见解

综观江春霖的奏议及论著，他对吏治，尤其对贪污问题的论述最多。他首论苏松太道瑞澂串通奸商运米出口，又论办理新政藉公行私，再论都御史陆宝忠立法限制科道，更论政治馆会议肆为欺罔，屡陈庆亲王奕劻贪污受贿与袁世凯朋比为奸，数论官制改革过程中出现的问题，等等。除了论述官员的政治阙失外，还多次论及官制改革的内容。对于官制改革过程中出现的种种乱象，江春霖明察秋毫："新设各部，今日请设丞参，明日请筹津贴，异日又请升官阶，请重事权，请增额缺，及考其设施，非惟无益，或反害之，更无往而非具文也。今谓事关防弊，应仍照章认真办理，而防迟延舛漏之弊者，则删除之均是弊也。而防与不防顿异，前后得无自相矛盾耶？"③ 清末的官制改革是一次权力的重组与再分配，在重建的过程中，难免有鱼龙混杂之处。新设各部不仅官员调遣、升迁随意，连薪俸也比传统各部高出数倍，以致官员争先步趋于新部门。对于这一现象，江春霖认为应当制定统一的保举赏罚标准，避免滥保滥用现象发生。

对于官制改革中所需廓清的积弊，江春霖首先论及兼差之弊。他认为："凡人才力各有所限。以一人而治一事，庸众足效驰驱；以一人而兼数事，

①江春霖：《江春霖集》下册，马来西亚：马来西亚兴安会馆总会文化委员会出版，1990年，第500页。

②江春霖：《江春霖集》上册，马来西亚：马来西亚兴安会馆总会文化委员会出版，1990年，墓志铭第2页。

③江春霖：《江春霖集》上册，马来西亚：马来西亚兴安会馆总会文化委员会出版，1990年，第32页。

智勇亦形竭蹶。今之大臣兼管会办，已稍异设官分职之意，乃至各部司务、各省局差亦复垄断独登，左右罔利。无论才非泛应，即聪明特达、剖判如流，恐亦疲于奔命矣。欲无敷衍塞责得乎？"① 一人之脑力、精力都极为有限，身兼数职势必会影响到办事的效果和功效。但在晚清，一人身兼数职的现象十分严重，这和近代内交外困的特殊政情密切相关。比如，代表人物庆亲王奕劻一人担任军机大臣、外务部大臣、政务处大臣、练兵处大臣等职，可以说集政治、外交、军事、财政等大权于一身。况且庆王年事已高，难免会分身乏术，无法应对纷繁复杂的各部业务，这对晚清的政治建设十分不利。与庆王关系密切的袁世凯兼职最多时亦有七八项之多。难怪江春霖首论兼差问题，旨在射影以奕劻、袁世凯为代表的兼差问题。

　　针对晚清出现的谷禄不平现象，江春霖亦指出："今直隶、山东等省则有公费，外、商、学、警等部，则有津贴，吏、兵等部，则有化私为公，意亦何尝不善，而各自为谋，多寡弗同，有无互异。……求之东西各国，果有此耶？"② 一直以来，晚清各部、各省的薪金所得参差不等，往往那些肥缺、要缺更受人青睐，况"旧时廉俸虽薄，内外之以美缺优差致富者未乏也。而此请津贴，彼请公费，盈余归公，闻者盖尠。浮费增多，向隅之叹转甚，相形见绌，奔竞之习遂成，既坏官方，复糜帑藏，按之于法，殊不谓然。"③ 鉴于这一情况，江春霖认为应该"清陋规，定正俸"④，制定全国统一的薪金标准，这样才能避免徇私枉法现象的频发，也才能更好地效法西方进行官制改革。

　　在改制过程中生官员超躐现象时有发生。江春霖明确指出："今诸部侍郎、丞参皆不次擢用，郎中、员外、主事皆旋即实授，需才之际，固不能拘以资格，而成效未见，即已真除，及其有成，何以赏之？" 捐纳问题是改制中面临的一个亟须解决的问题。一方面，因纳捐而授官的士子充斥官员之列；另一方面，这些捐官之人水平不等，才智迥异。鉴于此，江春霖提

---

　　①江春霖：《江春霖集》上册，马来西亚：马来西亚兴安会馆总会文化委员会出版，1990 年，第 86 页。

　　②江春霖：《江春霖集》上册，马来西亚：马来西亚兴安会馆总会文化委员会出版，1990 年，第 87 页。

　　③江春霖：《江春霖集》上册，马来西亚：马来西亚兴安会馆总会文化委员会出版，1990 年，第 59 页。

　　④江春霖：《江春霖集》上册，马来西亚：马来西亚兴安会馆总会文化委员会出版，1990 年，第 59 页。

出建议："既重定官制，若再开捐，势必重订捐例等第高低，较量贵贱，以创制显庸之事，竟类持筹握算之为，贻笑天下，良非浅鲜。"①

改制伊始，新设各部"皆糜巨帑，警部至以周围四十里之地分厅十三，分区四十，设官以数百计，不知行省普设巡警，将用几许人员，几多薪水？臣核户部存款，无过六百余万，而每易名目，辄多开支"②。江春霖认为这是官员冗滥之弊，必须加以整治。正可谓"诸弊则犹形体之病也，病不去则四体五官不能效其用，弊不除则庶司百僚无以熙其绩。"③ 虽然仅是一个五品官员，江春霖时刻关心吏治建设，民生疾苦，为官制改革献言献策，体现出他作为监察御史"知无不言"的品质及追求。

第二节 江春霖弹劾奕劻案始末

一、案件的缘起

早在袁世凯入调军机大臣之时，御史江春霖即上奏弹劾袁世凯权势太重，一举罗列出袁世凯十二项罪状，包括："交通亲贵、把持台谏、引进私属、纠结疆臣、遥执兵柄、阴收士心、归过圣朝、潜市外国、僭滥军赏、破坏选法、骤贵骄子、远庇同宗。"④ 其中"交通亲贵"这一条专指袁世凯结交庆亲王奕劻父子。袁世凯寿辰时，庆亲王奕劻去爵署名为祝；载振则称袁世凯为四哥，自称如弟，有对联为证。虽然江春霖言之确凿、有理有据、各有所指，但这份弹劾袁世凯的重要奏折并未引起清廷的充分重视，被留中未发。时人有称："庚子以前，李合肥之世界也；庚子以后，袁项城之世界也。"⑤ 袁世凯当时的权势很大，又得慈禧信任，一时间很难撼动他

---

①江春霖：《江春霖集》上册，马来西亚：马来西亚兴安会馆总会文化委员会出版，1990 年，第 88 - 89 页。

②江春霖：《江春霖集》上册，马来西亚：马来西亚兴安会馆总会文化委员会出版，1990 年，第 89 - 90 页。

③江春霖：《江春霖集》上册，马来西亚：马来西亚兴安会馆总会文化委员会出版，1990 年，第 92 页。

④江春霖：《江春霖集》上册，马来西亚：马来西亚兴安会馆总会文化委员会出版，1990 年，第 128 - 133 页。

⑤孙宝瑄：《忘山庐日记》下册，上海：上海古籍出版社，1983 年，第 1286 页。

的权位。直到光绪皇帝和慈禧太后相继离世，年仅 3 岁的宣统皇帝溥仪继位。溥仪的父亲，年轻的醇亲王载沣临危受命，出任监国摄政王。对于立君一事，御史赵炳麟曾发表慨叹："半闲（奕劻）定策承殊宠，王气销沈事可嗟。若有董狐修信史，文山当日不宣麻。"① 表达了对奕劻等人掌权的担忧。光绪三十四年（1908 年）十二月十一日，赵炳麟又进一步密劾袁世凯，其论曰："袁世凯之为人也，机械变诈，善构骨肉。……我德宗景皇帝以三十余年之长君，尚束手受箝，终身郁结，而世凯得以树植私党，挟制朝廷。……他日必生意外之变。臣敢断言也，此必不可留者一也。……今日袁世凯党羽虽多，幸皆富贵利达之人，世凯一出军机，必多解散。若待其党根蒂固结，谋定后动，他日监国摄政王虽欲去之亦无可如何。至是时惟有敢怒不敢言，俯首听其所为而已。言念及此，可为寒心。此不可留者二也"②。给事中陈田亦上《奏为枢臣袁世凯结党营私居心叵测据实纠参事》，指出：

"袁世凯枭杰之才，机诈之谋，揽权独工冒进无等。其在北洋遥持朝权，枢臣由之进退，九列多其腹心，种种揽权不堪悉数。去岁外国协约已成，袁世凯危辞耸听，挟十事以要君，其中有皖省生变、人心叵测、灾祸入斗、天象难知等语。自古权奸干政之术非贡于献媚以要君，则危言耸论而动主。未几袁世凯果入军机处矣。袁世凯已入军机处一年有余，不知其抵制外人何事？挽回人心何术？消弭天变者何端？日谋揽权布置私人，其旧日之党徒如徐世昌、杨士骧、杨士琦、赵秉均、唐绍仪、严修、王英楷等无论矣。其新引进者如江北提督王士珍、山东巡抚袁树勋、浙江巡抚增韫、河南巡抚吴重熹、安徽巡抚朱家宝、江西巡抚冯汝骙、吉林巡抚陈昭常、黑龙江巡抚周树模、顺天府尹凌福彭，或称门生，或联姻娅，遍请超迁骤应疆寄，名器之滥至斯极矣。是列祖列宗经营百战之封疆，皆为袁世凯树植私人之善地。臣请以东三省言之。徐世昌初授东三省总督其保荐巡抚如唐绍仪、朱家宝、段芝贵皆为袁世凯私党，不敢外用一人，是其结党营私、通同一气之明证。又以北洋言之，袁世凯在北洋力能进退枢臣，则北洋重，其在枢臣又能挟制北洋，则枢臣重。则袁世凯之外府有弊不敢发，有害不敢言，静听指挥而已。北洋如此他省可知。东三省如此，天下可知。而其同党复招致北洋兵官训练新军，将来天下督抚皆其私人，全国兵权在

---

① 赵炳麟：《赵柏岩集》下，南宁：广西人民出版社，2001 年，第 325 页。

② 赵炳麟：《赵柏岩集》上，南宁：广西人民出版社，2001 年，第 473 - 474 页。

其掌握，不知袁世凯意欲何为？臣闻袁世凯之赐寿也，庆亲王奕劻至，去亲王而书名于寿联，贝子载振祝词称四哥，而自称如弟。"陈田进一步指出袁世凯不可留任军机大臣的六点原因："枢府亲王交通密煌煌，祖训深以为诫，此一不可也。中外大臣大半皆其私人，朝廷有大政袁世凯发一议，附和者唯诺赞成，调停者依违两可，政务处又不能抉者，询之疆臣，袁世凯势倾中外，疆臣多其党羽，此后无人敢与龃龉，将指鹿为马，变黑为白是谁属？此二不可也。久握兵符而骄，前岁袁世凯入议官制气凌朝贵，摇动枢臣，颇有唐室藩朱温入朝之风。使其无兵当不致跋扈。此时确解兵权，各营将领多其私人，一旦有缓急，岂复可尾大不掉，可为寒心，此三不可也。袁世凯一介武夫，不学无术，此四不可也。前岁，袁世凯厘定官制求改设新内阁而不得，近与其党徒日夜图谋遂其初志，无非破坏朝局，独握大权，谋改内阁之人，即求入内阁之人，此其诡谋不问可知，此五不可也。袁世凯引进私人，则必排挤不附己者以为之地，今日河南巡抚林绍年、安徽巡抚冯煦，整饬吏治，无端开缺，而受带者乃吴重熹、朱家宝，附己者迁秩，不附己者解职。此后，人皆股栗，熟不望风纳款，投于袁世凯之门，校人结党廷孤立，此六不可也"①。

摄政王载沣早有罢黜袁世凯之意，遂曲从陈田、赵炳麟的奏请，以足疾为名将袁世凯摒除于权力中心之外。载沣罢黜袁世凯在清廷中影响较大，时人颇有微词。如曹汝霖认为："摄政王罢斥项城，起用亲贵，仍觉有大事糊涂，小事不糊涂之感，不足与言国事也。"② 士子王锡彤亦认为："摄政王听信谗言，袭用国初忮克汉人之习，以威名赫赫、天下仰望之大臣首与为仇，几以托孤受命之身蹈亡身赤族之祸。虽张文襄、鹿文端诸臣极力保全，犹使罢职以去。尔乃自坏长城，使革命党生心，一般青年无聊之士忿郁思泄也。清廷之颠倒混乱至此极矣。"③ 可见当时载沣罢黜袁世凯所面对的风险和压力有多大。

"摄政就职，庆邸威权大损，见项城屏逐，知将及己，遇事更形退缩。宣统年间，政局情形极其复杂。"④ 因为袁世凯的去职，奕劻在朝堂之上失

---

①《奏为枢臣袁世凯结党营私居心叵测据实纠参事》，第一历史档案馆，档号：04－01－13－0421－030。

②曹汝霖：《一生之回忆》，香港：春秋杂志社，1966 年，第 86 页，

③王锡彤：《抑斋自述》，开封：河南大学出版社，2001 年，第 142－143 页。

④刘体智撰，刘笃龄点校：《异辞录》，北京：中华书局，1988 年，第 221 页。

去了左膀右臂，处唇亡齿寒之境，行事稍有收敛。随后，在十二月二十四日，赵炳麟又上《密陈管见疏》，他直陈道："彼党（袁世凯、奕劻等人）所恃以无恐，敢于怨怼朝廷者，以庆亲王奕劻谊系懿亲，而尚枢辅之任，直隶总督杨士骧地在密迩，而兼操兵财之权。是以袁世凯虽罢，其党内有庆亲王为之应，外有杨士骧济其财，仍然固结如旧。今欲自立于不败之地，则直隶总督不可不调。……至于庆亲王朝廷如何处置，圣心自有权衡，非臣下所敢拟议矣"①。此折留中未发。是日，赵炳麟蒙获监国摄政王载沣的召见。赵炳麟对摄政王言道："外间谣言多，非用汉人之有凤望者，无以镇人心而销内乱。"② 更直言不讳道："宣布德宗手诏，大赦党人，择其良者任以国事。起岑春煊典禁卫军兼军咨府；用张謇、汤寿潜、康有为、梁启超、郑孝胥、赵启霖、安维峻为摄政府顾问兼授皇帝读；罢奕劻，专任张之洞长军机，可息群谣、固众志。"③ 赵炳麟希望启用光绪时期被罢黜的官员，罢黜奕劻，专任张之洞。更有御史直言谏曰："（奕劻）金店办捐，而商贾售真名器，异端言事，而庵观作小朝廷。孩童乳臭，攘部首之尊；儿女姻亲，踞藩雄之任。"④ 可见当时官员对奕劻把持朝政的意见之大。

与此同时，江春霖丝毫未放松对奕劻、袁世凯等人的弹劾。对于奕劻获封世袭罔替，江春霖大有微词："庆亲王之世袭罔替，尤闻啧有烦言。臣谓巨室所慕，一国慕之。皇上此举，不惟念庚子微劳，亦以近支尊属，柄政有年，不得不从优厚，……而未踰一旬，平时奔走形势之小人，如农工商部侍郎杨士琦，民政部侍郎赵秉钧，顺天府尹凌福彭辈又莫不眉飞色舞，咸有弹冠相庆之意。……摄政王重受顾命，尤必大政亲裁，以严防事权旁落之渐，夤缘伎俩，谅无所施。但虑小人甘言谀色，每觉易亲；君子严气正性，或多难近。"⑤ 江春霖的言外之意在于：奕劻在朝中结党营私，贪污纳贿，奔附之人众多，世袭罔替之后，奕劻的权势滔天，势必造成无人制衡的后果。但江春霖的呼声并没能引起清廷的注意。

袁世凯被罢黜后，庆袁集团的势力有所削减，但余党尚在。江春霖密

---

①赵炳麟：《赵柏岩集》上，南宁：广西人民出版社，2001 年，第 476 页。
②赵炳麟：《赵柏岩集》下，南宁：广西人民出版社，2001 年，第 324 页。
③赵炳麟：《赵柏岩集》上，南宁：广西人民出版社，2001 年，第 477 页。
④陈赣一：《新语林》，上海：上海书店出版社，1997 年，第 14 页。
⑤江春霖：《江春霖集》上册，马来西亚：马来西亚兴安会馆总会文化委员会出版，1990 年，第 160－161 页。

切关注袁世凯余党信息，他上疏直言："巨奸虽去，邪党尚多，非就京察择尤罢黜，不足以惩既往而戒将来。"① 对于近来清廷陷入的外交危机，江春霖提醒清廷不要被袁世凯余党利用，防止他们借助外交的手段，挟制起用袁世凯，他说："外人国际交涉，固分两事；然国际素相亲睦者，即交涉亦较易办。美国前既退让还款，日本亦遣亲王来送梓宫，国际可谓亲睦矣。乃唐绍仪归而美要借款，载振归而日争间岛，报聘之使方回，责言之书旋至。虽张之洞计虑欠详，锡良威望未著，或为外侮之所由招，而此往彼来，要不免滋人疑窦。迩来都下谣言，二国交涉，非袁世凯断不能了，安保非该党人搆此难题，挟制朝廷，预为起废地步？"② 江春霖所虑甚远，他效仿宋代包拯上弹章专疏弹劾江西巡抚冯汝骙、安徽巡抚朱家宝、东三省巡抚徐世昌、直隶总督端方、苏松太道蔡乃煌等袁世凯党羽，力图将袁世凯党羽一网打尽。

赵炳麟、江春霖等人的连章上疏，虽然没有彻底将袁世凯的余党清除，却成功削弱了庆袁集团的实力。奕劻此时的处境更是如坐针毡，一方面，监察御史接连对他上疏弹劾，可谓步步紧逼，舆论压力很大，处境堪称紧迫；另一方面，盟友袁世凯去职，摄政王起用更多的年轻亲贵，奕劻的朝权被分去大半，权势大不如前。借此时机，御史江春霖又断然上疏弹劾奕劻的数宗罪行，是为宣统年间影响最大的御史弹劾亲贵案——江春霖弹劾庆亲王奕劻案。

二、弹劾案之经过

同为御史的胡思敬曾有言："言路至同治末年而盛，至宣统初年而极衰。"③ 一语道破了光绪、宣统年间言路的尴尬与窘迫。纵然屡有御史因触犯权贵而被谴，仍有御史敢于大胆谏言谏行，江春霖便是其中一人，他"六上疏争之不获乃出于擒贼擒王之壮举专劾奕劻"④。宣统二年（1910 年）正月十六日，江春霖上《劾庆亲王老奸窃位，多引匪人疏》，谓：

---

①江春霖：《江春霖集》上册，马来西亚：马来西亚兴安会馆总会文化委员会出版，1990 年，第 167 页。

②江春霖：《江春霖集》上册，马来西亚：马来西亚兴安会馆总会文化委员会出版，1990 年，第 185 – 186 页。

③胡思敬：《国闻备乘》，载荣孟源、章伯锋主编：《近代稗海》第一辑，成都：四川人民出版社，1985 年，第 300 页。

④《清史纪事本末》，卷七十六。

"戊戌变政全局，实为前军机大臣袁世凯一人所坏。世凯因得罪先帝，乃结庆亲王奕劻为奥援，排斥异己，遍树私人，包藏祸心，觊觎非望。幸而瞿鸿禨退，先朝起监国摄政王以镇之。袁世凯进，先朝又招阁臣张之洞以参之。天与人归，谋不得逞。及我皇上御极，首罢世凯。奕劻恭顺以听，而其党亦慄慄危惧。中外相庆，以为指日可致太平矣。既而窥见朝廷意主安静，异派无所登庸，要津仍各盘据。而农工商部侍郎杨士琦、署邮传部侍郎沈云沛复为画策，污名嫁于他人，而已己收其利。被劾则力为弥缝，见缺又荐引填补。就众所指目而言，江西巡抚宝棻、陕西巡抚恩寿、山东巡抚孙宝琦，则其亲家，山西布政使志森，则其侄婿，浙江盐运使衡吉则其邸内旧人，直隶总督陈夔龙，则其干女婿，安徽巡抚朱家宝之子朱纶，则其子载振之干儿，邮传部尚书徐世昌，则世凯所荐，两江总督张人骏、江西巡抚冯汝骙，则世凯之戚，亦缘世凯以附奕劻。而阴相结纳者尚不在此数。枢臣名有五人，实仍一人揽权而已。现查军机大臣戴鸿慈，业已出缺，若我皇上、监国摄政王，复听奕劻荐引私人，或误用老迈庸懦者充数伴食，大局之坏何堪设想。臣在先朝劾奕劻父子及袁世凯者，疏凡八上，皇上临御以来亦屡有言，均未荷蒙鉴纳。贱不谋贵，疏不谋亲，何苦数以取辱。但念蒙恩宽免处分，并谕指陈远大。枢臣贤否实为治乱攸关，远大孰有过于是者？缄口不言，抚衷滋疚！"①

江春霖的这份奏折是继蒋式瑆、赵启霖之后的又一封针对庆亲王奕劻的弹章，其要点在于奕劻贿赂公行、网络私人、弄权坏政。这是对奕劻贪污的更深层次论述，已经上升到结党营私的层面。正是因为奕劻好贪爱物，奔赴之人才有机可乘，才能依附于奕劻身边，结党营私，最终导致"一人揽权、附者受益"的严重后果。历朝历代，统治者最忌讳官员为伍结党，并把它当成瓦解其统治的一大弊害。江春霖参劾奕劻结党已把奕劻推到了刀锋之边。他参劾奕劻十大项罪名，牵涉宝棻、恩寿、孙宝琦、徐世昌、陈夔龙、朱纶、张人骏等多人，认为这些官员皆因为直接或间接依附于奕劻才得以立足发展，这也正是江春霖弹劾奕劻结党营私的证据。

江春霖奏折上呈的当日，清廷即发布上谕，内容如下："御史江春霖奏参庆亲王奕劻一折，朝廷虚衷纳谏，博采群言。然必指陈确实，方足以明

①江春霖：《江春霖集》上册，马来西亚：马来西亚兴安会馆总会文化委员会出版，1990年，第217-219页。

是非。该御史所奏，直隶总督陈夔龙为奕劻之干女婿、安徽巡抚朱家宝之子朱纶为载振之干儿各节，果何所据而言，著江春霖明白回奏。钦此。"①清廷要江春霖提供陈夔龙为奕劻干女婿和朱家宝之子朱纶为载振干儿子的确凿证据。诚然，查案要靠证据，决断也需要靠证据。清廷这份上谕实际上是让江春霖用证据说话，陈明奕劻结党营私的实证。但在集权专制的封建社会里，证据的勘察和认定带有很大的人为因素，并不能真正做到用证据说话，有时证据只形同一纸空文，无法发挥的作用。十八日，御史江春霖依旨上《遵谕明白回奏折》，他在奏折中称：

"惟臣原参宝棻、恩寿、孙宝琦为奕劻亲家，志森为奕劻侄婿，衡吉为奕劻邸内旧人，徐世昌为袁世凯所荐，张人骏、冯汝骙为袁世凯之戚，皆缘袁世凯以附奕劻各节，陛下均置不问，独提陈夔龙、朱纶二事，著臣明白回奏。是信臣所参八款皆实，疑此二事尚近暧昧。请据所闻，明白陈之。陈夔龙继妻为前军机大臣许庚身庶妹，称四姑奶，曾拜奕劻福晋为义母。许宅寓苏州娄门内，王府致馈皆用黄匣，苏人言之凿凿。夔龙赴川督任，妻畏道难，逗留汉口，旋调两湖，实奕劻力。朱纶拜载振为义父，系由袁世凯引进。光绪三十四年二月。朱纶曾到其父吉抚署内购买貂褂、人参、珍珠、补服等件送礼，朱家宝每于大庭广众夸子之能，不以此事为讳。现犹不时往来邸第，难掩众人耳目，并非任意捏诬，皇天后土，实式临之。且光绪三十四年九月初九日，臣劾载振与袁世凯结拜弟兄疏，请'语如涉虚，甘坐诬谤'。时奕劻、袁世凯同在军机，竟不敢辩。前之得实，便可证后之不虚。原折尚存，可取覆按。……臣职在风闻言事，祖训昭垂，有闻即应入告，人言籍籍如此，岂容畏葸瞻顾，不以上闻，缘奉旨据实陈明，伏乞皇上圣鉴。谨奏。"②江春霖在复折中出示的证据近乎"路人皆知"。陈夔龙为奕劻的干女婿一事，苏州人无人不知、无人不晓。朱纶拜载振为义父更是大庭广众、毫不避讳之事。依照江御史的论断，清廷大可以确查此案，以探其中虚实。

但是，清廷并没有依据江春霖的奏参进一步彻查此案。江春霖复奏的当日，清廷即做出以下裁决："御史江春霖奏参庆亲王奕劻一折，牵涉琐

①《光绪宣统两朝上谕档》第三十六册，宣统二年（1910年），桂林：广西师范大学出版社，第14页。

②江春霖：《江春霖集》上册，马来西亚：马来西亚兴安会馆总会文化委员会出版，1990年，第222-224页。

事，罗织多人，朝廷早鉴其诬妄。其中谓陈夔龙为奕劻之干女婿，朱家宝之子朱纶为载振之干儿属荒诞不经。当即谕令明白回奏。兹据回奏率以数十年前捕风捉影之事，及攻讦隐私之言，皆属毫无确据，恣意牵涉，谬妄已极。国家设立言官，原冀其指陈得失，有裨政治。若如该御史两次所奏，实属莠言乱政，有妨大局。亲贵重臣，固不应任意诋诬，即内外大臣，名誉所关，亦不当轻污蔑。似此信口雌黄，急在沽名，实不称言官之职。江春霖著回原衙门行走，以示薄惩。钦此。"① 清廷对江春霖提供的证据丝毫不予认同，反倒认为江春霖为了沽名钓誉不惜诋诬亲贵大臣，以捕风捉影之陈年旧事贸然上陈。根据这份上谕的表述，江春霖所奏的内容已经不甚重要，关键在于江春霖"不识时务"，冒犯了亲贵大臣，这也正是他被罢黜御史的真正原因。

　　十九日，给事中陈田、御史赵炳麟联名上疏为江春霖请命，其疏曰："赏罚之权，操之自上，臣等何敢渎陈？惟我朝自崇德元年设都察院，祖宗名训，大责以匡救朝政，弹劾官邪。上而君主之阙失，下而王公及大小官吏之赃污，皆准其有闻即奏，但有一二款属实，言者无罪。载在《大清会典》，章章可考也。康熙时熊赐履，乾隆时曹锡宝，皆以指摘首辅，奉旨令其回奏。所陈无据，部议降调。我圣祖、高宗知其立品素正，居心无他，特降谕旨留本任。其后皆为名臣，至今传为美谈。江春霖夙具孤忠，在先朝时，睹权奸之震主，早欲捐首领以报我朝三百年养士之恩。及陛下临御以来，江春霖蒙召见养心殿，谕以报效国家。自此感激涕零，含辛茹苦，未尝一日忘纶綍之付嘱，不顾利害，至死靡他。臣等环顾台垣，如江春霖者，固不愧为真御史也。今若因言去职，臣等恐天下寒心，士气沮丧，书之史册，何足昭示后人？是朝廷之所失甚大，而江春霖之所失小也。庆亲王奕劻谊属懿亲，尤宜弃置小嫌，顾全大局，方足以释天下后世之责备。可否请旨收回成命，仿照圣祖、高宗故事，令江春霖仍留本任，以观后效。天下后世，不徒颂陛下之清明，抑以见待谏臣之有容矣！臣田离先人墟墓，于今十年；臣炳麟重闱年迈，旅居长沙，皆不能久居朝籍，行将乞假还乡，复何所祖于言路？特为朝廷计，方今主少国疑，敌骄盗炽，多留一正人，

　　①《光绪宣统两朝上谕档》第三十六册，宣统二年（1910 年），桂林：广西师范大学出版社，第 16 页。

即多留一分元气。是以不避冒渎，披沥具陈，乞皇上圣鉴训示。"① 为救御史江春霖，陈田、赵炳麟不惜引经据典，搬出康熙、乾隆时期的故事，说明优待御史早有先例，并充分赞扬了江春霖的真御史品格。这样一位声震海内的御史怎会遭遇革职呢？这个答案只能由清廷来作答。胡思敬亦上疏为江春霖争之："陛下即位之初，在召见江春霖时曾'勉以直谏'，'未及一年，昔之被奖者，今且以言获咎'。近来，弹章叠出，即使查无实据，'亦以风闻置之，从未闻谴及言者'，唯独对于奕劻，'蒋式瑆一参之而罢斥矣，赵启霖再参之而罢斥矣，今江春霖三参之而又得罪矣'，结果自是'后世疑陛下独私其亲'。"② 胡思敬申述的心情更为急切。御史蒋式瑆、赵启霖、江春霖三人皆因弹劾奕劻遭谴获罪，只能说明清廷刻意袒护亲贵，纵容亲贵恣意妄为。是日，清廷特意针对赵炳麟、陈田、胡思敬等人的奏折颁布上谕，是为："前经谕令建言诸臣毋得怀扶私见及毛举细故，倘敢任意尝试，必予惩处，该言官等应如何敬谨懔遵，乃昨据御史江春霖奏参庆亲王奕劻，并明白回奏各折，牵涉琐事，罗织多人，以毫无确据之言，肆意诬蔑，殊属有妨大局。本应予以重惩，姑念该御史平日戆直，尚无劣迹，是以从宽。另其回原衙门行走。朝廷于用舍大权，斟酌至当，毫无容心。兹据陈田、赵炳麟、胡思敬等奏请收回成命，暂予优容留任效用之处，著毋庸议。钦此。"③ 对于赵炳麟、陈田等人的上奏，清廷耐心解答其中的缘由，与对江春霖的严厉申斥相比，更具有劝导和安抚的意味，表明清廷不想激化个中矛盾、引起全台公愤。

陈田、赵炳麟、胡思敬为江春霖净谏无效后，二十日，以给事中忠廉为首的都察院全台御史联名上疏，是为《奏言路无所遵循请明降谕旨折》，他们认为："纶綍昭垂，臣等何敢渎议？惟臣等所论者，非一人之去留，乃全台之职掌；亦非一官之存废，乃举国之安危。……天生民而立之君，以为民也。君不能以独治，设官以分治之，而用人不能毕其皆贤也，于是设御史台以监察行政、弹劾官邪。……我列祖列宗以来，许台臣风闻言事，但有一二款属实，即免议处者，深念民人疾苦，非是无以周知；官吏贪横，非是无以禁止。……倘弹劾大臣而即谓怀挟私见，则弹劾小臣必又以为毛

---

①赵炳麟：《赵柏岩集》上，南宁：广西人民出版社，2001年，第495页。

②胡思敬：《退庐疏稿》，台北：文海出版社，1970年，卷二。

③《光绪宣统两朝上谕档》第三十六册，宣统二年（1910年），桂林：广西师范大学出版社，第19页。

举细故，是都察院之性质全失矣！而国会未开，行政裁判院未立，司法之权，与行政相混合，监财之柄，无专司以检查。一切大权，皆付诸内外行政大臣之手，并旧日都察院之性质，亦归于有名无实。"并进一步针对当时的政情提出质疑，为清廷敲响警钟，谓："陛下能必所用之人皆无过举乎？倘不幸而巧立名目，剥削百姓，輂金私事，集怨公朝，如是则民受其害矣！更不幸而排斥异己，任用私人，威立势成，相顾结舌，天子号令不出一城，孤立无援，竟同尾大，如是则君受其害矣！"更进而言明事态发展下去的严重性："且也九年筹备，事体纷繁，万一徒饰其名，不求其实，大臣以一纸空文报诸政府，政府以数言奖语，称为考核。从虚文观之则百废具举，就实事考之则百举具废，无人纠发，陛下终无由知之。如是，则不免上下相蒙大臣之巧黠者，甚且托名办事，敛费闾阎，其实则输贿要津，已收其利，而所办之事全虚也。……如是则不免上下相疑。……不堪其虐，铤而走险，如是则不免上下相冲。夫至于上下相冲，考诸英法历史，曰'大革命'，或十余年，或数十年，肝脑涂地，竭全国之力，仅仅底定。波兰则以内部肇乱，外人乘之，遂召分析之祸。且原皆由于行政专横之所致也！"[1]纵观整篇全台谏折，毋宁说是请定言路有所遵循奏折，不如说是全台对清廷处置江春霖决定的集体声讨与控诉。全篇只字未提江春霖弹劾奕劻事，字里行间却在影射奕劻纳贿专权、滥用私人以及清廷包庇奕劻之事。这份集体上奏甚至提及英、法大革命，波兰骚动等国际历史大事件，以警示和劝诫清廷，希望政府不要步英、法等国行政专权的后尘。

对于全台五十八位御史的公论，清廷意识到事态发展的严重性，丝毫不敢疏忽，二十三日，特别明降谕旨，谓："前因御史江春霖以毫无确据之言，肆意渎陈，殊失建言大体，谕令回原衙门行走，以示薄惩。兹据该给事中等奏称请饬仍遵钦定台规，列圣谕旨办理等语，览奏殊多误会。朝廷优待言官，凡有切实指陈，无不虚衷采纳，岂有抑遏言路之心？况我朝列圣广开言路，凡有条陈得当，无不虚衷嘉纳；其弹劾失实者，亦必予以谴责，详载台规，该给事中等当共知之。嗣后仍宜恪遵祖训，谨守台规，凡遇民生疾苦，官吏贪横诸大端，务当据实陈奏。如立言得体，必立予施行，用副朕博采群言，虚怀纳谏之至意！将此通谕知之。钦此！"[2]清廷害怕引

①赵炳麟：《赵柏岩集》上，南宁：广西人民出版社，2001年，第496－497页。
②赵炳麟：《赵柏岩集》上，南宁：广西人民出版社，2001年，第497－498页。

起公论，对御史进行劝导和慰问，并一再重申政府优待言官的宗旨。但对江春霖却丝毫不肯放松处分，虽然冠以"朝廷之赏罚本以不可擅更"① 的名目，但实质上反映出清廷对于处置江春霖一事的不可动摇的决心。

全台请谏失败后，有御史甚至公然不讳地上书攻击奕劻，希望清廷借机辞退奕劻，具体内容如下："现值预备立宪之际，应以广开言路为先，枢臣某以言官言及己短遂设词诬陷言官贻朝廷拒谏之过，实系匡辅不职。该枢臣亦知清议不容，连日未曾入值，揣其意无非以一退挟制朝廷。现值承平之际，枢府之事并非该枢臣不办，仅听其乞休。臣亦知贱不谋贵，疏不间亲。用舍之权操诸君上。臣知此奏不凉太甚，只以事关大局敢冒昧直陈，伏乞鉴纳。"②

另外，"四川提学使赵启霖（即光绪三十三年奏参疆臣夤缘亲贵者）闻之再抗疏严劾奕劻，皆留中不报，启霖遂乞骸骨，许之"③。他还特意赋诗以赠："青骢岳立向台端，誅宕风雷入肺肝。盈帙真成太史简，熙朝有此惠文冠。古来家园惩炀灶，今日江河逐逝湍。曾共玉珂听漏处，直声流布只辛酸。朝衣典尽亦昂藏，归去庭闱喜范滂。天尚梦梦为此醉，吾知謇謇未能忘。饮兰餐菊互相慰，披发缨冠无乃狂。犹有岁寒交勉意，海壖东望总苍茫。"④ 同是天涯沦落人，相逢何必曾相识，"前有赵启霖为言官之铮铮者，因参庆邸振贝子罢职，幸监国仰体圣怀，洞其是非，故于年前启用，特授四川提学使，以为敢言者劝。今江侍御史遭此谴责出署，而三霖中止于一赵炳麟，其谏垣冷落不禁怅然"⑤。"台谏三霖"中的"两霖"均因弹劾庆亲王奕劻而去职，反映出清廷对亲贵的庇护与纵容，纵使监察御史再怎么大声疾呼、痛击时弊，也不能扭转亲贵当权的局面，监察御史的作用越发式微。

---

①《庆邸被参之后闻》，《盛京时报》，宣统二年正月二十七日。
②《庆邸又被御史参劾》，《盛京时报》，宣统二年二月十六日。
③《清史纪事本末》，卷七十六。
④施明、刘志盛整理：《赵瀞园集》，长沙：湖南出版社，1992 年，第 266 - 267 页。
⑤《江侍御回籍之意决》，《盛京时报》，宣统二年二月初二日。

第三节　空台以诤背后

一、江春霖弹劾奕劻之原因

归纳起来，江春霖专门上疏弹劾奕劻一共有三次。第一次在1907年赵启霖弹劾奕劻疏上呈之后，第二次在1908年奕劻获准世袭罔替之后，第三次弹劾就是此次入奏。是什么原因驱使江春霖屡次弹劾权臣奕劻呢？这与江春霖的性格有关。江春霖其人性本戇直，"尚志节，粗衣恶食，至为朝官而不改"①。这样的人充任御史之后，不畏权势，不愿屈服，甘守清苦，势必会认真履行御史的职责，做到知无不言，言无不尽。他也正是用实际行动践行着御史的直言风范。《清史稿》论曰："有清列帝，家法最严，迨至季世，创制垂簾，于是阉寺渐肆，而亲贵权势亦声势日著，虽有直言敢谏之士，无补危亡，亦尽其心焉而已。……春霖连劾权贵，言尤痛切，当国者终于不悟。"② 在清末亲贵当权的几年里，江春霖等监察御史独不与其为伍谏，敢于撄其锋芒，直陈政治阙失，这正是监察御史义不容辞之处。

此外，清廷自摄政王载沣执权以来，倾向于鼓励言官谏策谏言。显然，这一决策是基于掌权者加强政权控制的考量。摄政王载沣主政伊始，整个政权处于百废待兴的状态。一方面，载沣年轻任事，缺乏丰富的从政经验，朝中老臣持重，奕劻、袁世凯、那桐、徐世昌等人把持要职，对他造成很大的威胁；另一方面，宪政改革需要强大的后盾支持，载沣希望借助御史的力量和感召力获得更多的政治支持。因此，载沣意图利用御史的言论声势为自己造势，以达到摒除异己的目的。例如，载沣摄政初期，授权御史陈田、赵炳麟弹劾权臣袁世凯，最终成功将袁世凯扳倒。载沣还亲自接见御史，鼓励都察院监察御史勇于谏言。仅一年内，御史江春霖蒙载沣召见两次，并备蒙奖励③。甚至有报称："内廷最近消息，监国摄政王初十日传谕都察院各科道御史云：尔曹言官职司纠劾如查得亲贵权要有冶游纳贿等

---

① 江春霖：《江春霖集》下册，马来西亚：马来西亚兴安会馆总会文化委员会出版，1990年，附录第3页。

② 赵尔巽：《清史稿》，卷四百四十五。

③《中外要闻》，《盛京时报》，宣统二年正月二十八日。

事，即行具折奏参，予决无祖护之意，嗣后凡上弹章指摘疆臣劣迹务须均有实据，不得摭拾浮言徒事铺张等语。"① 江春霖此次弹劾奕劻很显然受了载沣鼓励言官谏言政治策略的影响，这也是江春霖敢于冒险上陈的一方面原因。

二、各界对江春霖的声援

弹劾案发生后，各界对江春霖的声援之声不断。不仅全台御史联名为其上争，各大报纸更是争相连载报道，有识之士亦为其助长声势。辜鸿铭针对此事论道："近日江春霖因参权贵褫职，遂恝然去官归乡。由此直声震朝野，人皆曰真御史。余谓江御史不畏强御，此顾名节也。恝然挂冠而去，此不爱富贵也。然今日国事如此之陵夷，岂是如前代，朝有大奸大慝政柄，以抑扬威福所使然耶？特以上下以顽顿无耻为有度，以模棱两可为合宜，不学无术以自是其愚，植党乾没以自神其智，此真患得患失之鄙夫，而皆足以亡人家国也。"② 郑孝胥在政治官报上看到江春霖的奏折后，作《江侍御奏疏书后》诗一首，并约请友人一起和诗为祝，深惜江春霖的遭遇。自从江春霖被遣后，"江侍御之亲友到寓慰问者络绎不绝，并有素不相识之人亦来投刺请见"③。江春霖所上的奏折由官报发钞后，"京师各界中人素慕江侍御忠直之名者，争欲先睹为快，一时报摘传钞，顿令洛阳纸为之贵"④。此时，江春霖已经清楚地意识到："朱云汲黯昔称贤，戆直羞将誉并延。葵藿有心空向日，刍荛无力可回天。放归田里原应尔，得返蓬瀛岂偶然。宫锦旧袍莱子服，雷霆雨露总矜全。"⑤ 于是，江春霖决定向翰林院堂官提请开缺回籍养亲。与此同时，都察院众御史及京师官员、士子又掀起新一轮挽留江春霖的热潮。也有大臣出面挽留江春霖，但都被江春霖予以婉言谢绝。京师士林见江春霖去意甚决，便为他举行声势浩大的欢送会，众人"在湖广会馆开会欢送前侍御江春霖，到者七百余人。下午两钟江太史至，即振铃开会。会员来宾向太史行三揖礼，首由陈佐清君宣布开会，宗旨为

①《监国之信任言官如是》，《盛京时报》，宣统二年正月十七日。
②辜鸿铭著，黄兴涛等译：《辜鸿铭文集》，海口：海南出版社，1996年，第442页。
③《江侍御咨回原衙门后近状》，《申报》，宣统二年正月二十七日。
④《江侍御奏折之声价》，《盛京时报》，宣统二年正月二十八日。
⑤江春霖：《江春霖集》下册，马来西亚：马来西亚兴安会馆总会文化委员会出版，1990年，第499页。

明是非、维世道，故由此次之会，惟江侍御万不可从此居心退归田里，仍有国民应尽之责云云。继请侍御登台演说，侍御素不善词令，当时声细不能尽悉。继由来宾钱维骥等五君相继演说，皆力张直道，痛快淋漓。并有某君以组织政党之事，责望于江侍御者，一时台下拍掌声如雷。因时间已过，会员概未演说即振铃闭会。旋在庭中合摄一影以为纪念。"① 江春霖在欢送会答谢词中称："宣统二年春正月，春霖以言事，解谏职，还词馆，二月乞归养亲。既得请，黎君、刘君等会政、学、商界，饯于京师虎坊桥湖广会馆。自惟在言路余三年，虽屡有献纳，国计民生，无毫发补。诸君子顾不我遐弃，大会而饯之，费才薄德，何以堪此！"而且，"虽然朝廷之宥春霖者以戆直，诸君子之不弃春霖者以戆直，以戆直之人，当临别之际，而默无一言，重负诸君子不益甚乎？吾国今日所期望者立宪，所请开者国会，春霖则以为实业不兴，冗费不节，人心风俗不变，即开国会而布宪法未必有救于贫弱也。"正如"窃尝譬人之疾，下泻上吐，饮食不进，腹痛不止，老弱莫保日暮，即少壮能久存乎？今赔款之摊还，洋债之息借，已成泄泻之疾，止无可止矣。而上自王公大臣，下至士农工商，衣服饮食器用玩好之属，莫不取给于外国，则上吐之证也。政事则名目多而实际少，法度则章程密而综核疏，财用则聚敛难而耗散易，学问则文字深而艺术浅，仕宦则利禄重而职守轻，侧径既开，捷足先得。始则以贪缘进，继而则以躐等升移，经则以贵极富溢，酣嬉于歌舞醉饱之场，而不复以天下事为意，不几于腹痛不止，饮食不进乎？此虽使和缓、扁鹊治之，犹莫必其奏效，而复试之，不知证候。难投方药之时医，几何其不危其殆也！"况且，"春霖今年五十六，既无才学，又复衰老，无论掛冠旋里，不能有补于朝廷破格起用，古人七十之年已当致仕，所补有几？诸君子学通中西，年多少壮，其在政学界者，得所藉手，固将抒其抱负，以任天下之重。而在商界者，亦当讲求新法，制造上物以塞内地之漏卮而挽利源之外溢，斯则中国之福，而春霖之所愿望也。若徒以此一会为互相标榜之地，则汉之钩党，唐之清流，未始不由此乎，身且莫保，国亦随之。非春霖之所望于诸君子，尤非诸君子之所以爱春霖也。"② 江春霖这份答谢词充分表现出他忧国忧民的心情，对时局的担忧和对美好前途的企盼，更有对年轻一代的期望，用实在

①《江侍御欢送会纪盛》，《申报》，宣统二年二月廿三日。
②《江侍御欢送会答词》，《申报》，宣统二年二月廿四日。

不虚浮的方式表现出一个即将归隐山林之人的心态和愿望。江春霖南下时途经上海，沪上的预备立宪公会、请愿即开国会同志会、华商联合会、商学学会、福建同乡会、江苏教育会以及上海商务总会等 14 个团体在张园召开欢迎大会，并致欢迎词高度评价江春霖。①

梁启超以"沧江"为笔名在《国风报》上发表长篇社论，对江春霖弹劾权臣奕劻的行为予以高度评价，其论道：

"吾以为中国之人心尽死尽矣。及观一月以来言官之举动，吾始幸然有一线余望。自去年江侍御春霖劾赣皖两抚，而疆臣、而部臣为之回护，侍御六上疏争之不或，乃出于擒贼先擒王之壮举专劾首辅，坐是奉明白回奏之旨，卒乃回原衙门行走。全台大愤，公上《言路无所遵循请明降谕旨》一折，由忠给谏领衔连署者五十八人，其规避者仅二人而已。虽谓之全台一致可也。呜呼！自汉代设御史台以来，台中最有名誉之历史未或逮今兹一矣。今日政界混浊极矣，京外官署无一不为藏垢纳污之所。而托名新政以增设者，尤为群蚁所附擅秽至不可向尔，其尚有清气往来者，惟一御史台而已。此次全台一致灿然开全国未有之名誉。五十八人举皆朝阳鸣凤。度其动机亦未始不发于少数之最贤者。若江侍御则尽人所能知矣。读其奏议载于官报，爱国血随蹇直之气而流溢纸上。而其间若二赵、陈胡诸公互相宏奖者，无不出于天性之真，于暗无天日之京师宦海中乃能放此大光明，而雷霆所昭苏且将及于全国，一二人之心力不可谓不伟也"②。

更有论曰："孟子有言，有官守者不得其职责去，有言责者不得其言责去。是为自去之也非必斥而去之也。今江侍御因不得其言而求去。人皆为之惜。每念江侍御亦一言官耳，在中国宦场，上视朝廷之下，内而王公大臣，内而封疆大吏，势力之所差远矣。以无势力之江侍御以参劾至有势有力者，受上谕薄惩，遽感同情于同僚，不知前此言官受薄惩者，与受重惩者，既惩之矣，而又得蹇直之褒者乎？且又动同僚之感情者乎？虽曰风闻奏陈，而公论藉重，千古将延为定评。是盖在人意中者。惟富贵显达有所不求，自甘抑于下僚，其高风可叹也。其坚忍尤重。试想如此言官能久安其位乎？且江侍御不诣权贵，又不图贿赂于外官，止知言责之任重，以寒苦自勉。其志洁，其意清，其操廉，古今言官中，不知能有几人乎？夫以

---

① 《来稿》，《申报》宣统二年三月十五日。
② 梁启超：《台谏近事感言》，《国风报》第一年第六号。

袁世凯弄权势，毅然参之而不疑，以庆王老奸之壮，直揭其私以劾之而不畏，虽未蒙朝廷之嘉许，而谕之以戆直。"① 可叹可惜可敬之情荡然于纸间，显现出江春霖的人格魅力和修养。况且，江春霖"关怀国家也深，民生疾苦与官吏贪黩，皆不忍蔑视"②，这样的一个人自然备受爱戴。"《北京日报》有朱君淇读江春霖各折书后一篇，可以证侍御平生之所见。当袁军机端制军势危燎灼时，侍御已屡劾其专横，不少引避，见其所志，尽忠报国，毙而后已，古人何以远过。"③ 反映出江春霖的高风气节。

　江春霖虽因触犯亲贵惨遭遣退，他亦因此声名鹊起，直声震海内。《大公报》以《江侍御被斥后之荣誉》与《江春霖之声望》为题对江春霖进行报道："江杏春侍御自著回原衙门行走后，极受政界欢迎，日前已由翰林、都察两院诸僚友治筵藉仲款洽。现闻学商两界亦均拟公同设席用表钦佩，并有富商某某发起以江清风两袖囊囊空空，拟即共凑程仪聊以持赠，又闻翰林院诸人以此次互选议员江之得票必占多数，已挽留其暂缓出京云。"④ 另外，"恭邸首拟派为禁烟公所稽查伦贝子拟调入资政院，朗贝勒拟委办军谘处文案，陆相国拟派充实禄馆协修，葛尚书拟界以礼学馆差事委江太史。谓我现为朝廷罪臣，何敢再求显荣，均以婉言辞谢。"⑤

　对于江春霖惨遭罢黜的命运，更有洞悉其内情者，论曰："盖民生之疾苦与否，亦视乎官吏之贪横如何以为准，而官吏之如何贪横于外，则又视为内之奥援以为衡。外之大吏举劾属员，只须八字了之。而不容其分辩。朝廷上亦不查究，固例以为常矣。至若言官弹劾奸吏，或即派人查办或留中不发，总之视被弹劾者运动力如何，以定曲直耳。故江台鉴是非不明之奏，谓所据者督抚查覆之文，所引者祖宗传授之法，而所论又皆国家安危之计，立言得体，果孰有大于此者乎？其究也获谴而归。其指陈之远大，天下中外古今想共鉴之。责之曰：以毫无确据之言，肆意渎陈，殊失建言大体，吾意自有公论在。敢窃为江台鉴之于言路已矣，其关怀国家也深，民生疾苦、官吏贪横皆不忍蔑视。"⑥ 既然清廷断案视被弹劾者运动力如何

①《论说》，《顺天时报》，宣统二年二月初三日。
②《论说》，《顺天时报》，宣统二年正月二十五日。
③《论说》，《顺天时报》，宣统二年二月二十三日。
④《要闻》，《大公报》，宣统二年二月初六日。
⑤《要闻》，《大公报》，宣统二年二月初八日。
⑥勿用子：《读二十三日上谕有感》，《顺天时报》，宣统二年正月二十五日。

定曲直，江春霖此次弹劾上奏的后果已不言自明。况且，"言官之难也，缄口不言则有尸位之讥，言之不实，则陷诬妄之罪。若言无所惮，则祸蒙不测。是言亦危，不言亦殆，前有险后有阻。非智勇沈毅、识时务之士，敢犯龙麟"①。更有以《卵与石》为题进行论述者，谓："御史之口如卵，亲贵之面如石。以卵击石，卵破而石存此定例也。乃天下之人无一而不护卵者何耶？"②江春霖以卵击石，形同飞蛾扑火。但他所带来的辐辏是巨大的，通过江春霖弹劾奕劻一案，可见当时的民气之所在。通过公众舆论的导向作用，让我们看到御史集体抵抗强权的一幕，更可见清廷的顽固己见和偏袒权贵，其"烛照之不远，而无如积势使然"③。正因为如此，清廷才渐失人心，最终自取灭亡。

三、另一种声音

弹劾案发生后，一方面，江春霖享誉全国，成为盛名在外的知名御史，并因此获得了同台之赞誉，各界之美传；另一方面，有另一种声音对江春霖提出质疑，认为他弹劾奕劻属不智之举。有人认为江春霖不应该贸然直揭亲贵的隐私，以个人好恶来惊动朝廷实属不智。有报纸甚至论道："为朝廷者，此次江侍御参劾各要折，忠直自抒，毫无顾忌之私念，谓为不称言官之职，诚予人以难堪也。然弹章叠上，而疆臣，而部臣，而亲贵之臣，连揭其隐私，不予以宽假。试观今之朝廷，于京内外各亲贵人员，能若之何哉？所以检其全折一日登诸政治官报，示公好恶于天下，有心人其谁不悚之。"④二月初十日，《大公报》以《滥保匪人》为题展开报道，谓："江春霖莠言乱政，不顾大体，业经传旨申饬，著回原衙门行走矣，乃此次资政院选举，竟有七人投票公举为资政院议员。岂非顾违朝旨滥保匪人，不顾朝廷之成命乎？余谓非追究投票之人治以应得之罪，不崇国体而尊王命也。"⑤此论断基本已认定江春霖目无法纪，淆乱视听，污蔑亲贵，表达了对江春霖弹劾奕劻的否定态度。

辜鸿铭在称江春霖为真御史的同时，亦认为："今日言官即贤如江春霖

①《论说》，《顺天时报》，宣统二年二月二十三日。
②《简评》，《大公报》，宣统二年二月初九日。
③《论说》，《顺天时报》，宣统二年正月二十五日。
④《论说》，《顺天时报》，宣统二年正月二十三日。
⑤《简评》，《大公报》，宣统二年二月初十日。

者，亦未闻上一言以裨主德，建一议以肃纲纪，能使朝野上下革面洗心，徒哑哑攻讦一二贵人琐屑之阴事，愤愤不平，一若与之有深仇积恨而不能自己，是尚得谓之明大体哉？"① 更有甚者，有消息称："政府诸公谈及台谏各官对于庆邸之事迭上弹章，颇有哓哓不休之势。日前某枢老面奏摄政王谓近来御史已成朋比，亟宜降旨严遏流弊等语。"② 类似的言论显然对江春霖，甚至台谏各官的谏言不予认同，认为近来御史的奏言更倾向于泄私愤，于时局毫无益处可言。换言之，这种声音是对御史江春霖等人的否定，对庆亲王奕劻的支持，其中不排除个人情感的影响和作用，更有奕劻政治权略的运用。

四、奕劻的应对

这一年，奕劻已经七十三岁，已是一个风烛残年的老人，更是一个纵横政坛多年的权谋老手。奕劻曾自称："衰庸之质，学问经济本非所长，惟此谨慎小心。"③ 在江春霖之前，已有数位御史纠参他的罪状，结果奕劻仍然岿然不动，倒有几位御史惨遭革职。早在江春霖弹劾奕劻的前八天，奕劻即有了辞去部分兼差的想法："内廷人云庆邸管理陆军部贵胄学堂兼差现已开去，日前复与某枢臣言谓年来老病交催精神弥败，现值内政外交同处繁难之时，深恐兼顾难周，有负朝廷委任。拟日内奏请开去总理外务部差，专心供职枢垣以期节劳而免贻误。"④ 显然，奕劻早已意识到自己高处不胜寒的处境，已经有暂时收敛锋芒之意。

袁世凯的下属曾回忆道："袁与庆王长子载振贝子有八拜之交，在逊清时代，曾经常走他的门路。二次任总统时，曾命载振袭庆王爵位。在此时期内，载振亦曾来总统府走动，但未发生任何作用。"⑤ 御史江春霖道出了奕劻父子的某些秘而不宣的实情。对于此次弹劾，老于权谋的奕劻势必不会坐以待毙。奕劻一贯的做法就是以弱示强，韬光养晦。与咄咄逼人、气势颇盛的江春霖御史相比，奕劻行事显得沉寂了许多。面对御史的弹劾和

---

①辜鸿铭著，黄兴涛等译：《辜鸿铭文集》，海口：海南出版社，1996年，第442页。

②《要闻》，《大公报》，宣统二年二月初八日。

③《庆邸奏请开去军机原片》，《申报》，光绪三十三年五月十七日。

④《庆邸拟辞外务总理差》，《盛京时报》，宣统二年正月初八。

⑤陶树德：《我所知道的袁世凯》，载《辛亥革命回忆录（六）》，北京：文史资料出版社，1981年，第448页。

舆论的强大压力，奕劻选择退避三舍。一时间，"政界人云，庆邸乞休之说近已传遍京师"①。奕劻一方面"面恳摄政王谓已屡次经人参劾，请允准开去军机领班要差以息物议，并保荐泽公、伦贝子堪以赞襄枢务"②，并准备"仿日本元老院之例，以资政院总裁一席，以便遇有军国大事仍可随时谘商"③。由此可见，奕劻并不是真的准备放权，而是早已为自己铺垫好了另一条掌权之路。另一方面，奕劻凭借朝廷中非他不可的政治优势待价而沽。据报道："政界确息，庆邸现已决意告退领袖军机之任，监国也特遣员二次慰留。其原因系一为现在待办之宪政及藏务甚多，一为亲贵中堪胜领袖军机之任者（定例领袖军机应以亲贵王公充任）惟泽公、肃邸、及洵、涛、朗三贝勒为合格，而各王公等又均负有重要责任，万难再令分任枢务。故一时未便允庆邸之告退。"④ 因为当时可供摄政王挑选的人才太少了，李鸿章、张之洞这样的汉族官员相继离世，袁世凯的被黜，使清廷的汉族大员处于真空状态。相比之下，清皇族自奕訢去世后，只有庆亲王奕劻一人可以装点门楣，此时若是听任奕劻辞职，皇族亲贵再也找不出可以替代之人。所以，摄政王载沣除了派军机大臣世续等人对奕劻进行安慰外，还用其他方法体恤奕劻。例如："日前振贝子在内廷蒙监国召见，系因庆邸迭次乞休，监国特谕贝子宽慰庆邸，并云监国与庆邸同为先朝付托之人，岂可因人言而遽萌退志？致负托之重云。"⑤ 而后，奕劻"退意现已渐消，闻系因监国再三恳留之故，并闻监国曾与该邸约定三事：一为西藏大局，一为澳门界务，一为东三省某项交涉。以上三项须均办理完后，方准退出枢廷"⑥。为了宽慰奕劻，"礼部日前奏请钦派册封庆王之正副使，当经派定伦贝子充册封正使，礼部左侍郎景厚充为副使一节。闻庆王此次所受之册封，系今上登基时加封庆王世袭罔替，故应将册实亦行改铸加封字样。查该册实系银质镀金，现已择定于月之二十三日午刻，伦贝子、景侍郎等持节往庆王府宣读圣旨敕封"⑦。奕劻在重新入值后，难免遇到御史的再一次弹劾。有报道称："据京友函云庆邸已于二十七日入值，二十八日甫到军机值庐。闻

①《要闻》，《大公报》，宣统二年二月初二日。
②《庆邸被参之后闻》，《盛京时报》，宣统二年正月二十七日。
③《庆邸入资政院之消息》，《盛京时报》，宣统二年正月二十七日。
④《要闻》，《大公报》，宣统二年二月初六日。
⑤《监国之宽慰庆邸》，《盛京时报》，宣统二年二月十三日。
⑥《要闻》，《大公报》，宣统二年二月初八日。
⑦《封册庆亲王世袭罔替》，《盛京时报》，宣统二年二月廿二日。

有胡御史封奏深恐折中又涉及己事，故未随同诸枢臣觐见，嘱令代奏注假，遂即传轿回府云。"① 真可谓御史封奏之可畏。有时候，示弱也是一种处事智慧和行事权谋。奕劻面对弹劾退避三舍的态度，恰恰能够反映出他宠辱不惊的从容心态。在强舆的重压下，奕劻没有直接面对舆论，而是选择回避。正是这种做法赢得了清廷的再三慰留，亦重新博得了清廷的信任。这一做法虽然老套，却屡试不爽，同时也证明奕劻在清廷中的重要作用。

除此之外，奕劻对待监察御史的宽容态度亦是其一贯的策略之一。据称："据内廷人云，日前监国召见庆邸垂询参案各节，庆亲王面奏，御史本有风闻言事之权，实与不实此系查办人之事，本与御史无干，朝廷若以其奏参不实遽予严惩，则是阻塞言路，而奸吏反得以肆无忌惮。摄政王闻奏甚以为然，为故仅有著回原衙门行走之谕。"② 奕劻在御史的弹劾面前，颇显宽容、淡定气度。本来，在整个弹劾案中，奕劻并不占据舆论优势，各界几乎一边倒地转向同情江春霖的遭遇，很少有人对奕劻施以援手。这个时候，奕劻能够沉得住气，表现出作为纵横政坛多年的政治老手的历练和沉稳，也向世人宣布了其不与御史为敌和宽以待人的态度，在一定程度上赢得了舆论的关注和同情。

五、弹劾案与都察院存亡危机

与此同时，晚清的立宪改革正"如火如荼"地进行，已到了一发不可收拾的地步。光绪三十一年（1905 年）清廷派五大臣出洋考察，以选择适合的宪政改革方案。之后，清廷将立宪改革提上日程，专门设立了考察政治馆，后改称宪政编查馆，并先后设立咨议局和资政院。进行宪政改革的前提是对旧有的官僚体制进行变革，也就是破旧立新。清廷之前做了一些改革的准备，如增设新部门、新机构、改革官僚陋习，等等。到了宣统二年（1910 年），清末的宪政改革已经到了迫在眉睫的程度。宪政改革派呼吁清廷速立国会，实行宪政，几次赴京请愿推行改革。更有甚者，有廷臣提出废除旧有官僚部门，设立新的宪政机构。实行宪政改革需要设立国会，国会和都察院的职权有叠加之处，因此就有了请废都察院之吁。面对散布在各界的废除都察院之声，都察院曾试着予以挽回。光绪三十三年（1907

---

①《要闻》，《大公报》，宣统二年二月初二日。
②《庆邸被参之后闻》，《盛京时报》，宣统二年正月二十七日。

年）八月二十九日，都察院全台联衔会奏《都察院不可代国会疏》，谓：
"今日国会即可与政府对立，必不能之势也。尚赖有都察院风闻弹事，藉君
上之威灵，拯民间之疾苦。倘混而一之，人将以国会合议为词，禁止言官
专折奏事。是国会权力尚未巩固，察院制度先经破坏。而所谓议员者，稍
有心肝必被解散。其不肖者，或反资为权贵之利用，将见君主孤立于上，
官吏横行于下，上下隔绝，民不聊生，旧日之君主专制，忽变而为贵族专
制，西史谓之寡人政体。必有以争民权、更宪法为名，酿成英法大革命之
事。"① 都察院暂且保留下来。江春霖弹劾庆亲王奕劻之时，正是宪政派国
会请愿运动高涨之时。随着国会请愿运动的不断升级，都察院的废除再一
次撼动人心。江春霖弹劾奕劻获咎后，都察院御史曾联名上书为其请命，
但最终没有成功。身为御史，作为一代谏官，畅书直言本属职责分内所在，
却因触犯权贵而深陷囹圄。一时间，监察御史人人自危，徘徊于谏与不谏、
言与不言之间，没有真正的归属和存在感。可以说，江春霖一事只是都察
院长期堪危、与朝廷矛盾激化的一个表现，也将都察院的去留演变成一个
亟待抉择的问题。集体请命无果后，都察院全体御史甚至打算请裁都察院。
有报载："奏请裁撤都察院之议发起于赵侍御炳麟，张总宪及左右副宪因众
议所迫不得不勉强列衔其间。兹闻三堂共同议定该折，由三堂具奏，毋庸
各御史，并已请裁全台字样，词意激烈，凛厉负气，不可见诸封章，应即
改为奏恳天恩。将前著江春霖仍回原衙门之成命收回以励言官等语，又闻
上月二十九日都察院所封奏奉旨留中，其内容确系奏陈此事云。"② 都察院
御史在岌岌可危的状况下，选择集体"罢工"，有其无奈和不得已之处，反
映出在清末立宪改革过程中传统官僚体制的挣扎和自救。也有御史提议：
"宪法实行之后，该院恐不能存，拟请改为行政裁判所，只是尚未得到多数
赞成。"③ 御史的这些行为是言官体制受到冲击后的自我拯救，代表了新旧
交替过程中部分人的心理，对立宪改革有深远影响。

六、弹劾案对政局的影响

　　江春霖此次上奏最直接的结果是阻止了奕劻引用私人入枢廷。"戴大军

---

①赵炳麟:《赵柏岩集》上，南宁：广西人民出版社，2001年，第458页。
②《要闻》，《大公报》，宣统二年二月初七日。
③《都察院欲改名称》，《盛京时报》，宣统二年四月二十三日。

机出缺后，庆邸即力保直督陈小帅堪入军机，摄政王以陈旧充军机章京堪资熟手，意已许可。惟北洋任重，须物色得人，方能调陈内用。而庆邸复又保鲁抚孙慕帅熟悉外交堪以调署，某枢臣以粤督袁海帅与增留守意见不合，奏请将海帅调直而以孙抚督粤，大致业已规定。枢臣退直后当即电知陈督早作预备。于是陈督入枢垣之信遍传京津。时江侍御春霖得此消息，遂奏参庆邸词连陈夔龙，虽奉旨申斥并无效果。虽经此一番波拆陈卒未便内用矣。"① 陈夔龙的《梦蕉亭杂记》证明了这一点："开岁庚戌正月，枢臣南海戴文诚逝世。辇毂之下，喧传余将内召入辅。忌余者，嗾使言官某侍御以不根之言，妄行参劾。仰荷圣明垂鉴，令该御史明白回奏。卒以妄行诬蔑，不称言职，从宽饬回原衙门行走。"② 正是因为江春霖的弹劾，奕劻的亲信陈夔龙没有进入军机大臣的行列。

　　对于江春霖弹劾权臣奕劻事件的影响，《盛京时报》刊专文加以论说："江春霖因劾权贵而被黜，天下冤之。虽然，勿谓其无裨于大局也。江春霖黜，而台谏中人因之而作气，其利一也。某邸亦自是颇思退去，藉以弥谤，其利二也。某督某樊因是亦不敢妄冀迁擢，其利三也。朝廷亦力表其无擢拆言官之心，则以后言官之所指陈，当多蒙采纳，其利四也。有此四利则一人之升沈何足介意，况乎进言者，其命意本为求裨大局起见，亦既有裨大局矣，则身退而名以全。内尔政府，外尔疆臣，在我国初无确定之权限也。以故桀诘者，每得假得以为奸利，且也民权不甚达，事事受官吏之牵制，而不足以监督官吏。台谏中人，厌其执掌之所在，时复诋其隙。彼桀诘之官吏，乃或因之而稍杀其气焰，亦迄无大略于前之仆者。朝廷之未能清明，职由于此。朝廷自是以后对于言官，益加重视而并不蹂躏之。则彼为一言官者，自当益加奋勉，上下合德之盛，其庶几乎？若仅以空言为表白，而于实事上并无转移之可言，则是促进权贵跋扈，养成其尾大不掉之恶。最有声色者，为请撤去台谏之一奏，其殆尤是使权贵而忌惮者乎？就令异日国会成立，台谏果概行撤废，而历史上当有此一段佳话之流传也。某邸以下则人多不直之。"③ 这篇时论文章揭示出江春霖案的政治影响。案发之后，台谏中人更加同心同德，以毫不畏惧的态度面对清廷，使权贵惶

<hr />

①《江侍御参折之效力》，《盛京时报》，宣统二年二月初五日。

②陈夔龙：《梦蕉亭杂记》，载荣孟源、章伯锋主编：《近代稗海》第一辑，成都：四川人民出版社，1985年，第408页。

③《意者自后将优待言官欤》，《盛京时报》，宣统二年二月初六日。

惶不可终日，行为不得不有所收敛。

第四节　弹劾案与皇室内争

一、皇室内部纷争

晚清最后几年，皇室内部看似波澜不惊，实则汹涌澎湃。随着预备立宪运动的展开，皇室内部的矛盾逐步激化，权力争夺愈演愈烈。盛宣怀的侄子盛文颐专门为其叔父打探朝中内部消息，他也有对皇室内部纷争的相关记载：

"摄政貌似精明，实则权均操之于涛、洵，从中总机关尚在八姑奶奶（载沣的福晋，荣禄的女儿），所以两介弟结好于八姑，而能使乃兄之言听计从。……八姑本与乃嗣兄良席卿揆（荣禄的儿子）议定，步庆（庆亲王奕劻）之后尘。无如良目不识丁，去腾两事均为其乾没，尤好招摇，专在妓馆大言，借此引人入胜，竟为摄政所知，是以告之八姑，不准往来，而八姑亦恨乃兄之乾没。今正八姑在荣宅拜乃父之像时，因钻戒而肆口痛骂，以致转与涛、洵订议……八姑则专爱钻戒，两弟则既爱财，又爱马。"①

时人刘成禺对清末亲贵派系相争亦有所记载，他说："军谘府创立以来，涛、洵领海陆军，倚日本归国留学生为谋主，各省陆海军学堂出身者附之。虽革命健将中，亦多海陆学生，而其时居大位者，皆由奔走旗门而来也。奔竞之风，由京中遍及各省，上行下效，恬不为怪。其他文职朝士，谈新学者集于肃王、端方之门，作官者则入载洵、庆王父子之门，谈宪政者又趋于伦贝子之门，某也法律政治大家，某也财政科学大家，弹冠相庆，几不知人间有羞耻事。"②

溥仪对皇室内争的记述更为真切，他分析道：

"以当时的亲贵内阁来说，就分成庆亲王奕劻等人的一伙，和公爵载泽等人的一伙。给我父亲出谋划策以及要权力要地位的，主要是后面这一伙。

---

①陈旭麓等编：《辛亥革命前后——盛宣怀档案资料选辑之一》，上海：上海人民出版社，1979年，第74页。

②刘成禺：《世载堂杂忆》，沈阳：辽宁教育出版社，1997年，第125页。

无论是哪一伙，都有一群宗室觉罗、八旗世家、汉族大臣、南北谋士；这些人之间又都互有分歧，各有打算。比如载字辈的泽公，一心一意想把堂叔庆王的总揆夺过来，而醇王府的兄弟们首先所瞩目的，则是袁世凯等汉人的军权。就是向英国学海军的兄弟和向德国学陆军的兄弟，所好也各有不同。摄政王处于各伙人钩心斗角之间，一会儿听这边的话，一会儿又信另一边的主意，一会对两边全说'好，好'，过一会又全办不了。弄得各伙人都不满意他。"① 从上述史料记载可以看出，皇室内部的纷争不仅涉及皇室近支，还关涉皇室远支，甚至宗室的家眷都有参与其中。作为摄政王的载沣没有能力平息或弱化皇室之间的矛盾，使皇室内部的矛盾愈演愈烈，一发不可收拾。

清皇室之争斗，虽然历朝皆有之，可这种争斗日趋白热化实起于宣统朝。自宣统皇帝继位以后，主少国疑，皇室内部纷争不但没有平息，反而愈演愈烈。摄政王载沣"谨小慎微，才具平庸，尤乏手腕，岂是奕劻对手？徒成为其为伴食中书而已"②。两个兄弟向他索官，载沣不得不应承。载沣有个哥哥载泽倒是颇有政治见解，不过只做到度支部尚书。纵使载泽经常在载沣面前叫嚷摒除奕劻，但载沣并没有魄力真正听从他的建议将奕劻免职。虽有"近支排远支，远支排宗室，宗室排满"之说，但皇室近支内部并不团结。拿载涛、载洵来说，他们与载沣是同父兄弟，却处处想着从中捞取个人政治资本，丝毫不以大局为重，更处处掣肘载沣的行为。"载洵贪婪无厌，卖官鬻缺，唯知索贿。载涛尚知自爱，惟年轻气盛，傲慢成性。但以毫无军事经验之幼弟，付以陆军之重任，其举措亦属荒谬。"③ 其他皇室诸人如奕劻、载泽等人更是唯利是图，互相争权，以获得更多的好处为目的。"载泽因海军经费事宜与载洵意见不合，径赴三所面恳准予开缺，监国慰留再四，但该尚书退志颇坚，拟日内上呈封奏。"④ 这件事情闹得沸沸扬扬，各界皆知，可见亲贵之间的矛盾之大。概言之，宣统时期的皇室已是一盘散沙，根本无力支撑已经摇摇欲坠的清王朝，皇室内部的争斗只能加剧清廷灭亡的速度。

---

①溥仪：《我的前半生》，北京：群众出版社，2003 年，第 24 页。

②恽宝惠：《清末贵族之明争暗斗》，载《晚清宫廷生活见闻》，北京：文史资料出版社，1982年，第 64 页。

③曹汝霖：《一生之回忆》，香港：春秋杂志社，1966 年，第 87 页。

④《泽尚书辞职述闻》，《盛京时报》，宣统二年七月十四日。

二、载沣与奕劻两派的较量

早在光绪三十三年（1907年）五月初九日，清廷即命醇亲王载沣在军机大臣上学习行走，这是载沣当权的预兆。光绪三十四年（1908年）十月二十日，清廷命醇亲王载沣之子溥仪在宫内教养，在上书房读书，并授载沣为摄政王。二十一日，光绪帝驾崩，命摄政王载沣之子溥仪入承大统为嗣皇帝，以摄政王载沣为监国。第二天，慈禧太后离世，临终授予载沣裁定所有军国、政事的大权。十一月二十六日，载沣授载洵、载涛加郡王衔。载沣这个人，虽没有多少政治经验，可是他父亲是搞练兵的；自己也到过德国一趟，目睹德皇族从幼年时起就接受极严格的军事训练，所以国势那样强盛，早就有心效法。及亨利亲王来华，旧雨重逢，对他又加以鼓舞。①于是，载沣在摄政伊始便着手军队建设。十二月三日，设立禁卫军，派载涛、毓朗、铁良充任禁卫军大臣，这支军队受载沣调遣支配。载沣还将地方的军权收归中央，由陆军部统一管理，派他的两个兄弟载洵、载涛分别管理海军和陆军。这一系列措施表明了载沣加强近支皇室力量的决心，他想将权力紧紧地掌控在自己手中。与此同时，宗室远支奕劻与袁世凯等人结为同盟，手握中央和地方的要政大权。载沣这些皇族，"派系虽然不同，而对于奕劻，不能容忍其挟制揽权，意见是完全一致的。奕劻的灵魂，早为袁世凯所收买，袁世凯既去，则掌握兵权的就是铁良了。铁良对于练兵，既有经验，亦有办法，在满族中为头脑比较清楚的一个。他受奕劻的提拔，且极信赖，认为若有他为陆军领袖，则奕劻仍不易扳倒，所以连他一起排去。"②御史谢远涵弹劾邮传部尚书陈璧"虚糜国帑，循私纳贿，诏命大学士孙家鼐、那桐查办"③。陈璧是奕劻和袁世凯的亲信，此次遭到弹劾后，即被革职，永不叙用。其他奕劻、袁世凯派系中人如杨士骧、徐世昌"之所以安如磐石者，两介弟（载涛和载洵）之力也"④。可以说，载沣上任后，对奕劻、袁世凯等人进行连续打压，不是革去几名大员、开去几项要差那

①恽宝惠：《清末贵族之明争暗斗》，载《晚清宫廷生活见闻》，北京：文史资料出版社，1982年，第64页。

②恽宝惠：《清末贵族之明争暗斗》，载《晚清宫廷生活见闻》，北京：文史资料出版社，1982年，第65页。

③郭廷以：《近代中国史事日志》，北京：中华书局，1987年，第1323页。

④陈旭麓等编：《辛亥革命前后——盛宣怀档案资料选辑之一》，上海：上海人民出版社，1979年，第74页。

么简单，更不仅仅是近支宗室排挤远支宗室，其根本原因在于载沣想将朝中的局势控制在自己掌控的范围之内。

较量的另一方奕劻、袁世凯派虽然损失了几名大将，但仍然把持大权，足以与载沣等人相抗衡。奕劻仍然身兼军机处领班大臣及外务部大臣两项要职。袁世凯遭革职后，他的影响力并没有因此而消失，与外界往来频繁，互通消息，洞悉朝中内情。载沣等人对革职后的袁世凯并没有放松警惕。"袁住在彰德洹上村之时，善耆对他并不放心。那时，日本人川岛浪速是善耆的警察顾问，亦即他的心腹之人。川岛手下秘密侦探对袁的行动，随时都有密报"[1]。善耆将探听来的消息随时反馈给载沣。载沣更是亲自过问袁世凯的情况，据载："摄政王于日前召见军机后曾垂询某相国以开缺大臣袁世凯，及革职直隶总督端方二人，现在所作何事，相国奏封据闻该两废员现均专志教育，别无所事等语。"[2] 这样，载沣才对袁世凯有所放心。但是，奕劻仍然在朝中手握重权，两派集团的明争暗斗一直没有停止过。

三、载沣与江春霖

溥仪继位之时，年仅 3 岁，其父摄政王载沣也只有 25 岁。虽然是继承了慈禧当政的衣钵，但与历练老到的慈禧相比，载沣少了雷厉风行的作风和敢于任事的勇气。正如其弟载涛所言："载沣遇事优柔寡断，人都说他忠厚，实则忠厚即无用之别名。他日常生活很有规律，内廷当差谨慎小心，这是他的长处。他做一个承平时代的王爵尚可，若仰仗他来主持国政，应付事变，则决难胜任。"[3] 可慈禧偏偏选中这样一个才智平庸之人肩挑大局，载沣当权后的艰难可想而知。载沣虽然自知难于胜任当下的危局，却不得不免其难而为之。载沣并不糊涂，他深悉自己"年轻少阅历"[4]，若仅凭借手中掌握的权力行事很难服众。朝中的"大佬"如奕劻、袁世凯等人把持着朝政，若想手握实权必须摒除这些障碍。纵使载沣再平庸，在皇室争权夺利的熏陶下，也懂得一些政治策略。为了击败奕劻、袁世凯等政治对手，

---

①中国人民政治协商会议全国委员会文史资料研究委员会编：《辛亥革命回忆录（六）》，北京：中华书局，1963 年，第 325 页。

②《摄政王询及袁端之述闻》，《盛京时报》，宣统二年四月二十一日。

③载涛：《载沣与袁世凯的矛盾》，载《晚清宫廷生活见闻》，北京：文史资料出版社，1982 年，第 79 页。

④恽宝惠：《清末贵族之明争暗斗》，载《晚清宫廷生活见闻》，北京：文史资料出版社，1982 年，第 66 页。

载沣采取笼络御史的策略，屡次召见御史，听取他们的意见。载沣这一策略实际上是利用御史的言论声势打击奕劻等人，使他们不得不收敛自己的行为。例如，早有御史看不惯奕劻的行事作风，蒋式瑆、赵启霖、陈田、赵炳麟等人都上疏弹劾过奕劻，只是都不了了之。

根据赵炳麟《宣统大事鉴》记载："春霖在台，弹劾不避权贵。时有朝阳鸣凤之目。尝于是年（1908 年）九月九日，劾庆亲王奕劻、袁世凯朋比为奸，殃民祸国。德宗见疏痛哭流涕，而以孝钦故，留中不敢发。至是春霖复言袁世凯虽去，奕劻尚留，打草惊蛇，纵虎还山，为祸更急。摄政王召见嘉纳之。"① 对于御史江春霖不畏权贵、倡言直书的行为，载沣予以充分肯定和鼓励。载沣对江春霖的拉拢和鼓励，从江春霖在同年十二月二十四日所上的《召见进言片》中显露出来，江春霖在进言中称："再臣前蒙召见，仰荷监国摄政王饬令传谕同官，直言报效，不可进乱聪明语。臣遵即于堂期日，当众宣布，闻有未到，亦已托其转告，异口同声，咸颂明圣。但迩来都察院人员，寒蝉仗马，为数居多。而受人贿托，变乱是非者，正复不少。摄政王谕臣等不可乱聪明，臣尤虑摄政王为乱聪明者所乱。当此语难言庞，非得清俭正直如国初之左都御史魏象枢辈，整饬台纲，言路壅塞，固不足以达下情；言路太开，尤恐易以淆上听。"② 载沣一方面鼓励御史谏言政治得失，一方面又告诫他们不可枉自聪明，不要毫无忌惮地弹章上奏。宣统元年（1909 年）十二月初四日载沣下了一道谕旨："自此申谕以后朝廷宽其既任，严其将来。其有言诸臣暨代表抒诚进言者，果能关怀时局为国为民，条陈得当，朕不但立准施行且加以奖叙。倘敢如前不悛任意尝试，亦必予以惩处不贷，用示广纳忠言励精图治之至意。"③ 这说明他既想利用御史在朝廷中的言论作用，又欲将御史掌控在自己所能控制的范围之内。江春霖是都察院众御史中声名卓著者，曾屡次上劾奕劻，直声震朝野。载沣正是看重了江春霖的清望，希望借助他的力量壮大自己的阵营。可以说载沣对江春霖的接见和赞赏表明了其重新整合官制的决心，同时也为自己赢得了政治筹码。江春霖自受到摄政王载沣召见之后，对政事更加上心，切实做到了知无不言、言无不尽，这从他的奏折中就可以看出。他

---

① 赵炳麟：《宣统大事鉴》，载《赵柏岩集》上，南宁：广西人民出版社，2001 年，第 307 页。
② 江春霖：《江春霖集》上册，马来西亚：马来西亚兴安会馆总会文化委员会出版，1990 年，第 164–165 页。
③《谕旨》，《大公报》，宣统二年十二月初四日。

直言道："摄政王监国之初，首罢军机大臣、外务部尚书袁世凯，忠义之士同声称快。而其党乃散布谣言，以煽惑中外。虽赖圣明纲断，海内晏然。律以春秋无将之诛，皆罪在不赦者也。意者事既上闻，当必赫然震怒。及三月以来，不惟未退一人，或且加委任焉。此自朝廷计安反侧之微权，岂浅识所能窥见万一……而据近日所闻，世凯开缺之后，奉天巡抚出使大臣唐绍仪往来密电甚多。学部侍郎严修之请收回成命，实受世凯之子克定嘱托。各处造谣，则农工商部侍郎杨士琦及苏松太道蔡乃煌居其大半。江西巡抚冯汝骙、安徽巡抚朱家宝亦多附和。而劣迹更难胜枚举，往者全未之惩，来者复何所惧。现查吏部正进呈大臣京察履历，圣朝必有处分，本无庸微臣拟议，但虑当断不断，反受其乱。职在纠弹，难安缄默。"①

　　江春霖弹劾的对象上至皇室宗亲、军机大臣、各部尚书、总督巡抚，下至科道部员，弹劾内容涵盖内政、外交等。面对江春霖的屡次直陈，摄政王载沣有点招架不住，他的既拉拢又控制的手段显然在江春霖身上起不到作用，于是下令对江春霖加以申饬呵责。面对载沣的斥责，江春霖在《奉旨申饬陈言疏》中争辩道："窃臣屡渎宸严，渥荷天恩，宽免处分，仅予申饬，粉骨碎身，未足为报。顾臣所争者虽一二人之事，而法律轻重出入，一经奉旨准行，即为将来例案。臣之断断不休，职为此故，并非敢挟持成见，有意深文也。且官声政绩，有时亦难尽信。昔晏婴前治东阿，属托不行，货赂不至，民无饥者，而君欲加诛。后治东阿，民饥过半，属托行，货赂至，并会赋敛，便事左右，而君反迎贺。齐威王时，即墨大夫田野辟，人民治，不事左右，而毁言日至；阿大夫田野不辟，人民不治，厚币事左右，而誉言日闻，载在史册，可覆按也。现既奉旨申饬，不可复有所言，但臣固当言其远大，陛下亦不可蔽于左右，庶朝政清明，太平可致。"② 江春霖并没有因为载沣的申斥而谨言慎行，诤谏如故。到后来载沣基本上对江春霖的上陈置若罔闻，鲜少理睬。他本想对江春霖加以控制和利用，却没想到江春霖丝毫不识时务，不肯屈就低头，不愿按照他的意思行事。载沣这个人生性软弱，并没有魄力将奕劻、袁世凯集团一网打尽，因此对于江春霖的谏言，载沣囿于胆识不予采纳，也渐失摄政初期的勇气

---

　　①江春霖：《江春霖集》上册，马来西亚：马来西亚兴安会馆总会文化委员会出版，1990年，第167－169页。

　　②江春霖：《江春霖集》上册，马来西亚：马来西亚兴安会馆总会文化委员会出版，1990年，第215－216页。

与耐心。时人这样评价摄政王载沣："摄政之初稍有知识，凛然于天命已去，大局将危，遵先后之遗言，礼重耆硕，相与补苴罅漏，夙夜忧危，或尚有祈天永命之望，乃听信谗言，袭用国初忮克汉人之习。"① 在稍稍站稳脚跟之后，载沣不可能任由江春霖一直抨击权贵，他亦开始厌恶江春霖不给皇室留一丝颜面。因为江春霖不仅弹劾奕劻，连载沣的两个亲弟弟载涛、载洵也严加弹劾。终于在 1910 年春江春霖又一次弹劾奕劻之后，载沣毫不犹豫、义无反顾地罢了江春霖的御史之职。载沣将本可以拉拢的对象予以摒弃，此后言路愈加不振，再也没有江春霖这样的御史站出来说话。江春霖亦对清廷失去了信心，辞官归隐山林。

第五节　三次弹劾奕劻案件的纵向比较

纵观蒋式瑆、赵启霖、江春霖三次弹劾奕劻案，皆属于御史弹劾亲贵案，内容又无一不指向奕劻贪污，并都是轰动朝野上下、舆论影响较大的弹劾案。三次弹劾案分别发生在 1904 年、1907 年和 1910 年，每隔三年发生一次，随着立宪的展开，几次弹劾案的社会影响力也在逐步扩大。蒋式瑆因弹劾奕劻而落职，没有人敢站出来为他上疏请命，只有报界一些零零散散的报道，奕劻受此案的影响并不大；赵启霖因参劾奕劻受贿、载振纳妓而去职，江春霖、陆宝忠、赵炳麟等人纷纷为其上疏请命，各大报纸更是争先追踪报道，甚至有将其编成戏剧与小说者，有绘成漫画者，奕劻受到的舆论冲击相当大，其子载振不得不引咎辞职；江春霖因直接弹劾奕劻老奸窃位，多引匪人而罢职，起初只有陈田、赵炳麟、胡思敬等人为其谏净，后来发展到全台联名为其争去留，国内外报纸密切关注，社会各界对江春霖给予极大的关切和支持，有登门拜访者，有慷慨捐赠者，有设宴饯行者，更有举办欢送会和欢迎会者，奕劻在各界的压力下不得不主动托病请辞枢廷重职，行事大为收敛。由这三例弹劾案可见，清末的监察御史有传统士大夫刚正不阿的性格，同时他们受立宪精神的影响参政意识在不断增强，不断有人站出来与强权相抗争；奕劻作为清末的重臣，数次被御史弹劾，均安然无恙，显现出一个政坛老手的历练和权谋；都察院虽然在官

---

① 王锡彤：《抑斋自述》，开封：河南大学出版社，2001 年，第 143 页。

制改革的过程中留存下来，但随着预备立宪的深入发展，都察院仍然面临着生存危机，与此同时，都察院的权力行使得不到保障，越发式微；清廷不顾各界的强烈反对将几位弹劾奕劻的御史罢职，是对宪政精神的背离，同时也揭露出清廷的专权统治和立宪骗局，在此基础上的立宪改革必然遭遇失败。

一、锲而不舍的御史

昔有论曰："御史台者，风宪之官，以言论为天职也。世之盛也，君吁臣咈，喜起良言论之机伸，而御史台之气亦张。世之衰也，箝口结舌言论之极窒，而且所谓御史台者，亦且澳涩唯阿，一世之谔谔卒不敌千人之诺。眉山苏氏论御史台也曰：养猫，所以无鼠，不可以无鼠而养不补之猫。蓄狗所以防奸，不可以无奸而蓄不吠之狗。徇旨哉，斯言可以为万世御史台法然，而今所望之御史台则大异于是。"①这段论述生动地反映出御史台一直以来的作用与地位，它不过是君主专制下的附属部门，凡事需要秉承意旨办事，丝毫不敢有所逾越。蒋式瑆、赵启霖、江春霖等御史的行为打破了以往御史台运作的常规，敢于冒犯亲贵，诤谏直陈，丝毫不顾及当权者的权威与颜面，更将个人的安危置身度外。他们的目的只有一个，即将庆亲王奕劻贪污结党等行为予以严惩，堪称近代以来锲而不舍的御史。对于御史的这些行为，时人赞誉称："天下将乱，御史或可以言补救一二。"②

虽然屡有御史敢撄奕劻之锋芒，但都惨遭革职，清廷并没有对奕劻加以斥责与处置。言官虽然肩负着谏言谏行、监督官员的重任，但权掌于上，屡屡因触犯权贵而被贬，言官在朝中的作用越来越微不足道。正如时人所论道：

"夫言官者，朝廷之耳目也。朝廷既以蔽聪塞明为无上之妙策，则彼充言官者，亦乐得以寒蝉仗马自居者，亦将投劾以去。赫赫谏垣，阒无人焉，是岂盛世应有之现象也。夫国会既犹独未成立，则朝廷所资以献可替否。弹劾不法者，惟言官是赖。言官纵不敢尽言，朝廷犹当奖借之，以使之尽言也。若夫因言或谴，衰世固有之，而诩以蹈其覆辙为荣幸耶，自后诸臣，

①《清谈》，《申报》，宣统二年正月二十日。
②高树：《金銮琐记》，载荣孟源、章伯锋主编：《近代稗海》第一辑，成都：四川人民出版社，1985年，第41页。

益将以言为讳，朝廷之阙失，权贵之横行，民生之疾苦，谁复齿及之。以后言官若真缄默自安，则一切事俱败坏于冥昧之中，其影响于大局者必大，否则历史屠戮谏官之惨剧，又将复现于今兹尔。"① 可见，虽有江春霖这样锲而不舍的御史敢于谏言，但在触犯到权贵的利益之后，仍然难免因直言而受到责罚，这也正是当时专权体制所暴露出的弊端所在。

敢谏的御史继承了传统士大夫以天下为己任的精神，同时具有一定的参政意识，形成了独立于君权之外的参政阶层。"参政阶层并非像传统看法那样依附于某一当政派别，到清末已成为一支独立的政治力量，并取得了显著成就，彰显了这一团队的参政力量。他们在 1907、1910 年两次胜利绝非偶然，而是其独立性存在的明证。"② 可以说，御史代表的已经不仅仅是单纯的个人，而是整个都察院，甚至可以说代表了一个参政阶层。赵启霖落职后，"士大夫慕其直声，争置酒作为诗歌以为宠其行。奕劻父子虽悍，固无如舆论何也"③。再拿江春霖参劾案为例，案发后，"都察院各侍御连日集议于松筠庵，略谓要折留中之害，前江侍御春霖已言之详也。近日，各项折奏仍奉旨留中，上下隔阂，群情揣测，殊于政治前途有碍，拟再全台联名具折入奏，嗣后除机密要折，是否留中，恭候宸断，其御史参折恩恩一律交议，并准内阁发钞，以公诸天下人之耳目等语闻，俟初五日都察院办理互选后，将此议呈诸台长鉴核矣。"④

二、扳不倒的奕劻

奕劻有个称号叫作"不倒翁"，形容他纵横政坛多年任谁都扳不倒。一直以来，奕劻贪污都备受人们诟病，无论是封疆大吏如岑春煊，还是一些普通官员如梁鼎芬、陈田等都弹劾过奕劻。蒋式瑆、赵启霖、江春霖三位监察御史弹劾奕劻案虽然轰动朝野上下，但都丝毫没有触及奕劻的既得利益，直到清帝退位，奕劻才正式退出政治舞台。就三次弹劾案来说，奕劻堪称众矢之的，不论是御史的控诉，还是舆论的压力，都将奕劻置于不利

①《呜呼言官，呜呼大局》，《盛京时报》，宣统二年正月二十三日。
②苏全有：《论清末参政阶层的政治参与——以赵启霖、江春霖、恽毓鼎等为视点》，《郑州大学学报（社会科学版）》，2010 年第 5 期。
③胡思敬：《国闻备乘》，载荣孟源、章伯锋主编：《近代稗海》第一辑，成都：四川人民出版社，1985 年，第 230 页。
④《谏垣未来之陈请》，《盛京时报》，宣统二年二月初九日。

的地位。那么奕劻是如何扭转不利局面的呢？

首先，蒋式瑆等三人弹劾奕劻都秉承"风闻言事"的宗旨向清廷上陈，并没有提供可以撼动奕劻的确凿证据。御史不是查办大臣，更不具备侦查案件的能力，不可能抓住奕劻的把柄。因此，查案的关键在于清廷是否欲将奕劻加以惩处，清廷恰恰是袒护奕劻的。无论在光绪朝还是在宣统朝，清廷对奕劻都宠信有加。奕劻辛丑议和有功，且素来说话办事谨慎小心，在内廷中又有四格格为之帮衬，因此深得慈禧的重用。就连慈禧的亲信岑春煊面劾奕劻都没有获得成功，何况区区的几名御史？到宣统皇帝即位之后，朝中老成持重的宗室大臣只有奕劻一人，整个局势演变成非奕劻不可的地步。鉴于此，清廷不会轻易罢黜奕劻，几个参劾他的御史便成了挽留奕劻的牺牲品，都被罢职了事。

再者，奕劻"从小就经历了自己的祖父、父亲、伯父、堂兄们荣辱浮沉，万分惕悚，养成了对规矩绝不僭越一步的庸庸碌碌的外表性格，但他内心精明得很，分得出事情的大小轻重，完全符合皇权专制制度下对一个皇族的规范要求"①。奕劻这样一个精明的人，在遭遇弹劾的时候，势必不会坐等获咎。奕劻做事向来不张扬，低调行事。面对御史的弹劾，奕劻没有为自己上疏辩白，而是采取避嫌或请辞的方式以博得清廷的同情和支持，也因此暂缓了外界对他施加的压力。例如，在江春霖案发生一段时间后，奕劻上疏恳恩开缺，称：

"跪聆之下，感悚益深，自应凛遵圣训，勉皆庸愚，何敢屡妒宸听，希图安逸。惟臣年力就衰，万难胜任情形，有不得不再沥陈于皇上。之前者窃维时艰孔亟、国务日繁，内政外交均关重要，臣才平庸，毫无补救。年来节适偶违则竟日困惫，思虑少过则彻夜不眠，近复畏风恶寒头晕痰喘，种种衰象日甚一日，往往极力支持，勉强趋值而精神不能贯注，遇事心思扰乱，似此衰迈之年，何能当此内政外交领袖之重任？故如会议政务处、外务部一切行政交涉事宜均未能时常前往，躬与讨论，虽赖同官之协，恭实多职务之旷废。凡此竭蹶之情形必难逃圣明之洞鉴，徒以臣历仕逮于数朝，从政远于数载，不忍遽加督责，固属逾分之优容。倘复再事迟徊，恐益将来之贻误，此乃国家大局所关，非仅为臣一人之计。况臣忝附宗支，凤承恩遇，值此时会艰危之日，敢存洁身引退之心事，苟有裨于朝廷，臣

---

①袁世凯著，骆宝善评点：《骆宝善评点袁世凯函牍》，长沙：岳麓书社，2005 年，第 251 页。

决不辞献替，是以再四思维，惟有据实沥陈，仰恳天恩，准予开去要差，俾得从容调摄，保其余年，仅有咨询，仍当竭尽愚忠，力图报答，毋任惶恐待命之致，所以恳恩开去要差，据实沥陈下情缘由，缮折具陈伏乞，皇上圣鉴谨奏。"① 奕劻的奏折言辞挚恳，申明了他无奈和迫不得已的苦衷。实际上，奕劻深悉朝中情势，不过是借辞职来挽回受损的形象，并进一步巩固自己在清廷中的地位。这样看来，奕劻的辞呈并不会得到清廷的首肯。正如他自己所说，"时艰孔亟、国务日繁，内政外交均关重要"，在这一非常时期，清廷又怎么会允许老成持重的他"撂挑子"呢？况且奕劻的本意并不想离开权力中心，就连他的孙子溥铨都认为奕劻是个"官迷"，一直不肯退出政治舞台。

另外，奕劻在职期间，注重笼络人才，很少与人结怨。关于这一点，曹汝霖记载得比较详尽，谓："时庆王当国，虽明白事体，然年老守旧，不能大有作为。惟对使才，特别注意。当时孙宝琦、李盛铎、陆徵祥、胡惟德、刘士熙、施肇基诸君，皆由庆邸提拔。尤以陆徵祥以驻俄二等参赞，特赏三品京堂出任荷兰出使大臣，并令不必来京，迳赴荷兰，称为异数，时正荷兰在印尼对华侨施行虐政之时也。后庆邸面保余出使法国，已蒙俞允，并特赏二等双龙宝星。此系庆邸特保，因余尚未到过欧洲，故令使法增广识见，以备大用。"② 章宗祥也认为奕劻在民国时期一直安然无恙与他很少树敌有关。此外，奕劻还关心、体恤下属，不时伸出援手。这样，奕劻在清廷中颇得人心，除了几个政敌之外，很少与人结怨、树敌。在御史弹劾他的时候，没有人跟风纠参，甚至还有人为他上疏辩白。由于奕劻一贯的好人缘，查案大臣亦对他留有余地。诸多原因决定了弹劾奕劻案的发展走向，这些正是奕劻扳不倒的原因。

三、台谏之末路

三次弹劾案针对的对象皆是庆亲王奕劻，最终结果都是御史免职、亲贵无恙，由此可以窥见都察院权力的式微。"都察院的御史作为朝廷耳目之官，其主要职责是监督百官，举发奸邪，弹劾不法，其视野从中央扩及到

---

① 《庆亲王奏恳恩开去军机大臣及总理外务部事务要差折》，《盛京时报》，宣统二年十二月初八日。

② 曹汝霖：《一生之回忆》，香港：春秋杂志社，1966 年，第 86 – 87 页。

地方的大小官吏，即使对于皇帝也负有规谏之责。"① 清朝的统治者们都很看重监察御史的作用，顺治、康熙、雍正统治期间，都曾三令五申地发布上谕强调都察院的重要作用。但到了清朝统治后期，随着新形势的发展和新思想的注入，对都察院的批评和要求越来越多。如郭嵩焘提出监察机关存在的弊端，称："臣愚以为言官之职，匡正朝廷过失，诋斥权奸。……三四年来，言官毛举细故，见事生风，大率因睚眦之小怨，用影响疑似之传闻，胪列入告。朝廷遣使四出，驿站之骚扰，州县之供给，已不胜其愈，而又内顾言官之意旨，经营傅会，以定爰书。朝廷用是以求通民隐，而民隐愈蔽，求申冤抑，而冤抑愈深，则亦言官无能读书通知事理，徒用苛察讦告，窥求影射以为直也。所苛求者一言一事之微，而所关国家大局固已巨矣。其甚者，疆吏之贤否，藩臬之迁擢，皆取决言官一疏，断行不疑。太阿倒持，尤乖政体。迄于今日，吏治日偷，民生凋敝，所在愁叹，而言官所陈，但举虚文小节，未尝深念民生休戚与朝廷措置之宜，崇奖太过，徒长虚诬，实为害政。"② 曹汝霖亦认为："清初设都察院，意在整饬官方，为天子耳目，非有风骨峻峻、守正不阿者不足以当御史，称为言官。后有只沽直声，不察事实，滥参权要致遭罪戾者，故即有强项之言官，非遇大奸巨憝，不避宸威者，不敢随意弹劾。在乾隆时，和绅当国，贪赃枉法，势倾全朝，富敌宫廷，然深得上眷，御史莫敢言。独先大夫曹锡宝侍御侦知确实，且藏有数珠朝珠，不但贪污枉法且有僭越之嫌，冒死参劾，一击而中。……那有如今日以言者无罪，滥用上奏权者。"③

事实上，在清末立宪进程中，对都察院的弊端有所触及，并力求改革存在的弊端。奕劻等人在《官制改革折片》中称："至都察院原掌纠劾官邪，条陈利弊，关系至重，惟原缺执掌与新拟部院官制参差重复者，当略加厘正，以归化一。"④ 清廷亦明谕指令，谓："都察院为朝廷耳目之官，于一切政治阙失，民生疾苦，自应留心考核，据实指陈。近来科道等官，识见通达议论纯正者，固不乏人，而毛举细故无当大体者，亦时不免。兹当

---

①张晋藩：《中国监察法制史稿》，北京：商务印书馆，2007 年，第 492 页。

②郭嵩焘：《因法事条陈时政疏》，载《郭嵩焘奏稿》，长沙：岳麓书社，1983 年，第 407–408页。

③曹汝霖：《一生之回忆》，香港：春秋杂志社，1966 年，第 79 页。

④故宫博物院明清档案部编：《清末筹备立宪档案史料》上册，北京：中华书局，1979 年，第470 页。

新定官制预备立宪之时，该衙门纠察行政，责任綦重，务令举能其官无忝阙职，庶几广忠益而通下情。嗣后应如何激扬风宪，整饬台纲，以及报送御史应如何慎加遴选，严定考成，俾无滥列之处，著军机大臣、大学士、各部参豫政务大臣会同都察院堂官一并妥议具奏。"① 军机大臣奕劻等人在覆奏中指出："嗣后保送御史，拟请责成各部院大臣，举列凤知，于京官实缺中书以上，外省实缺州县以上，如实系气节刚正，志虑忠纯，均准保荐。至多不得过三员，应陈该员志行事迹，出具切实考语，不得以寻常笼统之词漫为推忭。其有品谊不端学术不正者，勿得滥保，一经发觉，并将原来保大臣从重治罪。保送即齐，由该衙门请旨廷试，简派大臣校阅，拟定名次，再行引见，听候记名录用。庶几举者不敢徇私，应者亦无从倖进。至现在激扬整饬，应由都察院堂官随时考核，如有声名平常志节卑者，即行据实纠劾。给事中既奉旨撤去六科之名，于部务已非专司，新设各部亦本无稽查专责，拟请酌裁四缺，原设科道共八十缺，今拟共留六十四缺，共裁十六缺，仍拟暂请后裁，以后出缺不补。给事中、御史各员，拟请责成统司纠察，凡内外各衙门如有用人不当，办事不实，均准奏参。所有各部及各衙门，即无庸派员稽察，以归画一，而昭核实。"② 奕劻等人的覆奏得到清廷的嘉纳，这样一来，"人有专事，事有专司。无兼营并驾之虞，乃有趋事赴功之效，内阁大臣不可以兼充繁重差缺，犹虑其权太重也，则有集贤院有备咨询，有资政院以持公论，有都察院以任弹劾，有审计院以查滥费，有行政裁判院以待控诉，凡此五院，直隶朝廷，不为内阁所节制，而转足以监内阁，皆所以巩固大权，预防流弊。"③

虽然都察院在官制改革过程中得以保存下来，仍有御史岌岌自危。御史王步瀛上《免裁都察院员缺折》："议院一日未成，即言官一日难去。且所谓议院者，必由二十二省各州县议会层累而上，以京师集其大成，然后得名议院，而非现在所拟资政院，每省由督抚保送二三人之比也。圣诰煌煌，何尝有目前裁科道之意。乃近日忽闻台中议论纷纷，有议请裁缺一半

---

①故宫博物院明清档案部编：《清末筹备立宪档案史料》上册，北京：中华书局，1979 年，第473 页。

②故宫博物院明清档案部编：《清末筹备立宪档案史料》上册，北京：中华书局，1979 年，第476 - 477 页。

③故宫博物院明清档案部编：《清末筹备立宪档案史料》上册，北京：中华书局，1979 年，第469 页。

之说，众情不胜骇讶。七月以来议改官制，初时风声所播，朝野震惊，而言路诸臣剖析利害，指陈得失，有仗节死义之风，无趋福避祸之见，所奏多蒙采纳，主议者颇为气夺。特诸臣虽志在效忠于君父，而要其开罪于权势为不少矣。宪臣裁减科道之说，不过曰缺多事简耳。不知科道为朝廷耳目之官，本以谏言为职，不以治事为职，以纠察内外文武各官治事为职，不以一己治事为职，即从前五城街道等差，皆属后起之义。"对于裁减科道的做法，王步瀛深不以为然，他毫不避讳地指出："科道为朝廷耳目之官，爪牙之任，宜通不宜塞，宜刚不宜柔，宜养其志节，不宜挫其锐气。顾此官有裨于国家，而有时不便于权势，故自古大臣之公忠者必重之，其奸邪者必嫉之。"既知裁汰已成定局，御史王步瀛甚至主动提出："自知心长才短，宜在裁汰之列，倘倖容滥竽，亦获优沾津贴，非不知缄默苟容有利无害，顾如此存心，则上负君父而内愧神明。"①

御史王步瀛的忧虑代表了多数御史的心声，他们一方面担心因改革惨遭裁汰，一方面害怕因恪尽职守、触犯权贵而革职，显现出近代以来御史濒危局面的尴尬与无奈。蒋式瑆、赵启霖、江春霖三御史的经历是个实际而鲜活的例证，监察御史的危机感愈发紧迫。如果说蒋式瑆的免职为众御史敲响了警钟，那么赵启霖的去职则在御史中间激起了阵阵涟漪和回响，而江春霖的离去则在众御史中引起广泛共鸣，全台御史团结起来为江春霖争去留，同时也在为谏院争去留，为言论权争去留。蒋式瑆弹劾案激起了部分御史如赵启霖、江春霖、胡思敬等人的同情。赵启霖弹劾奕劻案发生后，则有御史江春霖、赵炳麟和左都御史陆宝忠为其上奏抗辩。江春霖弹劾奕劻案事发后，"日前各侍御在松筠庵会议，代江春霖上折乞恩时咸谓：此次若蒙恩准是广开谏臣之言路，足令人感激，否则当禀遵十八日之谕旨，亲贵重臣不应任意诋诬，内外大臣亦不当轻于诬蔑，我等惟有噤若寒蝉，至老不鸣而已。某侍御云与其尸位素餐曷若挂冠归里之为愈。"② 在全台请谏无果后，有御史再次冒险弹劾奕劻，大致内容如下："某侍御奏称现值预备立宪之际，应以广开言路为先，枢臣某以言官言及己短，遂设词诬陷言官贻朝廷拒谏之过，实系匡辅不职。该枢臣亦知清议不容，连日未曾入值，

①故宫博物院明清档案部编：《清末筹备立宪档案史料》上册，北京：中华书局，1979 年，第474 - 476 页。

②《言官会议之述闻》，《盛京时报》，宣统二年正月二十五日。

揣其意无非以一退挟制朝廷。现值承平之际，枢府之事并非该枢臣不办，仅听其乞休。臣亦知贱不谋贵，疏不间亲，用舍之权操诸君上。臣知此奏不谅太甚，只以事关大局，敢冒昧直陈，伏乞鉴纳。"① 更有御史敢于直揭奕劻的用心，希望清廷能听任奕劻辞职。可见，御史弹劾亲贵案逐渐发展演变成一场涉及全台的诤谏风潮，众御史在为朝廷争大局的同时，也在为御史争去留，更为整个都察院的存废力争。这几次弹劾风波展现出御史的铮铮铁骨与高风亮节，同时揭示出晚清都察院所面临的存亡危机。都察院在立宪改革的过程中，成为濒临裁撤的部门。《清稗类钞》中谈到清末台谏盛衰时有这样一段评论："德宗宾天，虚怀采纳，召见江春霖、赵炳麟两侍御。谏垣入对，绝迹已三十年，一旦复见之，台谏风生，海内动色，尝有七御史同日各递封奏，称极盛焉。其后陈事者摭拾肤词，弹劾过多，亦未能悉当，封章遂十九留中。"② 从"虚怀纳谏"到"留中不发"反映出清廷对待言官政策的改变。诚如胡思敬在《江侍御以弹劾庆邸解职》诗中所言："宣室求言日，微臣造膝初。终为物所忌，益见宠难居。报国频循发，忧时恨养疽。天朝笃宗谊，莫漫拟烧车。"③ 御史们更加人微言轻，屡屡有谏折留中不发，即便有御史行破釜沉舟之举，仍无力回天，台谏正趋向末路。

宣统三年（1911 年）三月十七日，御史胡思敬上奏弹劾庆亲王奕劻，列出"庆邸十大罪状，留中未发。据闻胡之劾庆已不止一次，均蒙留中。庆邸本欲即加之罪，奈闻胡折中引雍乾两朝圣训"④。这样，御史胡思敬才免于处分。三月十八日，御史赵炳麟"呈递封奏因条陈新内阁制办法有牵涉政府之处，触犯忌讳，故遂降谕开缺，未稔确否。按赵御史炳麟之在谏垣历有年，与赵侍御启霖、江侍御春霖均负敢言声誉，故时人有三菱公司之称。今已痛陈时局严劾亲贵，大遭政府之怒，开缺以四京堂候补。阳虽优崇阴实疏远，识者鉴于三霖之相继皆去，逆料将来台谏诸公必噤若寒蝉，无敢声张，而彼一般肆无忌惮之大老尽可为所欲为矣。噫，国事若此，尚堪问哉。"⑤对于言官堪危的处境，时人切中其弊，论曰：

---

①《庆邸又被御史参劾》，《盛京时报》，宣统二年二月十六日。

②徐珂编撰：《清稗类钞》第四册，北京：中华书局，1981 年，1523 页。

③胡思敬：《退庐全集》，载沈云龙主编：《近代中国史料丛刊》第四十五辑，台北：文海出版社，1966 年，第 75 页。

④《第二江春霖》，《盛京时报》，宣统三年三月十七日。

⑤《赵侍御开缺原因之述闻》，《盛京时报》，宣统三年三月十八日。

"言官以言为职责也。一日不去官，即一日负弹劾纠正之任务，不应逆忆夫后日之必将裁汰，而姑安缄默为也。然而今日言官则固持明哲保身之义者多，视国事之得失一若无与于己者然。然则寒蝉仗马，正为若辈之绝妙写真。靡如干瘭禄，豢养若辈，在国家一方面言之固亦可为不值之甚者矣。即如此次铁道国有之定为政策也。在邮部不过挟固人之私见以相蒙，实则朝廷并不信任之。然而封章入告者，吾殆未之闻。其慑于邮部之骄横欤。抑恐得罪于权要。言官之运命，诚不能长也。然不长何病，我苟能弹竭血诚以尽吾职，我不负国，国家负我乎？若夫国事颠倒于上而若不闻，小民怨滋于下而若不见，徒思诿其责于他人而已，则务觉藏身之固亡国之妖孽也。投畀豺虎，豺虎不食。古今人果不相远乎噫。"① 反映出都察院存废暗潮之下御史的处境和心态。况且，"近日对于都察院存废一事其内情颇有舆味，凡不在国务大臣之列，而有势力者多在监国前力言此院不可废。此中或受该院运动而为之进言，或以忌视行政大臣之故，而借以发泄，互有具特别之原因，而凡国务大臣则多以此院不废徒令台谏中撇拾风闻竟上，不负责任之封奏于政权统一多有碍而往往主张裁撤。"② 都察院存废之暗潮汹涌，其中有御史们的慨然自救，亦有朝中大员的帮衬。御史胡思敬为了"保存都察院之个人地位"，不惜专门"递折特参廧昌、李家驹、汪荣宝、章宗元诸人冀以推翻新政。折中所参最为注重者为廧昌、李家驹、杨度三人，则言新刑律施行则民乱于下，新官制施行则官乱于上等语"③。摄政王载沣亦明确指出："都察院年前陈奏变通执掌一折系因该院有调查民间疾苦参劾贪墨官吏之权，本属朝廷耳目，关系极为重要，故其执掌权限必须重新订定。现宪政馆既经提议亟应妥速会订，勿得视为无关紧要，草率纵事。"④ 但这些声音都不能改变都察院趋于没落的命运。伴随着专制体制的衰亡，都察院作为监察机构也逐渐完成了它最后的历史使命。

四、帝制没落的最后挣扎

对于晚清的政情，时人论述道："降及今日，人心愈幻，作弊愈工，宠赂官邪，比比皆是，或假新政为名，肆行侵蚀，或以官缺为市，巧试奸欺，

①《论今日之言官》，《盛京时报》，宣统三年五月十五日。
②《都察院存废之暗潮》，《盛京时报》，宣统三年七月二十一。
③《京师近事》，《申报》，宣统三年二月初三日。
④《都察院可无虑裁撤矣》，《申报》，宣统三年二月初二日。

或夤缘荐引藉博高官，或营谋开复代陈冤抑。似此廉隅之不饬非上亏国帑即下劫民财。"① 此论虽然略显夸张与辛辣，却是晚清最后几年的真实写照，整个国家正在逐渐走向衰落。衰落的表现形式有许多种，比如说民生疾苦、结党营私、贪污成风，其中一种即任用私人、闭目塞听。御史本有弹劾百官的职权，但到了清末，御史的权力大大受到限制。且不说屡有都察院御史的奏折留中不发，有御史因触犯权贵遭到谕旨申斥，更有蒋式瑆、赵启霖、江春霖三位御史因弹劾亲贵奕劻而去职。从这三次弹劾案中可以看出，清廷并没有给予言官任何应有的颜面与优容。例如，在江春霖案中，"为江春霖事纠合全台五十三人上书力争，则朝廷不能不俯从其意。非然则置舆论于不顾，微特不识时务，将预备立宪之谓何？"② 清廷对全台联衔请命置若罔闻，显现出其一贯不重视言论的态度。监察御史有朝廷耳目之官之称，一直履行着谏言谏行的职权，有弹劾风纪的责任。正如时人所论："国会未立，天下之口寄在台谏。"③ 在国会成立之前，清廷没有及时纳谏，却选择闭目塞听，自行关闭了净谏之门，都察院作为监察机构的作用愈加微乎其微。这种式微暴露出清朝内部统治的危机。以奕劻为代表的亲贵重臣，在清廷濒临危亡之际，仍然不忘贪污，显现出清廷统治机构的腐朽和没落。为了挽救危局，清廷试图进行改革，但清廷上下积弊已深，众亲贵擅权专任，大小官员贪污成风，民众叫苦不迭。清廷在立宪改革的过程中大失人心，清朝也在颠簸动荡中走向灭亡。清朝在帝制没落的过程中，试图做最后一搏，但这最后的奋力挣扎丝毫没有挽救其统治，而是加速了整个统治集团的灭亡。

---

① 《御史胡思敬奏纠参疆臣贪黩营私折》，《盛京时报》，宣统二年十二月十一日。
② 《识时务之政府》，《申报》，宣统二年正月二十九日。
③ 《江太史出京纪状》，《申报》，宣统二年三月初四日。

第六章 奕劻贪污折射出的制度缺陷

第一节 制度缺陷是晚清贪污成风的根源

一、专制体制之弊

清朝是中国最后一个中央集权的封建王朝。对于清朝的政权统治情况，英国人巴尔富通过实地观察，这样描述道："在独裁统治下，一些更为重要的职位留给皇亲国戚。这些官员的大多数实际上被排除在皇权之外，他们的责任无非就是每年向皇家进贡，以保证皇家的花销。为此，他们搜刮自己管辖的省份或其他地区的民脂民膏，将进贡后的盈余据为己有。他们领取名义上的俸禄，这些俸禄仅够支付仆人的薪水。这样一来，只要他们的贡品定期送至北京，他们利用职位之便获得额外收入之事便无人问津，也就不足为奇了。这个体制无疑非常适合大多数政府官员。"① 在这样的政治体制下，显然很难达到遏制贪污的目的。鉴于此，清廷做出了一些应对。"在强化中央专制主义集权皇权的基础上，整饬吏治，从法律、行政、监察等方面建立了一整套防范、处置、惩办官吏侵贪的机制，打击贪官污吏。朝廷治国民安，首在严惩贪官，把严惩贪官列为治国安民的头等大事。"② 因此，清朝在承袭明朝惩贪机制的基础上，注重从法律制度和监察机制两方面着手，制定《大清律》，并设置监察机构——都察院。除此之外，清朝还利用整饬和考评官风官纪的方式监督官员的行为。清廷的这些措施使政

---

① [英] F. H. 巴尔富：《远东漫游——中国事务系列》，南京：南京出版社，2006年，第5页。
② 王春瑜主编：《中国反贪史》，成都：四川人民出版社，2000年，第1039页。

权统治初期相对比较清明，官员贪污案例发生得比较少。

但到了统治后期，外强压境、内政败坏，清廷政权已然千疮百孔，无法应对日益紧迫的内外双重危机。时人总结出清末官场几大弊政："一坏于捐例；二坏于科举；三坏于滥保；四坏于苞苴竞进；五坏于奔走逢迎。"① 在这样的局势下，贪污已经成为瓦解统治的一颗毒瘤，逐渐蔓延至政权的肌理。对于清廷的覆亡，恽宝惠认为："清朝统治中国二百余年，到同、光年间日渐衰弱，终至覆亡。其根本原因当系少数统治阶级与广大人民之矛盾日益尖锐，亦即封建统治制度腐败使然也。"② 政以贿成，官以财进，清代官员贪污营私现象严重，官场中乱象丛生。

奕劻贪污是当时贪污情况的一个缩影。对于他的贪污问题，时人论述颇多。封疆大臣岑春煊曾"于朝列广众中訾奕劻贪庸负国"，奕劻自觉愧怍，只得"俯首听之，弗敢置辩"③。奕劻之财多取于北洋之袁世凯，二人堪比利益之交。"光绪末年，小人阶之以取富贵者，捷径有二：一曰商部，载振主之；一曰北洋，袁世凯主之。皆内因奕劻而借二杨为交通枢纽。当世凯初莅北洋，梁敦彦方任津海关道，凌福彭任天津府，朱家宝任天津县，杨士骧、赵秉钧均以道员在直隶候补。不二三年，敦彦官至尚书，家宝、士骧均跻节镇，福彭升藩司，秉钧内召为警部侍郎。其非北洋官吏而攀附以起者，严修以编修在籍办天津学堂，遂擢学部侍郎；冯汝骙与世凯联姻，遂擢江西巡抚；吴重熹为世凯府试受知师，遂擢河南巡抚。唐绍仪旧从世凯驻朝鲜，甲午之变，出死力护之以归，故遇之加厚。既夺盛宣怀路政界之，邮侍部开，又用为侍郎，一手把持部务，案卷合同尽为所匿，尚书张百熙虽属世凯姻娅，不能与之抗也。绍仪既得志，复引用其同乡梁如浩、梁士诒、陈昭常等，皆列要位。士骧又引其弟士琦入商部。"④ 种种迹象表明，官员的贪污营私行为扰乱了官场的正常运行，使奔走趋附之人有机可乘，结党营私现象更为严重，最终形成了特定的利益集团。这类利益集团并不以中央或全局为己任，而是为了自身或本集团的利益各自为政，各行

---

① 《论东省宜速创设公务人员考验处调查会》，《盛京时报》，光绪三十三年五月初一。
② 恽宝惠：《清末贵族之明争暗斗》，载《晚清宫廷生活见闻》，北京：文史资料出版社，1982年，第60页。
③ 费行简：《慈禧传信录》卷下，台北：广文书局，1980年，第76－77页。
④ 胡思敬：《国闻备乘》，载荣孟源、章伯锋主编：《近代稗海》第一辑，成都：四川人民出版社，1985年，第269页。

其道，大大分化了清廷的统治，使支撑政权统治的大厦开始崩塌，加速了清廷的灭亡。

陈公博曾在民国期间回溯清末的贪污问题，他说："贪污不是民族性问题，而是制度问题，一个人生出来不是就坏的。因为制度不好，加之风气更不好，久而久之，便变坏了。"① 专制制度可以用严刑酷法来惩治贪污，但对体制自身存在的问题却无法医治。追根溯源，晚清贪污现象严重与中国几千年的封建专制制度有着千丝万缕的关系。在新制度主义理论看来，制度就是约束人们行为的某种规则，这种规则是历史积淀并通过不断完善而逐渐定型下来的，它并不是某些掌权者可以预先设定和操控好的。"有效的制度是在社会中出现了问题、矛盾与困境以后，作为解决问题的手段与办法而产生的，这是一个适应环境的不断的试错过程的结晶。"② 与之相反，当制度不足以应对社会中出现的各类问题和矛盾的时候，便出现了有利于贪污舞弊的条件和机会，贪污腐败得以泛滥开来。在这种制度下，权力集中现象严重。当权力高度集中和缺乏必要的监督的时候，就会导致腐败，"绝对权力导致绝对腐败"③。随着权力的高度私有化，这就出现了"苏丹式政权"统治模式。"在这种政体下，当权者甚至可以在完全不受传统习俗与惯例的约束的情况下来行使权力。"④ 按照"苏丹式政权"统治模式的标准，中国的封建专制制度接近这一统治类型。这种模式类似于古埃及金字塔的建构，越到权力顶端控制的人越少，政权皆取于上。君主以宗族大家长的身份行使对全国的政治权力。在当时，宗法观念已经成为社会各界普遍认可的一种政治理念。宗法理念"不仅在实际政治中具有可操作性，而且在现实层次上直接肯定了王权的唯一性和绝对性"⑤。权者，君之所独制。这正是封建专制制度的核心要义。专制制度存在着一个密不可分的宗法人身依附关系，君主作为宗法制的父权大家长，具有绝对的政治权威。君臣之间、上下级之间存在着严格的政治差别和政治隶属关系，下级必须完全听

①陈公博：《中国贪污政治的来源》，《地方行政》，1944年第5期。
②萧功秦：《中国的大变型——从发展政治学看中国变革》，北京：新星出版社，2008年，第176页。
③阿克顿著，侯健、范亚峰译：《自由与权力》，北京：商务印书馆，2001年，第342页。
④萧功秦：《中国的大变型——从发展政治学看中国变革》，北京：新星出版社，2008年，第179页。
⑤刘泽华：《中国的王权主义：传统社会与思想特点考察》，上海：上海人民出版社，2000年，第226页。

命于上级，最终的抉择权归于君主，上下等级的界限是无法逾越的。君权作为私有权力，有时甚至可以凌驾于规章制度之上。"监察机构虽然作为皇帝的'耳目之习'，相对百官而言，是一个权力机关，对皇帝而言仅仅是一个职能部门，它只不过是皇帝借以控制百官的工具。"① 法律的推行亦取决于君主专制权力的决断。换句话来说，规章制度和法律法规只有在君主授权的情况下才能起到作用，否则很难加以推行。当由君主个人的欲望来控制和决定规则的实施时，大小官员皆须秉承君主的意旨行事。下级官员往往为了迎合上级的喜好和需要，采取非正当和非正常手段，以取得各自政治利益和物质利益的统一与平衡。贪污就是这种封建专制制度衍生出来的一种特殊的社会现象。虽然有各类规章法条惩治贪污，贪污仍如野草一般顽固，总能抓住时机蔓延重生。上至最高统治者，下至基层官员都不得不默许贪污行为的存在。

到了清朝最后几年，这种"苏丹化政权"现象还表现在庇荫网络的出现和盛行。清廷的统治者为了重新树立政治权威，着手进行了一系列改革。在改革的过程中，皇族亲贵纷纷登上政治舞台，并占据了中央各部的重要职务。以庆亲王奕劻为总理的责任内阁建立后，"亲贵之攘权争利日益加甚，若惟恐覆亡之不速者"②。清廷排斥异己、任人唯亲，形成了代表皇族亲贵利益的庇荫网络。这种关系网络以私有权力和私人效忠为基础，不受规章制度的约束，为贪污提供了得以存在的土壤。"苏丹化政权"任人唯亲的原因，"一方面是统治者不信任亲族朋党之外的任何其他人，他们采取这种办法以求保护自己的权势地位与人身安全。另一方面，是他有足够的势力去为所欲为地任用私人，而不受到制度上的约束"③。清廷任用私人，希望积蓄各皇族亲贵的力量，维护其统治权威。这种建立在私人关系基础上的政权模式，重私德而轻公德，重私谊而轻公论。在这样的政权统治下，夤缘附会成为通途，结党营私被视为常态，贪污腐败现象发生得更多更频繁。随着贪污成为社会普遍现象，对贪污的惩治和处罚力度降低。清末最高统治者和高层官员鲜少有人不参与营私，形成了一个自上而下的贪腐政府。总体说来，清朝的制度缺陷是造成贪污严重的根本原因，即便三令五

---

①王春瑜主编：《中国反贪史》，成都：四川人民出版社，2000年，第1166－1167页。
②徐一士：《凌霄一士随笔》，太原：山西古籍出版社，1997年，第517页。
③萧功秦：《中国的大变型——从发展政治学看中国变革》，北京：新星出版社，2008年，第181页。

申地加以制止和防范都不能彻底根治贪污。

二、监察体制的式微

为了遏制官员的贪污行为，清朝统治者设立了专门的监察机关——都察院。都察院属于从一品衙门，专门负责纠察各类政治阙失，有监察官员贪污行为的权力。清朝统治初期，都察院在监察官员方面尚能行使职权；但到了统治后期，随着贪污腐败现象的增多，官僚群体的日趋腐化，作为监察机关的都察院亦不能完全行使监察权，作用趋于弱化。

孟德斯鸠在《论法的精神》中指出："每个有权力的人都趋于滥用权力，而且还趋于把权力用至极限，这是一条万古不变的经验，若要防止滥用权力，就必须以权力制约权力。"① 在中国古代各个政权的权力制衡过程中，监察机构起到了抑制、平衡权力的作用。同时，监察机关也能相应地体现公意。"正如公意的宣告是由法律来体现的，同样地，公共判断的宣告就是由监察官制来体现的。公共的意见就是一种法律，监察官就是这种法律的执行者；并且监察官也照君主的前例那样，是只能应用于个别的情况的。因此，监察官的法庭远不是人民意见的仲裁者，它仅仅是人民意见的宣告者；只要脱离了人民的意见，它的决定就是空洞的、无效的。"② 对于谏官的重要性和重要作用，宋人欧阳修论道："士学古怀道者仕于时，不得为宰相，必为谏官。谏官虽卑，与宰相等。天子曰不可，宰相曰可；天子曰然，宰相曰不然，坐乎庙堂之上，与天子相可否者，宰相也。天子曰是，谏官曰非；天子曰必行，谏官曰必不可行，立殿陛之前，与天子争是非者，谏官也。宰相尊，行其道；谏官卑，行其言。言行，道亦行也。"③ 欧阳修眼中的谏官有与天子争是非的权力，体现着士大夫群体的意志和想法。无论是庙堂之内还是庙堂之外，都能听到谏官异于常人的高亢之音。

古代中国的都察院被称为御史台，明清时期改为都察院。清朝的都察院基本延续明朝的监察体制，属于中央级别的监察机关，与吏、户、礼、工、刑、兵六部的级别等同，长官称为左都御史。"御史之名创自周官，汉唐以来递有增减"④，"其初制满员一品，汉员两品。顺治十六年并改二品。

---

① 张雁深译，孟德斯鸠著：《论法的精神》，北京：商务印书馆，1993 年，第 76 页。
② 何兆武译，卢梭著：《社会契约论》，北京：商务印书馆，2005 年，第 163 - 164 页。
③《欧阳修全集》上册，北京：中国书店，1986 年，第 479 页。
④《钦定台规》，凡例。

康熙六年仍升满员为一品，九年并定为二品。雍正八年升从一品。左副都御史，正三品，俱满汉二人。"① 从都察院的长官品级逐渐提升的过程可以看出，清朝统治者对这个监察部门的重视。作为监察机构，都察院在设立之初就秉承着对"政事背谬及贝勒大臣骄肆慢上"② 行为直言不讳的职责，监察政治得失，专事国家风纪，检验官员品行优劣，其所属包括六科、十五道、五城察院、宗室御史和稽查内务府御史处等单位。六科系吏、户、礼、工、刑、兵，掌查验官府的公事。

六科的长官为六科给事中，正五品，设满汉官员各一人，"初沿明制，六科自为一署，给事中无员限，并置汉军副理事官"③。在职责方面，六科给事中除了要掌发科抄，对各部传达内阁的指令外，还有监督百官的职责。十五道是按照省治划分出的地方监察机构，包括京畿、河南、江南、浙江、山西、山东等十五道，"掌弹举官邪，敷陈治道"④，并负责核查各省的刑名案件，负有监督地方官员行为的职责。十五道的职官设有满汉监察御史各一人，各道无定员。清末官制改革，将十五道改为二十二道。其中，六科和十五道是都察院的核心，也是整个中央监察系统的核心，"御史是台官，给事中是谏官，故科道又可以称之为台谏"⑤，两个部门各有特点，从不同方面进行监督，规范官员的行为。五城察院为稽查京师地区的专门监察机构，分为中、东、西、南、北五城，每城设一衙门，称为察院，其执掌为科、道中派遣，每年更换一次。五城察院具体执掌五城十坊之中的刑名案件，并宣讲皇帝诏令，对百姓进行宣传教化。此外，清朝还设有宗室御史处和稽查内务府御史处。"宗室御史处初设于雍正五年，又名'稽查宗人府衙门'，由十五道的宗室御史二人监管，一人掌印，一人协理，下设经承三人，主要掌管稽查宗人府事务。"⑥ 稽查内务府御史处又称"稽查内务府御史衙门"，主要对内务府所属的各司、各院每年用过的钱粮数目的账单进行稽查。

清朝历届统治者十分看重监察御史的作用，并赋予御史广泛的职权。

---

① 赵尔巽主编：《清史稿》第 12 册，115 卷，北京：中华书局，1976 年，第 3301 – 3302 页。
② 赵尔巽主编：《清史稿》第 12 册，115 卷，北京：中华书局，1976 年，第 3303 页。
③ 赵尔巽主编：《清史稿》第 12 册，115 卷，北京：中华书局，1976 年，第 3307 页。
④ 赵尔巽主编：《清史稿》第 12 册，115 卷，北京：中华书局，1976 年，第 3302 页。
⑤ 高一涵：《中国现在是否有恢复御史制度的必要》，《晨报》，1925 年第七期。
⑥ 张德泽：《清代国家机关考略》，北京：学苑出版社，2001 年，第 121 页。

归纳起来，清朝御史的职责主要包括："掌司风纪，察中外百官之职，辨其治之得失，与其人之邪正；率科道官而各矢其言责，以饬官常，以秉国宪；率京畿道以治其考察处分辩诉之事；大政事下九卿议者则与焉；凡重辟，则会刑部、大理寺以定谳；与秋审、朝审；大祭祀则侍仪，朝会亦如之，皇帝御经筵亦如之，临雍亦如之。"① 弹劾官吏的违规行为，历来是监察御史的一项基本职责，也是朝廷所孜孜以求的官吏互相约束的一种最佳状态。清末东阁大学士陆润庠认为："台谏一职历代视为重要，虽权臣恶其害己，亦不敢轻议更张，东西各国方赞美之，以为中国善政莫过于此，诚以朝廷耳目之官所以巩固君权，凡政治之混浊、民生之疾苦无不可直达御前，故天子深居九重之中，而精神烛照万里之外，彼贪官污吏绅奸巨蠹有所忌惮而不敢肆者，畏言官发其覆，而朝廷正其罪也，有御史而后朝廷尊。"② 可见御史在历代政治建设中的重要作用。御史能够不畏权贵，仗义直陈，在揭发官员的过程中允许风闻言事，弹劾范围"上至诸侯，下至诸臣"，涉及官员官品、人品等诸多方面，如有弹劾不实，例行从轻惩处，足见清廷对台谏的优容和眷顾。清廷历来重视广纳言路。"康熙年间圣神莫如我圣祖，而独孳孳下诏求言如恐不及，至有广开言路焉圆治第一要务之谕。文宗穆宗朝凡有陈奏切直者焉不优诏，故能削平大难，驯致中兴。况现在新旧代谢，法令纷更，救弊补偏正资献替，且大政既公诸兴论朝廷之耳目，尤不可不力求开张藉祛壅蔽，应请严饬各科道及例许专折奏事，各员如有见闻均须随时敷陈。政事之阙失，民生之休戚，臣工之不法，并得直言无隐。"③ 表现出一直以来对监察御史的寄望之高和对其作用的肯定。

都察院作为朝廷的耳目之官有监察文武官员，整饬风纪的职权，对于官员的贪赃枉法行为有纠参的权力。但是，"汉官制有曰谏议大夫，盖即谏且议也。故当时国有大事，必集议，洪容斋述之详矣。今之谏官，则有谏而无议，岂古意乎？"④ 清朝的监察御史只有谏言权，并没有议政权和谏行权。对于官员的贪污行为，御史只能向朝廷弹章上陈，并不能左右上方的决断。至于处置结果如何，还要看清廷的查办情况，一切皆须秉承君主决

---

①《都察院》，光绪《大清会典》卷六十九。

②《奏为厘订官制敬陈管见事》，第一历史档案馆，档号 04-01-01-1111-039。

③陈善同：《陈侍御奏稿》，载沈云龙主编：《近代中国史料丛刊》第二十八辑，台北：文海出版社，1966 年，第 342 页。

④孙宝瑄：《忘山庐日记》下册，上海：上海古籍出版社，1983 年，第 989 页。

断。可见，都察院虽然被授予监察权，但在很多时候却受到君权的制约和影响，事实上不能真正行使监察权。慑于当权者的权势和威力，很少有御史敢于发表自己的意见，多秉承上意进行纠参。正如时人所论："自光绪以来，政尚宽大，上下师师，习为软熟圆美。言路弹章，必阴伺朝廷已厌之人，而后敢发。……狐死兔悲，官官相护，无论如何狼藉败露，弃此一官，了无余惧，水懦易玩，伤人实多。"① 在君权的约束下，监察御史很难有自己的声音。中国古代的监察御史距离民意的执行者相去甚远，亦不可能完全背离君主的意志行事，起到的作用也受君主专制的限制。

另外，御史的行为属于个人行为，可以根据个人意愿行之，带有很大的个人倾向性。清代对御史的行为缺乏有力的规范和监督，弹章水平自然参差不齐。虽然清律对言官贪污有罪加二等的规定，仍有御史为一己之私不惜滥用监察权，贪赃枉法。"御史制度固然可以使一个好人，独立地行使监察权；可是又何尝不能使一个坏人，独立地妄用监察权？"② 特别是满籍御史，无论才学和品行都不及汉籍御史，自我约束能力不强。恽毓鼎曾记录了两则关于满御史滥用监察权的例子，一为："满御史阿查本，素以讹诈人为事。近令其子串同地棍张姓、杨姓，向少蘅索四百金，以礼拜寺粥厂有弊为辞，当面诈赃，肆无忌惮。去岁阿查本疏劾天津海会寺僧人，得贿数百两。真乌合败类也。满御史向不考试，又无出路，各衙门司员之阘冗者乃送御史，宜其不自爱乃尔。"③ 另一则事例为："永清朱佑三孝廉（槐之），予旧交也。县革吏潘姓与有怨，勾结佑三旧仆，以五十金贿御史荣寿上疏诬佑三为会匪。廷寄交府尹查办。李大京兆竟派委员将佑三拿解过京。同乡官大哗，欲递公呈。钱侍御（能训）力言于兼尹徐公，事乃解。胥吏之奸恶，满御史之昏贪，府尹之迷谬，佑三遂几受其害焉。"④ 针对御史的贪污行为，《大公报》揭露道："闻谏垣人云，此次瑞子良侍御贿卖参折，罗织多人，有玷清班，颇为全台所不齿，张总宪以瑞终年不鸣一语，乃忽焉上此奏折，其中不无可疑，故甚鄙其为人。"⑤ 对于御史滥用监察权的行为，大臣那桐甚至毫不掩饰心中的不屑，他说："以前确有几位铮铮有名的

① 陈灏一：《睇向斋秘录（附二种）》，北京：中华书局，2007年，第65页。
② 高一涵：《中国现在是否有恢复御史制度的必要》，《晨报》，1925年，第七期。
③ 恽毓鼎著，史晓风整理：《恽毓鼎澄斋日记》，杭州：浙江古籍出版社，2004年，第232页。
④ 恽毓鼎著，史晓风整理：《恽毓鼎澄斋日记》，杭州：浙江古籍出版社，2004年，第268页。
⑤《瑞侍御将来之考语》，《大公报》，宣统三年四月十八日。

御史，现在可以五十两银子买一参折，供人利用，卑鄙到这样，那配称饱学之士！"① 御史处于封建官僚体系中，与其他官员的利益休戚相关。随着整个官僚群体日趋走向腐化，监察御史也很难做到独善其身。他们的官衔不高，俸禄微薄，又没有强有力的后盾作支撑，朝中大员很容易掌控他们的升迁命运。因此，敢言之御史往往望而却步，不敢畅所欲言。偶尔出现几名仗义执言的御史，亦因触犯权贵受到贬斥。例如，"当奕劻父子之专权也，撄其锋者立糜碎。时台谏中有三霖焉，均矫矫不阿者，湘赵启霖、闽江春霖、桂赵炳麟是也。赵启霖首揭其奸，革职；江春霖继之，回原衙门。两君虽鼓勇直前，捋虎须而探虎子，奈负嵎已固，终不能挫其威，而两君均回籍矣。惟赵炳麟未忤巨奸，幸而得保（按前三君时，有蒋侍御式瑆劾奕劻贪秽事，回原衙门）。"② 既有蒋式瑆、赵启霖、江春霖这样铁骨铮铮的御史，当然也有御史为了个人私利，不顾名节妄意参劾臣僚，出现了"言官有为人言而言者，有受贿而陈奏者，有报私仇而颠倒是非者"③ 的现象。甚至有人"意听不欲，即行弹劾。倘遇势要之人，纵知其贪贿，亦不肯纠参"④，完全以个人好恶为弹劾标准。御史本肩有监督官吏贪污之任，却丝毫不顾及身份与形象，为一己私利以权谋私，付诸贪污，御史的铮铮形象也因此大打折扣。

再有，有的御史参劾官吏不明事实，经常出现张冠李戴的现象。例如："江西道监察御史赵熙，奏参吉林巡抚陈昭常，而误为黑龙江巡抚，且误昭为照，致被申斥。广东道监察御史胡思敬奏参：'陆润庠请假修墓，为目击国事艰难有心规避，否则何不令其子陆大坊回籍云云。'奕劻阅而笑曰：'陆大坊系前都御史陆宝忠之子，该御史于此等事尚闹不清楚，所言尚足信乎？'都下传为笑柄。"⑤ "那桐在军机处阅御史胡思敬奏劾大学士陆润庠一折，出语人曰：'陆大坊兼祧凤石中堂矣。'……胡氏既李代桃僵，宜那氏之恶谴，亦可见官场笑话之多矣。"⑥ 御史本许风闻言事，但这样连基本事实都弄不清楚就妄加弹劾，闹出了官场中的大笑话。从实质上说，失去了

①曹汝霖：《一生之回忆》，香港：春秋杂志社，1966 年，第 78 - 79 页。

②小横香室主人：《清朝野史大观》第二册卷八，北京：中央编译出版社，第 829 页。

③《光绪朝东华录》，第 230 页。

④《光绪朝东华录》，第 293 页。

⑤小横香室主人：《清朝野史大观》第二册卷八，北京：中央编译出版社，第 829 页。

⑥陈灜一：《睇向斋秘录（附二种）》，北京：中华书局，2007 年，第 37 页。

监察百官的本意，与监督百官的初衷相去甚远。这不单单是御史的误认，而是御史缺乏作为言官应有的常识的一种表现。"盖清末言官，大抵日事酬酢，酒酣耳热，辄相与议论某也不法，某也失败，往往撷拾细故书诸疏，逞一时快意。被劾者皆广通声气，莫可如何也。"① 究其原因，在一定程度上是由于清廷对御史的行为约束不力、考核不周，没有制定切实可行的纠劾标准和准则，更由于御史耳濡目染于当时的官场习气和社会风气，很难做到洁身自好和独善其身。

清末裁撤都察院的风波一直不曾停息，早在考察政务大臣归国酝酿改革之时，裁撤都察院的主张就已被提出。考察政务大臣端方等吁请"改都察院为集议院"，"以国会既难骤开，若不设此机关，则宪制终难成立，不如先立此院以为练习之区"②。这一意见受到清廷的重视。在官制改革的过程中，对于传统的一些部门如礼部、户部、吏部、军机处等进行改革，都察院亦在改革之列，有官员上奏提出裁撤都察院改设议院。都御史陆宝忠，副都御史伊克坦、陈名侃等奏请改都察院为国议会以代下议院，用大臣保荐为议员，以代国民投票。

面对裁撤危机，御史们人人自危，诚惶诚恐。为了挽回被裁的命运，御史们据理力争。御史江春霖明确提出："东西皆立宪国，即皆有议院国，而犹交口称之，则议院虽立，都察院尚不宜轻改，而议院未立之先更无论矣……夫自都御史至监察御史六十七人耳，果能立宪法，设议院，政平讼理，官清民安，则四百兆之众皆已醉饱太平矣，岂六十七人置散投闲，独忧穷饿乎？倘或宪法未能遽立，议院未能遽设，则匡正弹劾一日必不可无，……就谓意在省费，都察院公费津贴合计仅七万金。朝廷增一衙门，办一新政，皆靡巨帑，亦何惜此区区七万金，不以留特色交称之制度，而顾烦患得患失为耶？且都察院与议院似同而异：言官保自大臣，议董则必由公举；言官不拘省分，议董则以人定额；言官奏事不时，议董则会集有定；言官据理论事，议董则但从多数；言官封章可用单衔，议董则领班必推首领，非首领不得面奏，此皆体制截然不容相假者"③。御史赵炳麟亦称："夫

---

①陈灏一：《睇向斋秘录（附二种）》，北京：中华书局，2007 年，第 118 页。

②端方：《清改定官制以为立宪预备折》，载《端忠敏公奏稿》，台北：文海出版社，1967 年，第 736－737 页。

③江春霖：《江春霖集》上册，马来西亚：马来西亚兴安会馆总会文化委员会出版，1990 年，第 97－99 页。

都察院今日不可骤撤者，正以国会权力尚未巩固耳……尚赖有都察院风闻弹事，藉君上之威灵，拯民间之疾苦。倘混而一之，人将以国会合议为词，禁止言官专折奏事。"①

大学士陆润庠进一步指出议院和都察院的异同，并奏请保留都察院，曰："乃谓既有国会将来且设行政裁判，不必复有言官，岂知议员职在议法，言官则职在击邪。议院开会不过三月，言官则随时可以陈言，议员牵于众论必待多数人议决而成一举，言官单衔具折，以风闻言事秘密章奏，人莫闻知，且行政裁判系定断于事后，而政事以有差池。言官则举发于事前，而失误每多补救，臣以为言路与议院有相成无相妨也。即谓言官不尽得人所言未必当。夫言官不尽得人与议员之不尽得人一也，议院不能以不得人而不设，言官岂能以不得人而独裁，且言官参劾尚需查办条陈，悉听圣裁。日前御史陈善同参劾苏藩应德闳署任一事，睿断严明，中外钦悚，苟无言官，皇上安得而闻之，此谏院有益于国家之明证也。日本留学生之言截足适屦，不谙局势，其论多失于偏，谏院议裁尤为谬说，伏望宸衷独断，留此一官以存清议，即他时国会成立亦宜使该院独立，勿为异说所淆。"②

《申报》对都察院是否裁撤问题进行报道指出："政府前因都察院所从职务强半在弹劾行政大臣，与资政院权限大致相同，久拟另筹办法。兹闻现已将此议搁起，缘都察院之弹劾究系发表一人意见，与资政院合议制性质不同，且当资政院创办之初，一切规模未备，骤有更易，殊于言路，有拟应暂行两院并立以收兼职之效矣，将来宪政完全，上下议院成立之后，再行核定。"③

时人有段关于都察院裁撤危机的生动记载，谓："清光绪之际，改订新官制，命奕劻、孙家鼐、瞿鸿禨总司审理，并令诸大臣会议。第一次会议之际，袁世凯主裁都察院，孙与争甚烈，不欢而散。第二次会议，孙不到，惟书片纸送往，中有'都察院之制，最不利于雄奸臣慝，亦惟雄奸臣慝，最不乐有都察院'数语。举座为之失色，都察院遂得保存。"④ 这段记载看似轻描淡写，实则道出都察院的生死存亡危机。虽因各界的极力倡留而得

①赵炳麟：《赵柏岩集》上册，南宁：广西人民出版社，2001年，第458页。
②《奏为厘订官制敬陈管见事》，第一历史档案馆，档号04-01-01-1111-039。
③《申报》，宣统元年十二月二十日。
④徐一士：《亦佳庐小品》，北京：中华书局，2009年，第284页。

以保存下来，都察院仍然处境尴尬，谏言得不到认可。清廷一方面要求监察御史据实直陈，"如有未当，必不加罪"，同时责令他们纠参"需实指奸贪，若结党行私，肆行陷害者反坐"①。这样的规定常常置御史于两难境地，言与不言皆有可能遭到惩处。到了清末，屡有御史因触犯亲贵重臣遭到申饬和革职，言路衰微。对于朝中言路由盛及衰的变故过程，身为御史的胡思敬有切身的体会，他说："恭亲王奕当国时，太后示以谏章，辄叩头曰：'我辈当自省，毋令外廷多言。'故当时鲜有败德。穆宗既亲政，念两宫训政之劳，欲修复圆明园以资颐养。辞非不顺也，言者交章谏阻，颇以土木为戒。最后御史游百川一疏，言尤悚动。穆宗召百川入，告以内情。百川曰：'无已，则西苑犹近宫中。'即南海子也。穆宗佯为不解，取御笔令百川书之，怀以谒两宫，意欲借外廷清议以罢此役。当时视言路之重如此。光绪时仍循用旧法，虽末年不改。故蒋式瑆参奕劻寄私贿于汇丰银行，命鹿传霖查办。赵启霖参奕劻父子受贿营私，派孙家鼐查办。未尝不示天下以公也。至载沣摄政之初，江春霖以参奕劻被斥，旋告养去，士林互相褒重，作为诗歌，祖饯无虚日。报馆又极力张扬，朝廷丑声大播。自是凡言路章奏稍有关系者，悉留中不发，亦不谴及言者。于是老于谏垣者若左绍佐、陈田诸人皆噤不发声。唯新进入台者锐欲以言自见，时一上陈，久亦稍稍厌矣。"②

综上所述，都察院既身受封建专制体制的制约，又面临内部萎靡不振、分流腐化的瓶颈，更遭遇前所未有的裁撤危机，监察御史行事更加畏首畏尾，发展到最后几近噤若寒蝉。晚清都察院裁撤危机反映出传统言官制度的困顿。在社会变革时期，旧的社会制度、社会构成必然受到冲击和碰撞，而由此引发的辐辏映射出时人的心路变迁。都察院虽然得以保留下来，但是其作用更加微乎其微，在清末时局的激变过程中，逐渐形同虚设。这样一个不健全、不完备、不独立的监察体系显然很难起到监督官员贪污行为的作用。都察院作为清朝的监察机关对贪污腐败显得力不从心、软弱无力，失去了其一直以来监察百官的权威，到了后期几乎形同虚设。监察体制的式微暴露出清廷积聚已久的统治危机以及政治权威的丧失，是清廷日趋走

①《大清五朝会典》（二下），北京：线装书局，2006 年，第 1884、3762 页。
②胡思敬：《国闻备乘》，载荣孟源、章伯锋主编：《近代稗海》第一辑，成都：四川人民出版社，1985 年，第 300 页。

向衰亡的个中表现。

三、惩贪法律方面的缺失

为了规制贪污，中国历朝历代都有相应的法律规范，遵循着"严治贪污"的原则，并不断完善相关的规章条款，以此作为打击贪污腐败行为的有力武器。明清时期是中国封建社会的后期，立法方面发展得比较全备，关于贪污的立法多承唐、宋，但较之前代要系统一些。清朝作为中国最后一个封建王朝，兴起于东北地区，其创建者系建州女真的首领努尔哈赤及其子皇太极。在关外驻扎期间，"刑制尚简，重则斩，轻则鞭扑而已"①。涉及贪污方面的法律并没有一个具体的量刑标准，带有强烈的军事管制色彩，"有罪则或杀，或囚，或夺其兵权，或夺其妻妾、奴婢、家财、或贯耳，或射其胁下"②。清朝建立后，原有的约定准则不能适应统一国家的需要，遂在顺治年三年（1646年）制定《大清律例集解附例》，即《大清律例》，另附以集解和条例。《大清律例》脱胎于《明律》，采用"以刑为主，诸法合体"的形式，在条款上以刑事法律规范为主，由于较前代没有创新，历来对之评价不高。但由于这部律法是在清军入关后的特殊时期制定的，对稳定当时局势，规范与加强全国的统治亦有重要作用。

清朝在政局稳定下来以后，开始着手修订《大清律例》，经康熙、雍正、乾隆三朝修订基本编制完成。《大清律例》与《明律》同，分为名例律、吏律、户律、礼律、兵律、刑律、工律7篇，47卷，30门，共436条，附例约1409条（乾隆五年律）。在遏制贪污方面，与《明律》不同之处在于内容上规定得更为详细与全备，量刑方面废除了许多酷刑，法条规定也较为完备。清朝的惩治贪污法规设置主要集中在《大清律例》和历代颁布的谕旨上，表现形式为律和例相互结合。其中，"例作为法律规范的一种，是对基本法律规范律的补充。例的原始来源有二，其一是皇帝的诏令，其二是刑部就具体案件所作出的并经过皇帝批准的判决。"③《大清律例》对贪污的界定和惩处主要体现在《吏律》和《刑律》的法条规定中。

清朝按照历代的惯例，将经济犯罪统称为"赃罪"，并有"六赃"的规

---

① 《清史稿》卷一四三，《刑法志》一。
② 郑秦：《清代法律制度研究》，北京：中国政法大学出版社，2000年，第209－210页。
③ ［美］D. 布迪、C. 莫里斯著，朱勇译：《中华帝国的法律》，南京：江苏人民出版社，2003年，第59页。

定。《大清律例》的"六赃"延续前代，包括：监守盗、常人盗、窃盗、枉法赃、不枉法赃、坐赃。"六赃"之一的"监守盗"罪名全称是"监守自盗仓库钱粮"，具体规定如下："一两以下，杖八十；一两以上至二两五钱，杖九十；五两，杖一百；七两五钱，杖六十、徒一年；一十两，杖七十、徒一年半；一十二两五钱，杖八十、徒两年；一十五两，杖九十、徒二年半；一十七两五钱，杖一百、徒三年；二十两，杖一百、流两千里；二十五两，杖一百、流两千五百里；三十两，杖一百、流三千里；四十两斩；三犯者绞。"① 通过这则法令我们看出，《大清律例》对监守者贪污国家财产有着清晰界定，监守者肩负着经营、管理仓库财务的职责，如有贪污或违规操作，便是对国家公务人员秉公职守职责的亵渎，更是利用职务之便利进行的犯罪，按照《大清律例》应予以处罚。"监守盗"在"六赃"中量刑最重，计赃方法采用"并赃论罪"的方式，如 10 个人一起盗取官银 40 两，个人不是按照每人 4 两论罪，而是依照赃银总数 40 两进行论罪，这种"并赃论罪"的方法起到了以儆效尤的作用，同时说明清朝对官员贪污尤为重视。另外，"监守盗"律较《明律》更为宽松，没有《明律》处罚得严厉，体现出清朝重在德治的治国原则。没有监守职责的人员盗取政府财产，称之为"常人盗"。"常人盗"就是今天的盗窃罪，在《大清律例》中，"常人盗"比"监守盗"的量刑轻得多，把二者区别对待，表现出清朝重治贪污的律例原则。

关于职务犯罪，"清律受赃门列有十一条律，基本上是关于贿赂罪的，贿赂罪可以为受贿罪、行贿罪、介绍贿赂罪三种。受赃门内最主要的一条官吏受财律主要是确定受贿罪，又将受财分为枉法和不枉法两种"②。刑罚涵盖了笞、杖、徒、流、死五种，此外还有充军、刺字、枷号等处罚方式。"枉法"即官员收取贿赂并触犯国家法律，"不枉法"则指贪赃不触犯法律。"凡官吏受财者，计赃科断，无禄人各减一等，官追夺除名，吏罢役，俱不叙用"③。对于官吏受财，《大清律例》具体规定如下："受赃一两以下，杖法杖七十，不枉法杖六十；受赃二两至五两，枉法杖八十，不枉法杖六十；受赃十两，枉法杖九十，不枉法杖七十；受赃二十两，枉法杖六十、徒一

---

① 《大清律例》卷二三。
② 郑秦：《清代法律制度研究》，北京：中国政法大学出版社，2000 年，第 244 页。
③ 《大清律例》卷三一。

年，不枉法杖八十；受赃三十两，枉法杖八十、徒二年，不枉法杖九十；受赃四十两，枉法杖一百、徒三年，不枉法杖一百；受赃八十两，枉法绞（监侯、后改实绞），不枉法杖九十、徒两年半。"① 可见，清朝尤重官员贪污渎职。整饬吏治，维护统治阶级的长治久安，是中国历朝历代惩贪立法的基本精神所在。对于行贿罪，清朝法律称之为"有事以财请求"罪，也就是坐赃。清朝对"坐赃"的处罚没有"枉法罪"严厉，体现出《大清律例》"宽严结合"的特点，有其合理的一面。"清朝官员侵贪，只要被揭参，首先就是被革职，查出端倪之后即被抄家，抄家即'籍没家产'，在清朝惩贪时，被作为一种附加刑被广泛地采用。而在行政处罚上对一些失察侵贪的官员，或参与侵贪而涉足不深的官员，则采用革职、停升、分赔、注销议叙免加级等行政处罚。清朝的惩贪刑罚，由正刑、非正刑、行政处罚交织在一起，构建了清朝反贪的行政司法体系。"②

传统的法律机制，总体来讲是以立法的形式为社会提供一条强制性的客观准则，关键在于如何使用刑罚以达到君主对臣民思想、文化、行为的控制，其精神无外乎维护君权统治以及确立上下有别的等级秩序。"国无君不可以为治"③，君主是政权统治秩序的枢纽。尽管法律一经制定完成，君主也应遵守，但君主是社会治理的主体，是文化价值符号的中心，法律不过是君主手中治理国民的一道工具。"普天之下，莫非王土；率土之滨，莫非王臣。"盖"古之法，一人之所私立也"④。君主的权力能够凌驾于法律之上，谕旨可以不受法律限制直接颁布施行，反映出封建社会中君权的至高无上。"在任何时候，皇帝的诏令，无论是皇帝主动颁布还是针对某一新的诉讼案件所作，都可以对具体的律加以修正，有时甚至可以废弃具体的律的适用效力。皇帝的诏令可能只是针对某些具体诉讼案件有效，但有些诏令则可能长期具有普遍效力，还有一些诏令甚至可能被编入法典，进而具有律的普遍效力。"⑤ 以君权为代表的封建集权直接影响到封建法制的运行或搁浅，缺乏行之有效的独立性。因此，可以说惩贪法规受制于君权，

---

①郑秦：《清代法律制度研究》，北京：中国政法大学出版社，2000 年，第 262 页。

②王春瑜主编：《中国反贪史》，成都：四川人民出版社，2000 年，第 1046 页。

③《韩非子·难一》。

④《论官吏违法当弹劾》，《盛京时报》，宣统三年闰六月初九日。

⑤[美] D. 布迪、C. 莫里斯著，朱勇译：《中华帝国的法律》，南京：江苏人民出版社，2003 年，第 59 页。

成为君权的附庸，不能独立地行使司法权，只有经过君主的裁定和抉择才能发挥效力。君权可以凌驾于其他权力之上，带有很大的私有化倾向。这就带动了下属各级行政机关的私有化，这种自上而下的私有权力以牟取私利为己任。作为最高统治者的君主利用政治权力攫取私利，下而推之，官员亦效仿推行。只要这张君臣上下相连的权力网存在，贪污就不会被彻底根除，法律自然达不到惩治贪污的最佳效果。

这样一个惩贪法律体系在清朝统治初期起到了惩戒官员、肃清吏治的积极作用，但到了统治后期，随着政局的日趋败坏，官吏贪污现象逐渐增多，已经无法起到惩治贪污的作用。清末，官员上下贪污之风盛行，各级官员不顾官声名誉和规章法度，不惜侵贪利己。"清制，京官之权重于外吏，而军机大臣以近水楼台，权势尤熏灼。外省督抚、司道年终例馈炭敬，以京官职分之大小，分炭敬之厚薄焉。"① 鉴于内外大臣贪污腐败问题的严重性，清廷遇到惩贪问题，往往是呼声大雨点小，提倡多实行少。仅拿奕劻贪污为例，庆亲王奕劻作为中枢大臣，在慈禧统治后期和宣统时期势力膨胀，时人对他贪污的论述较多，朝中官员也有相关上奏。但这些弹劾丝毫没有动摇半分他在朝中的地位。湖北按察使梁鼎芬曾上奏直言奕劻父子贪污受贿、结党营私："时局危迫，美日有谋我之新舰队，英俄等国有置我三等归其保护之协约，挽回之法莫急于严禁贿赂请托。自徐世昌授东三省总督，驻奉天日本领事获原守一报其国政府，谓：此辈以贿进不足畏。世昌本袁世凯私人，又贪缘奕劻载振父子，得此权位。杨士骧、陈夔龙等以贪邪而任兼圻，梁如浩、蔡绍基、刘燕翼等以行贿而任关道，纲纪荡然。恐自是以后，人知有奕劻、袁世凯，不知有我皇太后、皇上矣。臣于若辈夙无嫌怨，实见外人势力，欺我大清国至此已极。奕劻、袁世凯贪私，负我大清国至此已极。但有一日之官，即尽一日之心，奕劻、袁世凯若仍怙恶不悛，臣随时奏劾以报天恩。"祸福不动其初心，强权或屈于清议。对此奏上谕称：得旨、谢恩折件夹片奏事已属不合。且当此时局日棘，乃不察时势之危迫，不谅任事之艰苦，辄有意沽名，撷拾空言，肆意弹劾。尤属非是。著传旨申饬。② 从对梁鼎芬奏折的处理方式可以看出，清廷对于涉及奕劻、袁世凯、徐世昌等大臣贪污的奏折不予理睬，甚至为了袒护这些大

①小横香室主人：《清朝野史大观》第二册卷八，北京：中央编译出版社，第801页。
②《清德宗实录》卷五百八十。

员对上奏者严加申斥，体现出对待贪污问题所持的一贯态度，是清廷姑息上层官员贪污行为的一个反映。御史范之杰洞悉朝中内情，谓："今在上者但知责一般愚民以守法，而达官权贵实无日不可违法，积习相延，遂令一般守法之人民不得不为不法之事。国家败由官邪也。今不即时挽救，一旦瓦解何堪设想？"① 范之杰一语道出了清末法律推行的艰难。对于那些上层的达官权贵，法律对他们的行为缺乏约束力，贪污枉法行为时有发生。对于那些一般民众，则用法律来约束和控制他们。这与"刑不上大夫，礼不下庶人"有异曲同工之处，显现出官僚群体的优越特权。在这种情况下，惩贪法律很难予以推行。

清廷宣布预备立宪之后，着手制定宪法。为了继续推行其集权主义统治，清廷仿照日本的宪法形式颁布宪法大纲，此举遭到立宪派的强烈反对。迫于各界参政议政的舆情，清廷不得不规定"我国宪法既采取大权政治主义，则与议院政治绝不相容"的主旋律，确定"无论如何，国会之成立不可不俟诸宪法制定以后"，"中国宪法必以大权钦定"②。清廷在这一准则下制定的法律在一定程度上仍沿袭着集权政治的传统，自然无法起到规避贪污的作用。纵有法律法规的存在，在清末这一特殊的历史时期，仍然起不到抑制贪污的作用。

"纵观清律的惩贪条款，可以看到它是集古代有关法律之大成，从古代法律体系本身讲，这些条款是非常严密的了，组成了一张令贪官污吏望而生畏的法网。当然不会有谁认为由此清代的吏治就一定清明，当官为宦者必是廉洁，事实上正是由于制定有这样严厉的法条，才说明清朝官场上恰恰是苞苴盈路，贿赂公行。"③ 特别是到了清朝统治后期，随着整个官僚体系的逐渐腐化，惩贪法规已经无法完全发挥效应。以专制体制为根基的法制，受到封建专制权力的制约和影响。当个人权力凌驾于法律之上时，再完备的法律规约亦无从推行下去。与其说是惩贪法律的缺失，不如说是封建专制制度的弊端，这才是贪污屡禁不止的原因。

---

①《范侍御之罪言》，《盛京时报》，宣统三年闰六月十六日。

②侯宜杰：《20 世纪初中国政治改革风潮——清末立宪运动史》，北京：人民出版社，1993 年，第 400 页。

③郑秦：《清代法律制度研究》，北京：中国政法大学出版社，2000 年，第 269 页。

第二节　晚清贪污现象严重的几点原因

一、俸禄微薄

有清一代官员的俸禄微薄，很难维系政府与官员之间的利益平衡关系，没有哪个官员愿意饿着肚子为政府效力办事。对于俸禄微薄的这一情况，晚清官员孙宝瑄曾一针见血地指出：

"禄不足以养人而横欲责人之廉，是犹欲马之健驰而吝其刍秣也。历观古今，两汉及唐、宋制禄皆厚，至明而始较前代差俭，然正一品犹岁千石，俸钞三百贯。本朝则虽贵为宰相，而岁仅一百八十两俸银，其与元魏之无俸者几相等矣。是故居本朝之官，而能丝毫不妄取者，必人人家境殷实如张伯行而后可。"①

表6.1　清朝文官俸禄定例②

品级	俸银（两）	俸米（斛）	品级	俸银（两）	俸米（斛）
正从一品	180	180	正从六品	60	60
正从二品	155	155	正从七品	45	45
正从三品	130	130	正从八品	40	40
正从四品	105	105	正九品	33.1	33.1
正从五品	80	80	从九品	31.5	31.5

清朝一品大员虽贵为尚书，年薪仅180两白银，以下官员类减，到七品官如知县年薪仅45两，从九品年薪只有31.5两，这点俸银显然无法满足官员一年的用度和消耗。况且，"即以知县而论，尚有幕友，吏役和地方上的小官之类寄生于他，政府是不另给钱的，于是只好让吏役及地方基层人员之类自己去想办法，因之他们对于富者百般勒索，贫者任意留难，或勾通讼棍，借事兴波，或据意罪人，诬板嫁祸，甚或藏觅旧案，抽换卷宗，使是非可以混乱，而本末无从取信。……至于幕友之束修及办公开支，则由知县自己由法外去想办法，于是种种陋款丛生，有地方陋款有中央陋款，

---

①孙宝瑄：《忘山庐日记》下册，上海：上海古籍出版社，1983年，第643页。
②黄惠贤、陈锋主编：《中国俸禄制度史》，武汉，武汉大学出版社，1996年，第541页。

名目繁多，上下其手，可说是贪污方式的合理化"①。清朝的胥吏和幕僚不属于在编人员，朝廷不负责他们的薪俸，这些人的薪俸完全由官员自己负责。清朝各县的县官俸给极少，"而地方的经费收支，更没有预算和决算。我们试问几两银子怎样可以养廉？于是不得不想出一个提成办法，那就是说，收得田赋多，那就提成奖励多，收得田赋少，那就提成奖励少。倘然那一县的田赋多，县知事个人收入也多，国家明知他坐而致富，也不过问。至于那一县收入少，县知事个人收入也少，国家明知他不能温饱，也不怜恤。于是做着贫瘠县分的县官只有碰运气，只有巴结上司，满任之时，由贫瘠的县分调到肥沃的县分，叫做调用，也是开会的包办制度。一个县官既是包办，谁肯在地方办事，因办事是要钱的，在地方多办一事，在个人是多出一钱。反过来说，既是包办，他只有刮削，只有贪污，因为万一他运气碰不上，上司巴结不上，小则贫乏不能养家，大则亏空可以入狱，这是中国文官制度确立，地方预算不确立，而致养成贪污的风气和习惯。至说到武官方面，有所谓驻防，有所谓绿营，每个士兵每月所得不过几钱银子。几钱银子是不够食饭的，何况长官也同样也得几两银子，少不得在士兵们饷项打折扣，于是更是不够了。然而驻防和绿营都有办法，那就是公开的窝娼、庇赌、走私，政府明知而不管，长官更分肥而合作。"② 可见，清朝薄俸的管理体制并没有抑制贪污，与之相反，滋生了权力的滥用，官员恃权贪污现象愈演愈烈。关于这一点，有不少人加以论述。孙中山对这一现象抨击得比较激烈，他说："士惟以科第为荣，彼姓名一登榜上，即有入官之望；于是纵贿当道，出而任事。彼既不能以官俸自养，而每年之贡献于上官者又多，虽欲不贪安可得乎？况有政府以其贪黩之后盾，自非痴骇，更安肯以清廉自矢？且囊橐既盈，则不数年又可斥其一分之资以谋高位，为计之便，无过于此。顾兹民贼，即后日最高级之上官，而一切社会、政治、刑律事件之所由取决者也。夫满政府既借苟且科敛，卖官鬻爵以自存，则正如粪土之壤，其存愈久而其秽愈甚；彼人民怨望之潮，又何怪其潜滋而暗长乎！"③

　　官员为了维持生计和日常的各种应酬、迎来送往，在低俸制度下，除

①萧祖华：《薄俸与贪污》，《狂飚月刊》，1947年第2卷第1期。

②陈公博：《中国贪污政治之来源》，《地方行政》，1944年第5期。

③杨敏之主编：《中国历代反贪全书》，长沙：湖南大学出版社，1996年，第981－982页。

了进行贪污受贿外，就是征收耗羡以供己需。清廷亦意识到低俸政策难以养廉，遂在雍正朝初年实行耗羡归公，充当养廉银发放给各级官员。养廉银遂与正俸并存，成为清朝的薪俸定例。根据《中国俸禄制度史》的统计，总督、巡抚、布政使等官员的养廉银定例如下表：

表6.2　清朝督抚布按等养廉银定例①

（单位：两）

省份	总督	巡抚	布政使	按察使	道员
直隶	15000	—	9000	8000	2000～4000
山东	—	15000	8000	6059	4000
山西	—	15000	8000	7000	4000
河南	—	15000	8000	8444	3893～4000
江苏	18000	12000	苏州9000 江宁8000	8000	3000～6000
安徽	—	10000	8000	6000	2000
江西	—	10000	8000	6000	2600～3800
福建	18000	13000	8000	6000	2000
台湾	—	12000	8000	—	2600
浙江	—	10000	7000	6000	2000～4500
湖北	15000	10000	8000	6000	2500～5000
陕西	20000	12000	8000	5000	2000～2400

清朝的养廉银远远高于正俸标准，总督高出84～129倍，巡抚高出65～97倍，布政使高出32～58倍，按察使高出23～65倍，道员高出14～57倍。其中总督的养廉银最丰厚，巡抚次之，品级越高的官员养廉银越多。清廷为了养廉，制定了高薪养廉的定例。但进入近代以来，财政窘迫、军饷急需，养廉银很难按照规定推行下去。例如，光绪二十年（1894年），户部奏称："筹饷紧要，请将二十一年分在京王公以下满汉文武大小官员俸银，并外省文武大小官员养廉，均按实支之数，核扣三成，统归军需动用。"之后，又因"征兵募勇，需款不赀"，"添练新军，购买船械，用款浩繁"，又递年"再行核扣"②。原本发放养廉银使官员的待遇大大提高，但由

①黄惠贤、陈锋主编：《中国俸禄制度史》，武汉，武汉大学出版社，1996年，第550－551页。
②《清朝续文献通考》卷141，职官二十七。

于一直存在克扣薪饷的现象，官员的实际收入大幅度减少。当时就有官员认为："贿赂公行，已非一日。原情而论，出于贪黩者犹少，迫于穷困者实多。"① 显然，清末的养廉银政策对遏制贪污的作用收效甚微。以至于朝野上下基本认为："非厚其薪俸，不足以禁官吏之贪，而亦不足招致天下奇才异能之士，为我所用。"②

由于清末一贯实行低俸制度，很难予以养廉，加之财政危机，养廉银政策无法正常推行，在政局败坏、风气颓靡的社会氛围下，官员贪污、中饱私囊现象变本加厉。从某种程度来说，薄俸政策对官员的贪污行为难辞其咎。

二、贪污的恶性循环

清朝的官俸低，加之社会风气颓废，卖官鬻爵现象严重，官员趋向贪污的较多，形成了一个以贿养贪的恶性循环系统，这个系统涵盖了清末的官僚体系。"贪污贿赂由个别犯罪向集团化犯罪恶性发展，终使贪污大炽厉禁不能止"③，形成了晚清的制度性腐败。其中，清廷采取的捐官政策对贪污起到推波助澜的作用。"顺治六年，户部以军饷不济，请开监生、吏典、承差等捐纳，从之。此我朝开捐之始。其后康熙十六年征三藩，三十年征噶尔丹，雍正二年征青海，皆开捐例（三藩捐例阅三载停止，收二百余万。北征捐例只贡监、纪级、封典，免保举各项，银数无可考）。乾隆时，有豫工例、川运例（二例所收银皆过千万）。嘉庆时捐例最杂，见之奏报可考者，三年有川楚善后例（收三千余万），六年有工账例（收七百余万），九年有衡工例（收千百二十万），十一年有捐输例（收二百余万），十二年有土方例（收三百余万），十五年有续增土方例（收三百六十万），十九年有豫东例（收七百五十万）。今考吏部铨政别有筹备、武涉二班，列土方、豫东例前，亦必嘉庆时奏开无疑。然则十余年间，九开捐例，亦猥杂甚矣。道光时，英夷扰海疆，浙江受祸尤酷。事平，乃开善后例，银数悉归外销（光绪十三年御史周天御奏言，道光年间曾因河工广开捐例，今查吏、户二部成案，道光无河工新例，或是嘉庆之讹）。发匪乱起，广东、广西、湖南

①《清朝续文献通考》卷73，国用十一。
②《论奉省之十可十不可（续）》，《盛京时报》，光绪三十三年九月十八日。
③郭成康：《18世纪后期中国贪污问题研究》，《清史研究》，1995年第1期。

各设捐局供军需。两广收捐三十六万余金，请奖人数多至一千七百余员。户部虽疑其滥，莫能撤也。咸丰元年奏开筹饷新例，乃悉停湘、粤外捐。光绪捐例与嘉庆同一猥杂。其始法越用兵，有海防例（事在十年），河决郑州，有郑工例（事在十三年），后又有新海防例。庚子之变，同时开三例：一、秦晋赈捐例，岑春煊主之；一、顺直善后捐例，李鸿章主之；一、各省筹办边防捐例，疆吏分任其事，各不相谋。分发既多，外省、内部皆不能容。辛丑七月乃下诏停捐实官，局吏倒填月日，收捐如故。后一年，各督抚筹款困绌，复以实官请。户部以诏墨未干，难于转圜。乃议典簿以上故有官职者准其加捐。既又推广其例，令举贡廪生皆得报捐实官。于是山东河工、广西剿匪、奉天筹边，皆奏准收捐如部库（各省赈捐但奖虚衔，封典者不数）。"①起初采取捐官的做法，是为了平衡官员布局，使官员来源多样化，可是后来政府的动机就完全是出于财政目的。为了卖官，官价往往打九折，在 19 世纪的最后 30 年，捐官总数达 53.4 万名，而在太平军起义之前只是 35.5 万名。② 各地纷繁错乱的捐官政策给社会带来更多的危机和隐患。开捐官之门，纵然能使政府增加大量的财政收入，同时也淆乱了整个官员队伍，打乱了官员的正途进阶之路。官员队伍的紊乱和庞杂大大降低了官员的整体素质，贪污受贿比比皆是。所以到了后来清廷意识到捐官的弊害，下令禁止各地推行捐官政策。到 1911 年，盛宣怀又奏请办皖北赈捐，"自开办以来，报捐者寥寥，系因今年秋有举行文官考试之信，恐捐官后致被淘汰也"③。捐官政策一直与清朝的统治相始终，其弊端也一直存在，影响到清朝官员队伍的质量，对贪污有助推的作用。

下到州县之官，上到督抚尚书大员，鲜少有人不涉及贪污问题。仅拿最底层的州县之官为例："州县衙门之门丁，为有清二百年不可解之大秕政。其名目之为人称道者曰稿案，曰稿签，曰钱粮，曰车马，曰杂务，曰执帖。州县官之由贫士起家者到省后，辄有此辈来为奔走。礼节如何，夤缘如何，皆熟径也。并可以钱为贽，指一项为酬报。稿案最贵，钱粮、车马视其地为断，其余或数百两，如捐官。然官既纳其钱，不能不优容之，甚或月征其所收分润婢姬。故官虽儒雅彬然，此辈多虎而冠，择肥而噬，

---

①胡思敬：《国闻备乘》，载荣孟源、章伯锋主编：《近代稗海》第一辑，成都：四川人民出版社，1985 年，第 238-239 页。

②[美] 费正清：《剑桥中国晚清史》下卷，北京：中国社会科学出版社，1985 年，第 528 页。

③《捐官者寥寥之原因》，《盛京时报》，宣统三年二月初十日。

明目张胆为之。"① 下层官吏的贪污中饱现象更为普遍。"州县杂款报销，尤不可究诘。有曾任直隶之涞水令者，言涞水每年收牛羊税，计共六百两，报销仅十三两，而藩司署费二十四两，道署二十两，州署十四两，余皆官所自得。又月领驿站费三百两，其由县给发，不过五十两，则每年获数千矣。"② 此宗案例极其平常，但却真实地披露了省、道、州、县各级衙门官吏中饱分肥、贪污贿赂的一个惯例。下层官员尚且如此，上而推之，整个官僚体系已经趋向腐败，贪黩奔竞之风盛极一时。这样就形成了一个"以财求官，以官求财"的恶性循环。通过一级一级的链条，下级官员将贪污盘剥而来的资源呈给上级官员，层层递进，最后上呈至最高统治者，形成了一个以贿养贪的官僚系统。这个系统的每个链条都潜伏着危机，都有可能随时崩盘，威胁到国家机器的运行。因为这种利益关系链是不稳固的，是建立在私交的基础上的，一旦某环上级链条断裂，就可能终结这层利益关系。既然利益关系链是不稳固的，贪污就成了攫取财富、获得最大既得利益的一道门径。《大公报》刊文指出："今日之政府诚腐败，腐败至不可收拾。"③ 宣统三年（1911 年），留德中国学生会召开大会，致电国内团体称："当局昏庸误国"，"望鼓国民速谋锄去国蠹，促开国会，立升任内阁，切筹善后，以救危亡"。旋又致书国外各中国留学生会，指出现在消除外患的唯一办法，就是"竭吾内外人民之力，攘臂群起"，"立去朽败无能、妄拥大权而不担责任之军机，断默贪婪恋栈"，"营私利己，仍图总揽大权之首领"④。人们已经对这个贪腐的政府失去耐性，亟求变革，可盼来的却是换汤不换药的皇族内阁。皇族亲贵贪污营私较之前尤甚，清廷最终没能逃脱贪污的恶性循环。

恽宝惠总结清廷灭亡的原因时指出："清末这前后五十年间，除了最后的三年，全是西太后当家作主，政治日趋腐朽，外债山积，贪污成风，人民认为这样的政府，舍革命外，前途已无希望，即使后来的袁世凯，还想做曾国藩，恐也未必能挽救清朝的颠覆。西太后的要钱，还美其名曰'进贡'、曰'孝敬'，差不多全是李莲英当她的纤手。到了宣统年间，人以贿进，公开讲价，不以为怪。一直到袁世凯逼迫隆裕太后禅让，亦是以矩数

① 王锡彤：《抑斋自述》，开封：河南大学出版社，2001 年，第 96 页。
② 徐珂编撰：《清稗类钞》第二册，北京：中华书局，1981 年，516 页。
③《今日政府之真相》，《大公报》，宣统二年一月二十九日。
④《留德学会致东西各国学会书》，《南风报》，第 5 朋。

金钱买通内监张兰德（即小德张），以威胁利诱的手段而告成功。这种受贿风气，由奕訢、西太后开其端，而奕劻、那桐承其末。终致上下效尤，民怨沸扬。迨革命军起，二百七十年之清朝统治，也随之覆亡。"① 这样的一个政局给夤缘附会之人以可乘之机，而对于不会运动之官员，他们则"不得意则落魄长安，书空咄咄。未几而有文官考试信息，则此辈又跃跃欲动，渐有生气，乃文官考试章程尚未发布，而陆军部已裁员矣，邮传部又裁铁路局矣，则又多一班长吁短叹有名无实之京官。"②

三、亲贵用权

一个同舟共济的政治集团不仅能够一致应对外来危机，而且能够携手解决内部存在的社会问题，肃清官纪，整顿官风。慈禧在位时凭借强硬的手腕，尚能使清廷上下协力同心、共应危局。光绪三十四年（1908年）十月二十日，光绪皇帝逝世，"摄政王载沣之子著入承大统为嗣皇帝，著摄政王载沣为监国。"③ 二十二日，慈禧太后因病去世，接替她摄政的是年仅25岁的醇亲王载沣。慈禧离世之前，下了一道懿旨："昨经降谕，特命摄政王为监国，所有军国政事，悉秉予之训示裁度施行。现予病势危笃，恐将不起。嗣后军国政事，均由摄政王裁定。遇有重大事件，必须请皇太后懿旨者，由摄政王随时面请施行。"④这道懿旨将载沣置于权力中心。慈禧之所以立载沣为摄政王，在于他青涩好操控，"若慈禧仍在，则醇亲王之监国，亦不过一空名而已"⑤。与政治经验丰富、擅用手腕控制局势的慈禧相比，载沣缺乏从政的历练和经验，"做一个承平时代的王爵尚可，若仰仗他来主持国政，应付事变，则决难胜任。"⑥ 摄政伊始，载沣并没有如多数掌权新手一样着手稳固政局、笼络人心，而是致力于加强中央集权，掌握各项大权，包括军权、政权、财权，等等。载沣的这些做法不但没有缓和内部纷繁的矛盾，而是造成了晚清最后几年亲贵用权的局面，加速了各地的分崩

①恽宝惠：《清末贵族之明争暗斗》，载《晚清宫廷生活见闻》，北京：文史资料出版社，1982年，第67页。

②《不会运动之京官》，《申报》，宣统三年二月初五日。

③《宣统政纪》卷一。

④《宣统政纪》卷一。

⑤《清室外纪》，第170页。

⑥载涛：《载沣与袁世凯之矛盾》，载《晚清宫廷生活见闻》，北京：文史资料出版社，1982年，第79页。

离析。正如时人所论："当权贵族为了一己之私利，相互间勾心斗角、争权夺利之加剧，亦是促成其灭亡之重要原因。"①

慈禧之所以引载沣入军机，是希望"分奕劻的权"②。载沣当政后，首要的任务就是削弱奕劻这个宗室远支的权力。载沣早年到过德国，目睹"德皇族从幼年时起，就身受极严格军事训练，所以国势那样强盛，早就有心效法。"③载沣受德国军权思想影响，比较重视军队建设。遍观近畿各镇陆军，除第一镇外，全是由袁世凯训练指挥过的。太后若在，袁还有所顾忌；现今没有能钳制他的人，则后患实不堪设想。乃迫不及待，首谋去袁，善者、载泽、铁良或者都是参与密谋的重要成员。④"袁（世凯）看准奕劻平日贪婪无厌，遂以大量金钱投其所好"⑤，奕劻遂与袁世凯结为同盟。因此，袁世凯的去职是对奕劻的变相打击，奕劻因此失去了重要的政治盟友，在载沣等人的打击面前几近孤立无援。因为载沣、载泽等人都把奕劻看成最大的政治对手。对于袁世凯的去职，溥仪回忆道："有人极力保护袁世凯，也有人企图消灭袁世凯，给我父亲出谋划策的也大有人在。袁世凯在戊戌后虽然用大量银子到处送礼拉拢，但毕竟还有用银子消除不了的敌对势力。这些敌对势力，并不全是过去的维新派和帝党人物，其中有和奕劻争地位的，有不把所有兵权拿到手誓不甘休的，也有为了其他目的而把希望寄托在倒袁上面的。因此杀袁世凯和保袁世凯的问题，早已不是什么推新与守旧、帝党与后党之争，也不是什么满汉显贵之争了，而是这一伙亲贵显要和那一伙亲贵显要间的夺权之争。"⑥由此可见驱袁事件背后复杂的政治关系。与此同时，载沣亦着手筹建听命于自己的军队，先后设立禁卫军、海军、军谘处。载沣以代总统大元帅的身份亲统禁卫军，他的两个亲兄弟载洵和载涛，一个手握海军大权，一个掌管陆军的大权，形成了近支皇族兄

①恽宝惠：《清末贵族之明争暗斗》，载《晚清宫廷生活见闻》，北京：文史资料出版社，1982年，第64页。

②恽宝惠：《清末贵族之明争暗斗》，载《晚清宫廷生活见闻》，北京：文史资料出版社，1982年，第60页。

③恽宝惠：《清末贵族之明争暗斗》，载《晚清宫廷生活见闻》，北京：文史资料出版社，1982年，第64页。

④恽宝惠：《清末贵族之明争暗斗》，载《晚清宫廷生活见闻》，北京：文史资料出版社，1982年，第64页。

⑤载涛：《载沣与袁世凯的矛盾》，载《晚清宫廷生活见闻》，北京：文史资料出版社，1982年，第82页。

⑥溥仪：《我的前半生》，北京：群众出版社，2003年，第24页。

弟掌握朝中军事大权的"铁三角"局面。设立内阁之后，清廷改军谘处为军谘府专门管理陆军和海军，且不受内阁约束。奕劻因为此事大为不满，在担任内阁总理后数度请辞。这个军事布局看似稳固，实则危机四伏。载洵和载涛皆不懂军事策略，不通军事筹谋，且年少阅历浅，根本没有能力统帅海军和陆军。后来清廷面对全国各地前所未有的叛乱危机，召开御前会议讨论皇帝退位问题，隆裕皇太后问载涛："载涛你管陆军，你知道咱们的兵怎么样？""奴才练过兵，没打过仗，不知道。"载涛速忙碰头回答。① 从这则实例中看出，载涛等少年亲贵只是纸上谈兵，根本不是统率全军的将才。载沣将军事大权交给他的两个兄弟无疑是埋下了"定时炸弹"，随时有可能因经营不善而影响清廷的发展走向。

　　另一个宗室远支载泽是亲贵争权中的另一个政治派别。"载泽虽由远支宗室过继给惠亲王庶长子奕询为嗣子，因其自幼聪颖，颇得奕譞的怜爱，为之破格乞恩，准其在上书房读书，并且经常不离开北府（奕譞自太平湖迁到甘水桥，就呼为北府）。他的旧学相当有根底，又出洋考察了一次政治，见闻更广。载沣经常称他为大哥，他给出过许多主意，已经说明一准照办，结果听了别人的话，又变了卦。有一次气得他向载沣嚷着说：'大哥为的是你，并不是为我个人打算。'"② 载泽比载沣有政治经验，又有出洋考察的历练，在应对各类政治事件的时候多少显得老到，不像载沣处事那么畏首畏尾，堪称皇族中唯一能够与奕劻匹敌的政治对手。载泽一贯对贪污成性的奕劻没有什么好印象，他经常在载沣面前说奕劻贪污误国，他说："老大哥这是为你打算，再不听我老大哥的，老庆（奕劻）就把大清断送啦。"③ 但载沣虽然身为摄政王，却缺乏任事的主见和魄力，对于载泽的建议，往往是口头答应下来，后来又迫于奕劻的压力不予施行。载沣怯懦软弱的性格很令载泽无奈，但亦无计可施，最终只做到度支部尚书。1911 年，载泽与奕劻为了争内阁总理的席位大打出手，载沣夹在中间甚是无措。一方是老成持重、资历深厚的庆亲王奕劻，一方是年轻气盛有预备立宪"开

①溥仪：《我的前半生》，北京：群众出版社，2003 年，第 44 页。
②恽宝惠：《清末贵族之明争暗斗》，载《晚清宫廷生活见闻》，北京：文史资料出版社，1982 年，第 65 页。
③溥仪：《我的前半生》，北京：群众出版社，2003 年，第 24 页。

幕元勋"①之称的载泽，这两方相互较量，各不相让。奕劻与那桐、徐世昌结为同盟以对抗载泽，载泽则拉拢善于理财的盛宣怀作为盟友以应对奕劻等人的排挤。双方争持不下，最后只得让某宫保出面调解，让载沣"勿为第一次总理"，奕劻的总理席才确定下来②，这场争夺内阁总理的皇室风波也才得以暂时告一段落。载泽虽错失了内阁总理一职，却仍不放过制约奕劻的机会。他明确表示："财政支绌，内阁经费不可过事铺张，则显有裁制之意矣。"③ 对于载泽给奕劻出的财政难题，奕劻表示无可奈何，只好故伎重施，拿原来的"收支不平衡的难关来对付他"④。对于奕劻和载泽之间的矛盾，有洞悉其实情者论曰："庆邸与泽邸之意见日甚。即预算一案谕旨二变，其原因皆由二邸操持所致。外省督抚纷纷陈请追加最力者为北洋，泽邸辄愤然曰此庆邸所为耳。汪荣宝之得协纂宪法差使，咸以为出于伦贝子之力持，其实伦邸不敢坚持，必须派汪以中权之意，不欲有一议员在内也。而泽邸则曰：议员不议员毫与大局无关，或庆邸不欲其人则已去职。资政院弹劾军机时，度支部、财政处总办章宗元大呼当劾领袖。军机颇闻，庆邸殊以介意内阁总理一席，盖决为庆邸无疑。此事极秘极确，新内阁总理决为庆邸，协理决为那、徐两相已成公然之事实。惟朗邸自入军机后已在府派不为涛邸所左右，亦不为泽邸所喜，虽政府有予以内阁上行走而朗邸颇形不允，谓过渡内阁之名不雅，不愿充当，此恐托辞也。伦邸最近见人则表明己之得商部尚书并非运动，亦并不曾自请开去资政院差，有政界某公推测谓系庆邸所主张者也。"⑤ 而且，载泽、盛宣怀"分据财政、交通，高掌远蹠，实奕劻之劲敌"。在庆内阁成立后，"载泽辈即力谋倒阁。其时谙于政情者，多谓继奕劻为内阁总理大臣者必载泽无疑"。载泽为了重新组建内阁，延揽当时的名流，如张謇、郑孝胥等。"謇、孝胥以在野之身，均特蒙召对，载泽力也。张系健将孟昭常，在京办一《宪报》，攻击庆内阁失政最力，其言论颇见重一时"⑥。这样，奕劻和载泽二人的矛盾一直持续到

---

①《考政大臣之陈奏及廷臣会议立宪情形》、《宪政初纲》，《东方杂志》临时增刊，光绪三十二年十二月出版，第5页。

②《庆泽暗潮记》，《盛京时报》，宣统三年三月二十一日。

③《庆泽暗潮记》，《盛京时报》，宣统三年三月二十一日。

④恽宝惠：《清末贵族之明争暗斗》，载《晚清宫廷生活见闻》，北京：文史资料出版社，1982年，第66页。

⑤《庆泽暗潮记》，《盛京时报》，宣统三年三月二十一日。

⑥徐一士：《凌霄一士随笔》，太原：山西古籍出版社，1997年，第635页。

清帝退位。

奕劻与资政院总裁、农工商部大臣溥伦也存在矛盾。例如，在发表内阁章程演说时，奕劻在说至振兴实业时，中间突然停住，向溥伦问了一个问题："贵大臣对于振兴实业之意见究以何者为先，抑皆所注重？"伦贝子答道："据本大臣意见，似以开矿为当务之急。"庆亲王则谓："中国民生凋敝已极，农工商三者自难偏重，然中国为农产国，则改良农务似尤当注意，未审贵大臣以为何如？"伦贝子被奕劻这一激，竟一下子回答不上来，只得"默然"。① 显然，奕劻故意在公众场合奚落溥伦，让他无地自容。溥伦主持的资政院对奕劻进行弹劾，处处掣肘。奕劻对此大为恼火，遂以世续代替溥伦担任资政院总裁，可见皇族内部之暗涌重重。

宗室大臣毓朗历任宗人府左宗正、军机大臣上行走、巡警部侍郎、步军统领、训练禁卫军大臣。宣统二年（1910年）七月，授军机大臣。宣统三年（1911年）四月，改授军谘大臣。毓朗虽然一直在清廷中办理军事，但因属于远支宗室，在朝中孤立无援，只好与载涛结为一派，"这一派是属于军事的，得到载沣的信任"②。毓朗和载泽一样，事事与奕劻作对，在奕劻当上总理大臣之后，二人利用手中的军事权和财政权处处掣肘奕劻，使奕劻无法完整地行使内阁总理大权。奕劻曾向协理大臣徐世昌和那桐抱怨说："某某两亲贵，一则牵制军权，一则把持财政，均于暗中极力排挤，本邸有名无实，将何以担负责任？"③ 这里的某某两亲贵便是毓朗和载泽。鉴于内阁对军政大事不担权责，奕劻"日前演说并未提及军政以示其决不担负责任，海陆军大臣对于此事极不满意，现连与军谘大臣会商以总理大臣若决不担负军事责任，则将来贻误必多拟先提出质问内阁各议案，再行详订。内阁与军谘府之权责闻其所拟质问者曰分四：（一）内阁平时应否筹措海陆军经费，（二）内阁是否确有扩充海陆军之意见，（三）内阁对于海陆军官之置任，（四）内阁对于海陆军战争时之地位。"④ 但皇族力量的加强并没有巩固清廷的统治，相反加速了清廷灭亡的速度。正如时人所论道："满汉之界既融，于是天潢贵胄，丰沛故家，联翩而长部务，汉人之势大绌，

①《庆内阁发表政纲之余闻》，《盛京时报》，宣统三年闰长月初五日。
②恽宝惠：《清末贵族之明争暗斗》，载《晚清宫廷生活见闻》，北京：文史资料出版社，1982年，第64页。
③《庆邸决拟辞退之心理》，《盛京时报》，宣统三年五月二十二日。
④《军谘府将质问内阁之条件》，《盛京时报》，宣统三年六月二十五日。

乃不得一席地以自暖。先是诸皇子读书之所，曰上书房，选翰林官教之。其制较弘德、毓庆稍杀。光绪中叶，师傅阙不补，书房遂无人。近支王公年十五六，即令备拱卫扈从之役，轻裘翠羽，日趋跄于乾清、景运间，暇则臂鹰驰马以为乐，一旦加诸百僚上，与谋天下事，祖制尽亡，中外侧目，于是革命排满之说兴矣。二十年前，嘉定徐侍郎致祥尝语毓鼎曰：'王室其遂微矣。'毓鼎请其故，侍郎曰：'吾立朝近四十年，识近属亲贵殆遍，异日御区宇握大权者，皆出其中，察其器识，无一足当军国之重者，吾是以知皇灵之不永也。'"①

晚清的亲贵用权包含两方面的内容：一为上文所述的皇族亲贵为一己私利相互争权夺利；一为亲贵滥用手中的权力贪污营私。晚清的皇族亲贵除了奕劻属于老成持重派之外，基本都年轻气盛，阅历尚浅，缺乏从政的历练与经验，但这些皇族都无一例外贪婪、好货成性。时人将"镇国公载泽、奕劻、载沣、载涛、载洵称为五大财神"②，是说他们都擅长揽财。奕劻贪污好货是出了名的，其他人如载泽，担任度支部尚书，他的福晋为承恩公桂祥之女，皇太后隆裕的姊妹，故"尝往来宫中，通外廷消息。故载泽虽与载洵兄弟不合，而气焰益张"③，奔走其门者较多，其中以盛宣怀为最活跃。盛宣怀原来对庆亲王奕劻倍加"孝敬"，奕劻寿辰时曾馈赠十万金币的巨额寿礼，以运动邮传部尚书之职。后来见奕劻权势日衰，转向载泽、载洵等人。载泽见"盛宣怀是筹款的好手，遂彼此相互利用，以对抗庆（奕劻）、那（那桐）之排挤"④。载沣的两个兄弟载涛和载洵皆以爱财著称。御史江春霖见外界对涛、洵两贝子议论颇多，曾专门上奏弹劾，奏云："监国摄政以来，崇陵之工，海军之事，以郡王衔贝勒载洵治之。禁卫之兵，军谘之府，以郡王衔贝勒载涛掌之。本根庇远，磐石宗强，与古同符，于今为烈。然而郑宠共叔，失教旋讥；汉骄厉王，不容终病，载在史册，为万世戒。二王性成英敏，休戚相关，料未至循覆车之辙，而慎终于始，要不可不为杜渐防微也。比者道路传闻，臣僚议论，涉及二王者颇多，而

①恽毓鼎著，史晓风整理：《恽毓鼎澄斋日记》，杭州：浙江古籍出版社，2004年，第790－791页。

②陈灏一：《睇向斋秘录（附二种）》，北京：中华书局，2007年，第49页。

③胡思敬：《国闻备乘》，载荣孟源、章伯锋主编：《近代稗海》第一辑，成都：四川人民出版社，1985年，第293页。

④恽宝惠：《清末贵族之明争暗斗》，载《晚清宫廷生活见闻》，北京：文史资料出版社，1982年，第66页。

监国摄政王之令闻，亦为稍减。礼义果使不愆，人言固无足恤，但恐位尊权重，左右近习，或有假借名色之人，则致谤出于有因，即失察议所不免，上负委任，下玷声名，非细故也。"① 但载沣并未因此对载涛和载洵进行告诫，而是选择继续纵容两个弟弟的行为。载洵的贪鄙行为人所共知。光绪三十三年（1907年）七月十三日，他曾毫不避讳地写信给盛宣怀，名义上是借款，实际上是借机索贿，称："密启者，午间畅叙，快何如之。而尚有一言实觉觍然难宣者，则经济之问题也。去岁因遍游欧美归，造筑西式楼一座，共需十余万金，今届观成，修费勉凑大半，尚欠四五数，一时拼挡不易。因思平夙引为知己者唯宫保阁下耳，拟请暂为假贷，俾于接待德储时不致误事。唯平生从未向人启齿，窃恐一经揭露，亦甚难堪，如蒙慨诺，即祈密函缄致，纫感无既。俟有充余，再行缴纳。"② 对于载洵的贪劣行为，就连外国人亦有所耳闻，认为："除了庆亲王以外，北京最腐败的高级官吏要数海军大臣载振（此处有误，应该是载洵，引者注。）亲王了，这是个虚胖臃肿、声名狼藉的家伙，最糟糕的寄生虫。凡是在他访问欧洲期间盛情款待过他的那些列强，他都向它们订购了所谓的'礼节性订货'，把每个国家各种不同类型的舰只都订购上一艘，以致于这些船舰连插销也无法替换使用。这支海军于是被人们说成是'海军博物馆'。"③ 这样，在晚清最后几年，"载洵、载涛等诸亲贵用事，借口振兴海陆军。多事搜刮，人民愁怨，载沣不能制"④。正如金梁所总结的那样："摄政王监国，亲贵用事，某掌军权，某专财柄，某握用人，某操行政，以参与政务为名，遇事擅专，不复能制。各引私人，互争私利。某某为监国所倚恃，某某为太后所信宠。间有一二差明事理者，为所牵率，亦不免逢君之恶时，又并中央集权，兵事、财政皆直接中央，疆吏不复负责。内重外轻，时争意见，国事不可为矣。"⑤ 亲贵们粉墨登场，接连上任，除了争权便是夺利，丝毫没有责任与操守可言。这样一个毫无凝聚力和责任心的统治集团如何能支撑这个濒临灭亡的

---

①江春霖：《江春霖集》上册，马来西亚：马来西亚兴安会馆总会文化委员会出版，1990年，第182－183页。

②陈旭麓等编：《辛亥革命前后——盛宣怀档案资料选辑之一》，上海：上海人民出版社，1979年，第75－76页。

③骆惠敏编，刘桂梁等译：《清末民初政情内幕——〈泰晤士报〉驻北京记者、袁世凯政治顾问乔·厄·莫理循书信集下卷（1912—1920）》，上海：知识出版社，1986年，第739页。

④《清鉴纲目》卷十六。

⑤《光宣小记》，上海：上海书店出版社，1998年，第30页。

清朝？可见，亲贵用权丝毫没有挽救清廷焦灼的内部危机，与之相反，直接助长了贪鄙之风，使官员贪污现象愈演愈烈，官员素质日趋下降，弱化了清廷的统治，最终酿成各地革命纷起的局面。正所谓"革命之事，乃诸王公之自革而已。"①

四、变革中的混乱

清廷自发布变法诏书以来，一直致力于变革旧有体制中的弊端。经慈禧太后的允准，光绪皇帝发布上谕，宣布变法，声称三纲五常为万古不变之理，但政府的统治方式方法可以随着形势的发展而做出改变。清廷自"上年十二月初十日因变通政治，力图自强。通饬京外各大臣，各抒所见，剀切敷陈，以待甄择。此举事体重大，条件繁多，奏牍纷烦，务在体察时势，决择精当，分别可行不可行，并考察其行之力不力。非有统汇之区，不足以专责成而挈纲领，著设立督办政务处。派庆亲王奕劻、大学士李鸿章、荣禄、昆冈、王文韶、户部尚书鹿传霖为督办政务大臣，刘坤一、张之洞亦著遥为参预。各该王大臣等于一切因革事宜务当和衷商榷，悉心评议，次第奏闻，俟朕上禀慈谟，随时更定。回銮后，切实颁行。"② 正如清廷上谕所宣示的那样："今昔情形，既有不同，自应变通尽利。其要旨惟在专责清澄清积弊、求实事、去浮文，期于厘百工而熙庶绩。军机处为行政总汇，尚无流弊，自毋庸复改内阁。军机处已分规制，著照旧行，其各部尚书均著充参豫政务大臣，轮班值日，听拟召对。外务部、吏部均著仍旧。巡警为民政之一端，著改为民政部。户部著改为度支部，以财政处并入。礼部著以太常光禄鸿胪三寺并入。学部仍旧。兵部著改为陆军部，以练兵处太仆寺并入。应行设立之海军部及军谘府，未设以前，均暂归陆军部办理。刑部著改为法部，专任司法。大理寺著改为大理院，专掌审判。工部著并入商部，改为农工商部。理藩院著改为理藩部。除外务部堂官员缺照旧外，各部堂官，均设尚书一员，侍郎二员，不分满汉。都察院本纠察行政之官，职在指陈阙失、伸理冤滞，著改为都御史一员，副都御史二员。六科给事中，著改为给事中，与御史各员缺，均暂如旧。其应行增设者，资政院为博采群言，审计院为核查经费，均著以次成立。其余宗人府、内

---

①陈旭麓：《近代中国社会的新陈代谢》，上海：上海社科院出版社，2006 年，第 38 页。
②《清德宗实录》卷四百八十一。

阁、翰林院、钦天监、内务府、太医院、各旗营、步军统领衙门、顺天府、仓场衙门，均著毋庸更改。原拟各部院等衙门职掌事宜及员司各缺，仍著各该堂官自行核议，悉心妥筹，会同军机大臣奏明办理。此次斟酌损益，原为立宪始基。实行预备，如有未尽合宜之处，仍著体察情形，随时修改，循序渐进，以臻至善。"① 从清廷三令五申地宣布变法上谕可以看出清廷对变法的看重。清廷的变法主要从教育、军事、立宪政体、财政等方面着手，涉及面之广可谓前所未有。由于教育是立国的根本，清廷对教育改革尤其重视和慎重，不仅破天荒地变革了科举制度，最终废除科举制度，而且鼓励各地建立新式学堂和派遣留学生。光绪三十一年（1905 年）建立学部，作为统筹全国的教育机构，指导各地的教育改革。在军事方面，清廷废除了各地的武举，倡导建立新式武备学堂。光绪三十年（1904 年）清廷设立练兵处，并将全国 36 镇军队归练兵处管辖。为了培育军事人才，清廷还专门选派学生赴日本士官学校学习，以备后用。最重要的是政府在逐步将地方军权收归中央。光绪三十二年（1906 年）将兵部与练兵处合并，成立陆军部，由满族大臣铁良担任尚书。清廷在教育和军事方面的改革培育了一大批留学人才，这些人才后来成为新建各部的生力军，其中有些人加入革命党，成为瓦解清廷统治的政治力量。财政方面，清廷一改原来各地财政各自为政的状态，欲将地方财政收归中央。比如，清廷试图统一货币和度量衡，但对于一个庞大又混乱的财政体系来说，做到统一显然十分困难。载泽担任度支部尚书以后，对中央统一地方财政有所推进，如规定只有度支部才有权借外债，地方若要向外国借债，必须经得度支部的许可；中央各个官署筹措的资金需上报给度支部；地方各省份筹措的资金需要进行上报，度支部有权检查各省筹款情况。这些举措受到各省督抚的普遍抵制，度支部的改革并未得到彻底贯彻与执行。政治改革方面，清廷对原有各部进行变动调整，新设商部（后改为农工商部）、邮传部、学部、巡警部（后改为民政部），并对东北三省进行改革。此外，出于加强中央权力的考量，对兼职大员的权力进行大幅度削减，将权臣袁世凯、张之洞调入中央以减其多项兼职。其他方面的改革，包括修订《大清律例》、革除旧有陋习、消除满汉畛域，等等。这些细枝末节的改革起到的作用微乎其微，只不过是装点门面。到了改革后期，清廷欲推行立宪，组建了以奕劻为总理的内阁。

①《清德宗实录》卷五百六十四。

此内阁仍然沿用原班人马，丝毫未显示出改革新意，收效甚微。

纵观这场声势浩大的变革运动，存在许多无法调和的问题和矛盾，凸现出改革中的混乱。首先，在用人行政方面，虽然在改革方案中一再强调用人行政不拘一格，但是仍然循于旧习，旧有的痼疾仍然未被清除。

在官制改革过程中，有不少官员得到破格提拔，存在官员滥保滥用现象，从中滋生出官员奔竞之风，亦出现更多的贪腐事例。"大凡贿赂成风皆起馈遗之细"①。"在上者卖官鬻爵，贿赂公行，坦然无可忌惮；在下者辇金载宝，钻营奔竞，恬然觉无羞耻。"② 显然这类情况违背了清廷不拘一格选拔人才的初衷，这样的用人选才不仅不能网罗真才，而且加剧了朝野上下奔走夤缘的风气。当时就有"商部捷径"和"北洋捷径"的说法，大体是说商部和北洋是为官取富贵的捷径之所在，有谓："京朝议论纷纷，皆称商部为小政府。其时任丞参者，左丞徐世昌、唐绍仪、陈璧，不一年即升侍郎，先后为本部尚书。右丞杨士琦、唐文治，旋升本部侍郎。参议沈云沛旋升吏部侍郎。其余候补丞参，司员起家至大官者，不可缕数。吾乡巨富称萧周，其子弟入京求官，为小人所诱，萧敷训报效十万金，办万生园，徒得京堂虚衔。周雄藩日陪载振斗马吊输至十余万，但派会计司行走而已。倾赀经营仕宦，盖亦有巧拙钝捷之分，非皆操券而获也。"③ 鉴于此，时人痛心疾首地论道："士大夫之无耻者，群媚北洋，以为外援，超取爵位，借新政名目，遂其卖国图利之私，国事将不可救。"④ "辽左设治，俨然析珪，北洋势力范围遂包万里。政府谋国之疏，可为寒心。又，近来疆臣权重势专，朝廷一意姑息，不复能制，尾大不掉，藩镇之祸时见于今。"⑤ 这些事例正是清末改革过程中结党营私、贿赂公行的真实写照。

正如报章所论："科举废而捐纳之例，除而未除，资格破而举主之罚定如未定，遂使奸黠巧滑之流，歧趋轶出，得夤缘利用以便其私。朝野上下纷纷扰扰，乃养成今日夤缘奔竞之恶习。贿赂公行，廉耻丧尽。庚子以前，政府只日趋于腐败，尚无争权植党之风也。自练兵理财之议起，而事有偏

①故宫博物院明清档案部编：《清末筹备立宪档案史料》（上），北京：中华书局，1979 年，第485 页。

②茶圃：《论筹备立宪当先整肃纪纲》，《国风报》，第 1 年第 17 期。

③胡思敬：《国闻备乘》，载荣孟源、章伯锋主编：《近代稗海》第一辑，成都：四川人民出版社，1985 年，第 264 页。

④恽毓鼎著，史晓风整理：《恽毓鼎澄斋日记》，杭州：浙江古籍出版社，2004 年，第 283 页。

⑤恽毓鼎著，史晓风整理：《恽毓鼎澄斋日记》，杭州：浙江古籍出版社，2004 年，第 348 页。

重，实权乃日趋于一部分。负总揽之任者，才德不足以副之。而桀黠者，乃乘间利用，以为傀儡。投其所好，苟苴馈献，不绝于途。用人黜陟之大权，遂操纵之。然势力之营谋，谁不如我？乃各运用其手腕之力，以相篡夺，于是党派乃起。然其党派，又不在争政见而在争私人。故掌派之强弱，以得私人之多少为比例。稍有名誉之时流，与东西洋之毕业学生，无不捷足以罗致。夫罗致而尽为真才而尤可也，不知真才必迴翔审顾而始下，未可以势利而遂能致之。是只可为，油滑之徒，开一倖进之路而已。彼辈既知当局之所趋向，乃不惜各出其所有，以揣摩而迎合之。"甚至"有作出洋数月之行者，有剽窃新书名词，而迭上洋洋之条陈者，有多方营谋而得充出洋大臣之随员者。当局诸公漫无学识，既不知所鉴别，一经揄扬，遂腾声价，而其结果，遂有所谓漂亮开通之名称。今日言入某幕府，明日言归某差遣，每开一新部，创一局所，则争先奏调者，非此辈而莫属。其不由此门进者，则叩某尚书之门，走某侍郎之路条子荐函，纷然乱进，赫赫司员，丞参坐致。新赤立布衣，举债纳粟，郎员到府，不须积资，由虚而实，转瞬间耳。尤其甚者，则輂财入都，三月而得驻使。"①"名器之滥，征敛之苛，古所未有。"②清末改革给贪缘附会之人提供了时机，展现出形色百态的社会乱象，从而加速了政权的瘫痪和腐化。留学生本是近代以来具有新知识、新思维的不可多得的人才，受不良风气影响，开始融入官场的大染缸。为了谋官，"留学生者有以请托校员，而得卒业之文凭者。有奔走显宦之门，而求其报送，以期必得最优等者。极其弊，乃更有以数千金买大学卒业文凭，而得翰林者。种种怪状，不可究诘，要之无非奔競以求倖进而已……痛哉，某君之言也，曰：'科举既停，此后寒士登进之路殆绝，而惟挟有资本，或出于世胄之门者，则永据富贵之局，否则覥颜眅节，逢迎取合，而后可以自全，不然则终穷而已，则饿死而已'"③。

地方用人亦是如此。"抑破资格之后，则必重保举，各省疆吏，开府辟僚，局厅成林，用人如鲫，气象沈沈。其规模稍称开拓者，非有地小不足回旋之叹，即有人才不足臂助之忧。奔競之流，固已窥见至隐，极力揣摩，以为迎合地步，捷足先登，乘隙以进，求荐书，谋谘调，先获优差，继居

---

①《论近日官场奔竞之风》，《盛京时报》，宣统三年九月初七日。

②故宫博物院明清档案部编：《清末筹备立宪档案史料》（上），北京：中华书局，1979年，第346页。

③《论近日官场奔競之风》，《盛京时报》，宣统三年九月初八日。

要路，上峰倾心，同寅侧目，荐剡密陈，转盼而飞黄去矣。其次则交涉学务，练兵筹饷，劳绩出力，过班越级，不次而升，一省之中，必有若此之红员。"① 所谓"成立新衙门，不能拆旧衙门台"②，旧有的衙门习气仍然存在，"内外诸臣守锢习如故，进苞苴如故，敷衍苟安如故，争植私人如故，赏罚不行如故"③。官员夤缘附会、贪贿成性者比比皆是，甚至有愈演愈烈的趋势。上层向下级索贿是非紊乱如故。通过一级一级的摊派，州县的官吏将沉重的负担转嫁给百姓。清廷推行预备立宪之后，各地筹办地方自治，地方官员以此为新名目进行大肆搜刮。"例如直隶，预备立宪以后即借就地筹款之名，横征暴敛，地方劣绅亦借口经费鱼肉乡里。烟酒和盐斤加价、旧捐增额之外，又新设了许多苛捐杂税，米豆、菜果、鱼虾、猪羊、木石、柴草、房屋、车马，无物不捐，且加捐上加捐。"④其他各省的情况基本如此。这样不但增加了推行宪政改革的难度系数，而且加深了官民隔阂和民众的反抗心理，各地民变突起，成为瓦解清廷统治的一支重要力量。

清廷用人毫无章法可言。《盛京时报》针砭时弊，加以论述道："中国官制于已革员许以劳绩，奏保开复。此各国之所无者也。各国官吏，有过举者，罚俸示儆。非有大罪犯不能废黜。一经废黜则终身不复录用，所以慎登进而防积弊也。故官吏亦鲜有大罪也。稍有不利众口者，即引身自退，亦不俟罚黜之及其身，所以保其令名也。"当时，"官吏弄法，举国成风，朝廷革黜一官，视等儿戏，有保奏者行即开复，至有朝被弹劾，夕邀宠眷，今日革职，明日升官者。"因此，"官吏视黜陟，不甚为荣辱，甚至贿赂请托，奔走专营，有一人经黜陟至数次者，似此寡廉鲜耻，屡蹶不悛，云胡不误乃公事哉？官吏既不自重，小民因亦轻蔑之。令行禁止，视为具文，谁复爱戴而服从之哉？夫人之所恃以躬涉世者，耻而已矣"⑤。

鉴于用人行政并未因改革发生实质性变化，清廷难逃任用私人之嫌，朝中官员多以私人利益为己任。所以，他们对待改革的态度亦以维持个人利益为基本准则。例如，对于宪政来说，"举凡事之变更成法而便于己者，

---

① 《论近日官场奔竞之风》，《盛京时报》，宣统三年九月初十日。

② 徐一士：《亦佳庐小品》，北京：中华书局，2009 年，第 290 页。

③ 故宫博物院明清档案部编：《清末筹备立宪档案史料》（下），北京：中华书局，1979 年，第948 页。

④ 侯宜杰：《20 世纪初中国政治改革风潮——清末立宪运动史》，北京：人民出版社，1993 年，第 563 页。

⑤ 《论中国启用革员之利弊》，《盛京时报》，光绪三十三年四月十七日。

则指为宪政"。而"一遇乎事之稍有近于宪政之真精神者，则相与骇怪之破坏之"①。"恐实行改革则与一己之禄位权利或不免大有妨碍，于是蒙混目前者有之，暗中阻挠者有之，倒行逆施者亦有之。"② 抑或故意"迁缓其途，冀及身不当其阨，徒计一己之利害"③。清廷的任人不善不仅阻碍了改革的推进，而且加重了官场中的营私舞弊之风。

而且，清廷虽然标榜进行宪政改革，着手内阁和国会建设，却违背自由民主思想，采取限制和控制人们言行和思想的做法。例如，清廷开办资政院和咨议局，本来是为了"博采群言"以为议院的基础，但清廷却处处掣肘议员思想和意愿的表达。正如清廷上谕所颁："前经降旨，于京师设立资政院，以树议院基础，但各省亦应有采取舆论之所，俾其指陈通省利弊，筹计地方治安，并为资政院储材之阶。著各省督抚均在省会速设咨议局，慎选公正明达官绅，创办其事。即由各属合格绅民，公举贤能，作为该局议员，断不可使品行悖谬营私武断之人滥厕其间。凡地方应兴应革事宜，议员共同集议，候本省大吏裁夺施行。遇有重大事件，由该省督抚奏明办理。将来资政院选举议员，可由该局公推递升。如资政院应需考查询问等事，一面行文该省督抚转饬，一面迳行该局具覆。该局有条议事件，准其一面禀知该省督抚，一面迳禀资政院查核。其各府州县议事会，一并豫为筹画，务期取材日宏，进步较速，庶与庶政公诸舆论之实相符，以副朝廷勤求治理之意。"④ 虽然"庶政公诸舆论，而施行庶政，裁决舆论，仍自朝廷主之"⑤，清廷越发不得人心。

清末新政过程中实施的一系列改革，在一定程度上导致官僚体系运转处于无序状态。在这种状态下，滋生出新的贪污腐败。比如，光绪三十四年（1908 年），盛宣怀等人合谋给皇室送干股，他在与袁世凯的通信中写道：

"前所面奏'内府公股'一节，力筹厂矿以公济公之款，居然得有一百廿六万两。既难提出现款，莫如改作公股，并拟将自己创始股份十万两凑

①梁启超：《敬告国人之误解宪政者》，载《饮冰室合集》文集第 10 册。
②《今日政府之真相》，《大公报》，宣统二年正月十九日。
③故宫博物院明清档案部编：《清末筹备立宪档案史料》（上），北京：中华书局，1979 年，第 346 页。
④《清德宗实录》卷五百七十九。
⑤《清德宗实录》卷五百八十三。

入报效，计可合约二百万元。虽于公家无足重轻，而华商公司可入公股，藉开风气，实于农工商大有禅益。惟'皇室经费'名目，确是立宪以后之事，目下未便处落边际，故只说'内府公股'而已。"[①] 这一时期，官员以公济私的现象严重，甚至获得了最高统治者的认可。大小官吏以贪赃枉法为己任，以贪污营私为能事，借宪政之机为所欲为、大肆搜刮。

郑云山先生指出："移植一部分资本主义的器物到一个业已腐朽的封建社会里，并不能使这个社会起死回生，而移入的东西则难免变质；西方的一些东西来到中国后发生'淮橘为枳'的演变毫无为奇。发生这种演变，不但因社会制度不同之故，也确是同中西民族间存在的国民性有关。"[②] 清末改革仍然沿用原班人马，"以旧军机之人物位置之"[③]，以旧人办新政，以旧瓶装新酒，"衣裳欲新人欲旧"[④]，并未做到根治旧疾和破旧立新，未能建立一个气象一新的政府，而让贪贿奔附之人有了可乘之机。这些人参与到政权建设中来，使整个官僚群体更趋腐化，从而侵蚀了清廷统治根基，最终将清廷推向灭亡的边缘。官员们的贪污腐败是各界所公认的，时论指出："自明降谕旨改革官制以来，讫于今日，大小臣工，徘徊瞻顾，虚悬草案，施行无期，而昏夜乏怜，蝇营狗苟，其风益炽。清议不足畏，官常不足守。上则社鼠城狐，要结权贵；下则如饥鹰饿虎，残噬善类。"[⑤] 贪污对改革造成极大的负面影响，大学堂总监督刘廷深在奏折中坦诚指出，清廷"日言整纪纲而小人愈肆，日言治官常而倖门益干，日言养民而只增苛扰之烦，日言察吏而转启贪横之习，日言治军而克扣之弊转甚绿营，日言理财而挥霍之风公侵国帑。"[⑥] 贪污腐败使得整个国家千疮百孔，民变迭起，人心思变，直接削弱了清廷的统治。正是"国家之败，由官邪也，官之失德，宠赂章也，此数语，殆为千古有国者之鉴。自古未有大法小廉而国不治者，亦未有官吏黩货无厌，而祸乱不兴者。至于末世则言之尤可痛心，其积弊则可以政以贿成一语括之。所谓上下交征利，而国危也。其目光之所注射，

①盛宣怀：《盛宣怀未刊信稿》，北京：中华书局，1960 年，第 91－92 页。

②郑云山：《近代中国史事与人物——郑云山学术论文集》，杭州：浙江大学出版社，2009 年，第 36 页。

③《论庆邸内阁》，《盛京时报》，宣统三年四月十二日。

④《衣裳欲新人欲旧》，《杭州白话报》，光绪二十七年十月十五日。

⑤张枬、王忍之编：《辛亥革命前十年间时论选集》第三卷，北京：三联书店，1960 年，第 129 页。

⑥刘锦藻：《清朝续文献统考（四）》卷三十九，北京：商务印书馆，1936 年，第 11490 页。

殆均不出乎是。今中国国势之不振也，殆莫能讳言。而大庭广众中不讳言利，又若为今之号为士大夫者之特色。然则政以贿成一语，岂犹不足以表示我国今日之现象乎哉？"① 官员贪污成风是导致改革失败和清廷灭亡的一个重要原因。皇族亲贵和朝中大员将改革当成捞取个人资本的契机，在他们的影响下，官僚体系愈加腐朽颓败。加之清廷采取加强中央集权的政策，没有给宪政足够的发展空间，不允许人们发表意见。清廷的改革不仅没能挽回人心，反而使本来支持改革的立宪派失望之极，甚至转向清廷的对立面，革命派乘势揭竿而起。清末改革在一片混乱中夭折。从某种程度上讲，清末改革不但没能暂缓统治危机，相反却加剧了各类社会危机，酿成了矛盾的总爆发，辛亥革命由此拉开了序幕。

---

①《惩贪墨议》，《盛京时报》，宣统二年七月初三日。

第七章　奕劻与晚清政局

奕劻是晚清重臣，"系四朝老臣，勋业伟大，且于外交、行政俱有阅历"①，他的一言一行、一举一动，成为各界关注的焦点和瞩目的对象，影响到清廷政治格局的发展情况。奕劻被公认为黩货好贪成性。他的贪污行为直接关系到其在政治上的作为。鉴于他的这一秉性，有善于奔竞者投其所好，有工于心计者奔走其门，更有富有权谋者集结其间与其为伍，形成了一个围绕着奕劻的特殊政治派别。这个政治派别不以大局为根本出发点，而是专注于本集团或单纯个人的权益，甚至为了一己之私置社会发展和清廷命运于不顾。贪污本属于个人的枉法行为，但在晚清，却介入政治集团的权力消长过程中，并转化成权力争夺的一种无形的工具，对权力格局的变动产生了重要影响。因此，可以说奕劻的贪污行为直接或间接地影响晚清的权力结构和发展态势，关系到清末新政和预备立宪的施行，关系到整个政局的平衡与否，甚至关系到清朝后期的生死存亡。

第一节　政治话语下的奕劻贪污

关于奕劻的经历，《掌握晚清政柄之奕劻》这样写道："奕劻掌握晚清政柄，近三十载，初无藉藉名，迨议定辛丑和约成，始为中外所属望，然亦因人成事而已。惟以亲藩而居枢垣，庸碌而又好货，致养成举国上下苟且贪墨之政风，贿赂公行，不以为耻，鬻官卖缺，不以为怪。"② 早年的奕

---

①《庆邸可望充总理大臣》，《盛京时报》，宣统三年正月初十日。
②《掌握晚清政柄之奕劻》，载沈云龙主编：《近代中国史料丛刊》第二辑，台北：文海出版社，1966年，第70页。

劻是个无权无势的穷贝勒，不得不靠卖字画增加收入。后来他逐渐发迹，经过总理衙门十年的历练，渐渐成为一个可以独当一面的任事大臣。1901年在辛丑议和中，力挽狂澜，维护住了清廷的统治，逐渐成为慈禧的亲臣、近臣。随着奕劻渐入权力中心，他接触的人渐多渐广，奔附之人利用各种机会向他靠拢，最终形成了"庆府既多私党"①的局面。奕劻早年落魄，发迹后尤其嗜钱如命，多数情况下对攀附的官员来者不拒。更有甚者，奕劻与那桐沆瀣一气，明目张胆地叫卖官缺，遂有"庆记公司"之诨称。奕劻的大儿子载振是个"渔色无厌"②之徒，喜好玩乐，群小趋附，通过他夤缘奕劻之人亦不在少数。这样，形成了一个以奕劻为中心的权力竞逐网，每一个网格之间都遍布着紧密的利益链条。例如："徐与袁慰廷制府密交，尝参其戎幕，纶扉之拜，袁实援之。朝权旁落于疆臣，羽翼密根于政地"③，遂结成了袁党。"奕劻当国时，杨士琦往来两党之间，关交通说，贿赂公行，遂悍然无所顾忌。是时创办新军，各省增派连兵经费，凡千余万皆汇归北洋，顺直善后捐余存二百余万又创办永平七属监捐，又夺盛宣怀京汉铁路交唐绍仪，累岁无报销，天津财政山积任意开支，司农不敢过问。奕劻初入政府方窘乏，不能自舒，世凯进贿赂辄三四十万。"④通过夤缘贿赂，袁世凯等人得到奕劻的支持与帮助，利益与权力之间进行着心照不宣的交换，这是晚清时期普遍存在的一个怪现象。施肇基回忆早年拜访奕劻的经历，提到奕劻收受红包事，他说：

"余得（外务部）右丞时，初次见庆王，送贽敬二千两，门包双份，各十六两，一给男仆，一给女仆，（通常门包为三十二两一份，时王府仆役人多而无薪给，皆赖此以为生。）此在当日，已为极薄之礼仪。此分贽金，余本不愿送。唐少老（绍仪）告余，庆邸开支甚大，老境艰难，内廷对之诸多需索，难以应付，余之送礼，在得缺之后，非同贿赂，且为数甚少，当时丞参上行走且有送至一万两者。余乃勉强为之。'贽敬'系以红包先置于袖内，在临行辞出之前，取出放于桌上，曰：'为王爷备赏。'王爷则曰：

①胡思敬：《退庐全集》，载沈云龙主编：《近代中国史料丛刊》第四十五辑，台北：文海出版社，1966年，第499页。

②恽宝惠：《清末贵族之明争暗斗》，载《晚清宫廷生活见闻》，北京：文史资料出版社，1982年，第63页。

③恽毓鼎著，史晓风整理：《恽毓鼎澄斋日记》，杭州：浙江古籍出版社，2004年，第274页。

④胡思敬：《退庐全集》，载沈云龙主编：《近代中国史料丛刊》第四十五辑，台北：文海出版社，1966年，第1350页。

'千万不可。'然后辞出此亦前清时代之陋规也。"① 另一例子则是奕劻 70 寿辰，陶湘代表盛宣怀向奕劻进献日金币二万圆。奕劻云："如此厚赐，我当有信。惟汝现住何处？是否即新盖之大红房？"陶湘答曰："此乃公所，寓处在某胡同。"又问："某胡同是否即从前某侍郎之宅？"答曰："是。"又问："是否汝一人住？抑尚有他人合居？"答以："止一人"。即云："信当送汝寓。"如是而出。茶敬始送廿四两，分两封（一内十二，一外十二）。盖某知渠等并无定章，必须讨索，所以止用廿四也。承泽（奕劻）最亲信之宦者马姓，渠初七持信入内，初八日某往时，渠即先言："昨日之信系寿物，我们遇见此等公事，尚有例款，知之否？"答以："我却从未晓得此等例款，但既奉命来见，此等事必当代为函报。"渠云："函报不必，此等小事汝可自行办理也。"当答以："先行垫办，饬刘某送来。"渠始欣然而入。某闻贞兄从前亦是如此，系送大衍，当照备大衍交刘弁于今日送去，此时尚未回复，复后再问。另有内廷侍从四两。某思此等小费，毋从过节，总以稍宽为是。②

施肇基、陶湘两人的记述揭露出庆亲王奕劻贪污受贿的真实内幕。偌大一个庆亲王府赖以生存的不是奕劻的俸银开支，而是大小官吏的各类敬奉和鬻官之银，门包、茶敬之类尚属少数。奕劻一次收受红包 2000 两尚且为数甚少，多则上万，甚或更多，可见奕劻的"额外收入"十分可观。而奕劻又拿出自己的大部分收入来支付内廷的诸多需索，使得"内廷消息无巨细必知之"③。官员献贿于奕劻，奕劻又上呈给内廷。这一上下相承的关系链紧密相连，环环相扣，上到最高决策者、下到底层官吏很少有人不融入其中。通过自下而上的层层关系，利益与权力之间交汇融合，形成了一个表面上牢而不破、稳固之极的关系网。任何一级权力的断裂都能引起整个网络的破损。但这个关系网的自我修复能力是强大的，下层官员通过贿赂的方式获得权力，上层官员用贪污所得继续向上贿赂、竞逐权力，断裂或破损的网络随时可能因为新的贪污行贿官员的加入而修复好。这正是晚

---

① 《掌握晚清政柄之奕劻》，载沈云龙主编：《近代中国史料丛刊》第二辑，台北：文海出版社，1966 年，第 78 页。

② 陈旭麓等编：《辛亥革命前后——盛宣怀档案资料选辑之一》，上海：上海人民出版社，1979 年，第 42 – 43 页。

③ 胡思敬：《退庐全集》，载沈云龙主编：《近代中国史料丛刊》第四十五辑，台北：文海出版社，1966 年，第 1351 页。

清奔竞之风盛行、贪污蔓延、各类弊病无法根除的深层次原因。

古语有言"人为财死，鸟为食亡"。奕劻素来好货黩物，他的这一行径除了助长贪污奔竞之风外，而且加剧了晚清的派系纷争。袁世凯与奕劻结纳后，二人组成了一个代表特定利益的集团，一个是手握实权的封疆大吏，一个是掌舵政治权柄的中枢大臣，他们的权势在朝中无人能敌、无人能比。庆袁之间属于权钱结合的利益关系，袁世凯满足奕劻的财物需求，奕劻则满足袁世凯的政治诉求。朝廷遇有重大事件和外放督府、藩臬等要缺时，奕劻总是事先与袁世凯商量，征求袁世凯的同意①，然后才去办理，这就形成了天下督府多出自北洋的局面。例如，袁世凯与铁良不合，二人各拉帮结党互相攻讦。"政府中荣（荣庆）、铁（良）一起，瞿（瞿鸿禨）则中立，鹿（鹿传霖）则如聋如瞆，城北（徐世昌）则四面周旋。至于领袖者（奕劻），本属无可无不可，一听命于北洋而已。铁于北洋心中本有芥蒂，近与端不合，不免因新旧而益形水火。初七，北洋进京，见铁开首即说：'老弟大权独揽。'自此之后，铁与北洋议亦不合。北洋召见时，面参铁谓：'若不去铁，新政必有阻挠，'且谓铁揽权欺君。……北洋出，邸堂（奕劻）单进，亦附和北洋，力言铁之不是。……邸则称铁为聚敛之臣。据说已由瞿拟旨，御前会议时，不准荣、铁、孙、王数人与闻。……后因邸、袁相继面参铁，此旨即留中。……袁则非立宪不可。……铁、荣亦非谓不应立宪，以为不宜过急。"② 袁、铁之争并不是立宪与非立宪之争，而是军事权力之争。袁世凯统领的北洋新军在铁良统率的陆军部成立后，权力大损，同时受到当权者的猜忌，不得不将北洋的军权如数交出。袁铁之争，看似铁良占了上风，实则因为铁良背后有慈禧的支持。慈禧之为人，极富权谋策略，对待满汉大臣能做到恩威并用，但决不允许大权旁落于外。鉴于袁世凯的飞扬跋扈，慈禧对袁世凯早有削弱、抑制之意。奕劻在袁铁之争中，一直竭力维护袁世凯的利益，不与铁良为伍。奕劻除了参劾铁良不利于宪政外，还与铁划清界限。奕劻70大寿之时，铁良为了笼络奕劻，不惜以万金相送。奕劻却之曰："此不是来开玩笑乎？"据说无有私不收，惟铁一处

---

① 刘厚生：《张謇传记》，上海：上海书店1985年影印本，第128页。
② 陈旭麓等编：《辛亥革命前后——盛宣怀档案资料选辑之一》，上海：上海人民出版社，1979年，第26－27页。

却耳。① 奕劻疏远铁良之心由此可见。再有，鉴于清廷的猜忌和排挤，袁世凯不得不把一、三、五、六北洋四镇上交给陆军部管理。在一两个月以后，又由陆军部奏请将第一、三、五、六北洋四镇，划归第一镇统制官凤山统带了。凤山是庆王奕劻、袁世凯的人，"由陆军部奏请"，同僚仍认为总是庆王的主张。② 因为，"凤山虽是旗人，却是个老官僚，和青年亲贵应当是合不拢的，但又为什么命他统带四镇呢？凤山在接收北洋四镇以前，曾去见过袁世凯，由袁面授机宜，人事任用等安排多是出于袁的意见。这就可以知道，还是庆王和袁世凯在背后掌握着（大局）。"③ 由此可见，袁世凯虽然交出了兵权，并从北洋内调到军机处，但在奕劻的暗中支持下，仍然握有北洋各镇军队的实权。

北洋势力的壮大与奕劻的利益息息相关。当利与力相辅相成地结合在一起的时候，整个利益集团壮大的速度亦随之加快，但这样的利益结合也并非无坚不摧。1908 年，溥仪登基，年轻的醇亲王载沣担任摄政王，他上任伊始，即以足疾为名罢去了袁世凯的一切官职。庆袁集团失去袁世凯这个主将后，势力受挫，奕劻的权势大不如从前。载沣摄政期间，注重政权建设，着手加强中央集权，力图统一军权、财权，等等。借此时机，皇族亲贵纷纷登上政治舞台，一显身手。载沣的两个兄弟载涛和载洵，一个统领陆军，一个管理海军，将中央军权完全控制在近支皇室手中。其他皇族亲贵如载泽管理全国的财权，溥伦管理全国的农工商业，善耆掌管民政部，等等。载沣等近支皇族与奕劻关系疏远，对奕劻的贪污行为更是深恶痛绝，联合起来削弱奕劻的权力。面对这群针锋相对的皇族，奕劻有些分身乏术，只得拉拢骑墙派那桐和北洋系徐世昌来共同应对。御史胡思敬曾亲历朝中亲贵派系之争的内幕，他这样记述道：

"孝钦训政时，权尽萃于奕劻，凡内外希图恩泽者，非夤缘奕劻之门不得入。奕劻虽贪，一人之慾壑易盈，非有援引之人亦未易挢身而进。至宣统初年奕劻权力稍杀，而局势稍稍变矣。其时亲贵尽出专政，收蓄猖狂少年，

①陈旭麓等编：《辛亥革命前后——盛宣怀档案资料选辑之一》，上海：上海人民出版社，1979年，第 50 页。
②唐在礼：《辛亥前后我所亲历的大事》，载《辛亥革命回忆录（六）》，北京：文史资料出版社，1981 年，第 330 页。
③唐在礼：《辛亥前后我所亲历的大事》，载《辛亥革命回忆录（六）》，北京：文史资料出版社，1981 年，第 331 页。

造谋生事，内外声气大通。于是洵贝勒总持海军，兼办陵工，与毓朗合为一党。涛贝勒统军谘府，侵夺陆军部权，收用良弼等为一党。肃亲王好结纳勾通报馆，据民政部，领天下警政为一党。溥伦为宣宗长曾孙，同治初本有青宫之望，阴结议员为一党。隆裕以母后之尊，宠任太监张德为一党。泽公于隆裕为姻亲，又曾经出洋，握财政全权，创设监理财政官盐务处为一党。监国福晋雅有才能，颇通贿赂，联络母族为一党。以上七党皆专予夺之权，茸阘无耻之徒，趋之若鹜。而庆邸别树一帜，又在七党之外。海军本肃王建议，载洵等出而攘之，故用载洵为海军大臣。……载涛见载洵等已握兵权，恐遂失势，争于摄政王前，几有不顾而唾之势。王大窘，次日，复加派涛管理军谘府。唯溥伟以倔强与诸王不合，只派禁烟大臣，权力在诸王下。当时朝士议论，皆言庆党贪鄙，肃党龌龊，两贝勒党浮薄。泽公受人播弄，所识拔若熊希龄、丁乃扬、陈惟彦之徒皆极阴险。其初出任政，颇有廉谨之名，后乃扬饰美姬以进，亦欣然受之。"①

按照胡思敬的说法，朝中除了庆亲王奕劻之外，尚有七个党派在互相斗争与抗衡。这种说法或许太过于夸张，但亦并非妄加评论，皇室内部的派系纷争确实非常激烈，内部分化严重。"武昌失陷以后，内阁集议，一致主剿，并主张由陆军大臣廕昌督率陆军两镇赴鄂剿办。但拟议的时候，协理那桐说：'武昌兵变是一隅之蠢动，何必陆军大臣亲临督剿呢？'因此才再行考虑。当时也颇有人主张从河南和京畿附近调派国防军去应变，总比从滦州调派开拔近一些，快一些。却不料庆王奕劻对于载涛久存戒心，惟恐载涛趁武昌起义调拨军队的机会利用禁卫军来对付自己。所以奕劻为了确保自己的安全，首先把姜桂题的武卫军调到城里，分驻在九门要冲和庆王府的周围，进行了切实的防范。这说明在当时不但革命与反革命之间的斗争很激烈，就是清皇室亲贵内部的互相疑忌也很深刻。"② 皇室内部的派系之争一直持续到清帝退位，奕劻与各皇族亲贵的矛盾亦长期存在，从而加速了清廷的分崩离析。

年轻的皇族亲贵不仅娇生惯养、贪图享乐，自控能力不强，而且缺少从政的经验，很容易沾染社会中的贪污风气，被别有心机之人操纵和利用。

①胡思敬：《国闻备乘》，载荣孟源、章伯锋主编：《近代稗海》第一辑，成都：四川人民出版社，1985年，第299－300页。

②冯耿光：《廕昌督师南下与南北议和》，载《辛亥革命回忆录（六）》，北京：文史资料出版社，1981年，第350页。

从某种程度来说，年轻皇族亲贵好贪的程度甚至比奕劻还严重。当时的外务部官员曹汝霖认为：人都称庆邸贪污，观之庆邸在贪污中比其他亲贵尚可称为廉洁者也……亲贵贪污，首推载洵，他在海军大臣任内，卖官鬻缺，贪婪无厌，后到英国订购战舰，议价未成，先讲回佣，声名狼藉，贻笑中外。[1]可谓满朝亲贵，贿赂公行，言之不虚。贪污是皇族亲贵的一个通病，这一痼疾在争权夺利的派系斗争中不断升级，上层统治阶层分崩离析，使整个政权元气大伤，大大削弱了清廷的统治。正如当时的外国观察家所注意到的，"光绪和宣统时期中国社会最显著的变化是发生在不断分化、越来越四分五裂的统治阶层内层"[2]。这种分化大大阻碍了清朝立宪运动的进展和推行，使立宪改革最终化为泡影，更使清廷陷于民变的泥沼中无法自拔。

第二节　奕劻与丁未政潮

一、丁未政潮缘起

晚近以来，一直有清流与浊流之分。陈寅恪先生根据官员是否清明和对清朝的忠诚度划分清流与浊流，他指出："至光绪迄清之亡，京官以瞿鸿禨、张之洞等，外官以陶模、岑春煊等为清流；京官以庆亲王奕劻、袁世凯、徐世昌等，外官以周馥、杨士骧等为浊流。"[3]也有人认为："监察御史赵启霖、赵炳麟、江春霖者，以敢谏著称，夙标清流之目，皆协以谋当轴。"[4]由于政见不同，清流派与浊流派的矛盾不断，到了1907年，双方对抗进一步升级，进行了殊死搏斗，多位当朝大员牵涉其中，这就是著名的丁未政潮。

作为晚清时期的重大历史事件，丁未政潮直接影响了晚清政局走向，其起因则可以追溯到1906年预备立宪初期的官制改革。围绕官制改革这一敏感问题，奕劻、袁世凯为首的庆袁集团与瞿鸿禨、岑春煊为首的清流派进行了激烈的斗争，力图借机排斥对手、壮大自身实力。袁世凯甚至设计

①曹汝霖：《一生之回忆》，香港：春秋杂志社，1966年，第87－88页。

②[美]费正清：《剑桥中国晚清史》下卷，北京：中国社会科学出版社，1985年，第526页。

③陈寅恪：《寒柳堂集》，台北：文海出版社，1984年，第171页。

④刘体智撰，刘笃龄点校：《异辞录》，北京：中华书局，1988年，第201页。

了一套内阁执政的改革构想，意图与奕劻两人组阁，以握国柄。经过几个月的酝酿与争论，新官制改革方案最终发布，庆袁集团提出的设立责任内阁的主张遭到否决，"枢廷惟留庆邸、善化二人，项城见之，益有协以谋我之惧，自请开去八项差使。"① 袁世凯被迫将自己辛苦创建的北洋六镇中的一、三、五、六镇兵权交由铁良掌控的陆军部管理，庆袁的重要盟友徐世昌也离开军机处，庆袁集团遭受沉重打击。但在地方督抚层面的争夺上，在奕劻和袁世凯的运作下，先是庆袁集团中的周馥顶替岑春煊担任两广总督；接着1907年初东三省官制改革，从总督到巡抚，徐世昌、唐绍仪、朱家宝、段芝贵四人更是清一色的北洋背景，朝野一片哗然。

瞿鸿禨、岑春煊严守清浊之别，二人"团结以攻本初（袁世凯）"②。瞿鸿禨、岑春煊二人皆因庚子西狩见知于慈禧。与张之洞、刘坤一等封疆大吏实行"东南互保"的自保行为相比，瞿鸿禨、岑春煊则主动请缨护驾，因此深蒙慈禧的眷顾。瞿鸿禨又与奕劻同列为军机大臣，颇负清望。袁世凯屡次想拉拢瞿鸿禨，瞿都未为之所动。岑春煊行事雷厉风行，对贪污乱纪之行为毫不倦息，时人称其为"官屠"。他身为封疆大吏"与袁抗逆"③，时人有"南岑北袁"之称。袁世凯营私谋权，岑春煊不屑与之为伍，二人的关系势如水火。对于庆亲王奕劻，岑春煊亦是耻于与其建交。

1906年，在庆袁集团的谋划运作下，岑春煊由两广总督调任云贵总督，对此岑春煊认为"实不由两宫本意，特奸臣欲屏吾远去"④，遂装病上海拒不赴任。1907年初，又奉旨补调四川总督，并接到命令不必来京请训，对此岑春煊深知"仍出庆、袁之意。念巴蜀道远，此后觐见无日，不于此际设法入都，造膝详陈种种危迫情形，机会一失，追悔无穷。"⑤ 在上海盘桓多日后，二月，岑春煊以就任四川总督为名，不待宣召，乘京汉车兼程北上进京。袁世凯致端方密函中透漏："大谋（岑春煊）此来，有某枢（瞿鸿

①刘体智撰，刘笃龄点校：《异辞录》，北京：中华书局，1988年，第200页。

②陈旭麓：《辛亥革命前后——盛宣怀档案资料选辑之一》，上海：上海人民出版社，1979年，第41页。

③岑春煊：《乐斋漫笔》，载荣孟源、章伯锋主编：《近代稗海》第一辑，成都：四川人民出版社，1985年，第99页。

④岑春煊：《乐斋漫笔》，载荣孟源、章伯锋主编：《近代稗海》第一辑，成都：四川人民出版社，1985年，第99页。

⑤岑春煊：《乐斋漫笔》，载荣孟源、章伯锋主编：《近代稗海》第一辑，成都：四川人民出版社，1985年，第100页。

機）暗许引进，欲布置台谏。"① 岑春煊的入京，使原本势单力孤的瞿鸿禨得到了重要帮手，清流派实力大增。岑春煊到京后，先后四次受到召见，并被补授邮传部尚书，就任当日即面劾庆袁集团的左侍郎朱宝奎，向庆袁发起攻击，丁未政潮大幕就此拉开。

二、贪污是瞿、岑攻击的重点

庆袁集团权倾朝野，并深得慈禧信任，从何处着手扳倒庆袁确实颇费思量。经过反复权衡，清流派最终决定把突破口和攻击的重点放在奕劻贪污受贿上。

岑春煊在慈禧太后召对时直接奏言："近年亲贵弄权，贿赂公行，以致中外效尤，纪纲扫地，皆由庆亲王奕劻贪庸误国，引用非人。若不力图刷新政治，重整纪纲，臣恐人心离散之日，强欲勉强维持，亦将挽回无术矣。"② 当慈禧问奕劻贪污的证据时，岑春煊说："臣在两广总督兼粤海关任内，查得新简出使比国大臣周荣曜，系粤海关库书，侵蚀洋药项下公款二百余万两，奏参革职拿办。斯时奕劻方管外务部，周犯系伊所保，非得贿而何？"③ 对于段芝贵简任黑龙江巡抚，岑春煊也认为是段"贿嘱庆邸保署此缺"④，并以此密奏太后。另外，在面劾朱宝奎时，岑春煊也特别指出朱宝奎系"纳赂枢府，得任今职"⑤，枢府即谓奕劻。

赵启霖弹劾奕劻贪污及载振纳妓案则掀起了此次政治斗争的高潮。关于这起弹劾案的前因后果，前文已经做了阐述，这里不再赘述。从赵启霖的奏折内容看，弹劾重点一是载振纳妓，另一个则是奕劻纳贿，特别指出段芝贵"从天津商会王竹林处措十万金，以为庆亲王奕劻寿礼"。可以说，奕劻贪污成了清流派攻击庆袁的合理借口。因为前面有蒋式瑆、陈田等人弹劾奕劻贪污作铺垫，清流派期望通过再一波攻击，彻底把奕劻扳倒，进

---

①《袁世凯致端方密札》，载汪诒年纂辑：《汪穰卿先生传记》，北京：中华书局，2007 年，第128 页。

②岑春煊：《乐斋漫笔》，载荣孟源、章伯锋主编：《近代稗海》第一辑，成都：四川人民出版社，1985 年，第 100 页。

③岑春煊：《乐斋漫笔》，载荣孟源、章伯锋主编：《近代稗海》第一辑，成都：四川人民出版社，1985 年，第 101 页。

④岑春煊：《乐斋漫笔》，载荣孟源、章伯锋主编：《近代稗海》第一辑，成都：四川人民出版社，1985 年，第 102 - 103 页

⑤岑春煊：《乐斋漫笔》，载荣孟源、章伯锋主编：《近代稗海》第一辑，成都：四川人民出版社，1985 年，第 102 页。

而削弱北洋势力。

作为监察御史，风闻言事、参奏谬事本是份内之事，但赵启霖的弹劾又不可避免地与政治斗争相关联。"闻西林至，启霖迎至保定。计议既定，西林宫门请安。初次召见即调补邮船部尚书，留京内用。连日奏封尽发庆振父子之覆，启霖旋揭奏翠喜事。"① 恽毓鼎的日记则载："慈圣疑有人主使（西林北来，外间颇有人清君侧之疑，而此疏适在其后）……而京报又讹传言官大会于嵩云草堂，谋联衔入告，为赵御史声援。此语上达禁中，上益疑外廷结党倾陷。"② 陶湘则称："赵炳麟与西林相谋劾乔梓（以段事），启霖、书霖相赞助，阄得启霖，故启霖递折二上。"③ 弹劾案发生后，岑春煊的亲信郑孝胥对此案尤为关切，当得知赵启霖遭革职后，竟"辗转而不能寐"④，而在赵启霖开复处分后，岑春煊代赵启霖向朝廷呈递了谢恩折。

三、庆袁的应对与反击

岑春煊的面奏、赵启霖的弹劾以及舆论的压力，使奕劻十分被动，慈禧甚至一度打算就此将奕劻开缺。对此，老谋深算、在政坛混迹几十年的奕劻当然不会坐以待毙，他和袁世凯都很清楚，"瞿岑相结合，林绍年助之，均为清议所归，非去之不能自全，力谋排去之道"⑤。

首先，庆袁进行了一系列的公关，包括在报纸上辩白、主动请辞等，力图消弭影响、挽回慈禧太后的信任。暗中派人上奏《奏为密陈庆亲王奕劻任事忠诚宅心笃实事》一折，为奕劻辩护。再者，为了平息外界的舆论压力，庆亲王奕劻亦上疏恳请开去军机大臣要职。庆袁集团在奏折中称：

"庆亲王奕劻任事忠诚、宅心笃实、识量宏达、气度宽容，数十年阅历甚深，又能虚衷，受言不自满，久办外务，熟悉洋情各国人均信其谙练约章，能固邦交，今之贵胄中尚无其比，即京外诸大臣亦罕有能及之者。至为奕劻纳贿壁官未免污之太甚。据臣所知，前侍郎盛宣怀拥资甚富，素工专营，始欲谋放巡抚，继欲谋收一缺，竟不可得，前内阁侍读学士蔡钧在

---

①刘体智撰，刘笃龄点校：《异辞录》，北京：中华书局，1988年，第201页。

②恽毓鼎著，史晓风整理：《恽毓鼎澄斋日记》，杭州：浙江古籍出版社，2004年，第350页。

③陈旭麓等编：《辛亥革命前后——盛宣怀档案资料选辑之一》，上海：上海人民出版社，1979年，第54页。

④郑孝胥：《郑孝胥日记》，第二册，北京：中华书局，2005年，第1089页。

⑤《丁未政潮重要史料》，《国闻周报》十四卷第五期。

京开设银号，专谋运动尚未见其录用。此外，记名道府人员挟资尝试希冀得缺者时有所闻，亦未见获赏所欲。即此，足见奕劻必非贿俾官者也。"况且，"亲友酬酢为人情往来之常，京都此风由来已久，固不自近年始，亦不自奕劻始，闻奕劻于酬酢之中亦颇有斟酌，尚不至因酬酢之私而扶徇误公。本年二月间，奕劻蒙恩赐尚书铁良曾馈万金为贺议，奕劻以同居京城，何来巨资呵斥掷还。即此又可见奕劻并非滥于酬酢者也。"但由于"奕劻年居七旬，素性长后久在圣明洞见之中，有时耳目未周，缆才或未能悉，当思虑偶疏，遇事或未能明决，臣亦不能为奕劻讳言，谓其限于精神、才力，则有之谓之有心欺误，又实非奕劻所敢出也。闻奕劻以流言横生颇自危惧，而言事者揣摩风气妄生觊觎，意谓奕劻宠眷已衰，正可乘机以攻仆之。但臣伏思现值列强窥伺，逆徒扩张，而我之亲贵重臣老成凤望求如奕劻者甚难其选。"①

这份奏折虽然属于秘密上奏，没有署名，但从其他人的论述中亦能窥见奏者何人。陶湘在《齐东野语》中记云：雪公保庆、劾宝，其措词系：庆，人多谓其营私，以为用人在知人，自古为难。庆之用人或有不当处，亦不能免，其操守廉洁，实为当时之罕。尝闻本年庆寿时，宝送寿仪巨，庆坚拒不纳，是庆之操履人所共知。②很显然，这份奏折为庆袁集团内部人所进，明显有替奕劻辩驳、洗刷之嫌。折中举出盛宣怀、铁良等人献礼奕劻的例子，说明奕劻并没有因为他们的馈赠而因私误公。而且，奕劻年迈力衰，处事难免有疏忽之处，对他亦不能要求得太严苛。另外，奕劻是亲贵中老成凤望者，除他之外再也没有能够独当一面之人。这份奏折看似平常，却一针见血地道出了奕劻在朝中无可替代的作用与地位，这也正是他一直把持权柄的深层次原因。

接着庆袁集团精心策划，开始了犀利的反击。第一步，四月十六日，奕劻向慈禧密参瞿鸿禨、岑春煊，借口两广边境动乱，请求派岑春煊前往办理剿抚事宜，称："粤省变乱，事关重大，不速为布置，恐大事去。岑尚书前在两粤讨平柳州贼，功勋赫炳，尚在耳目。周智（馥）人地未宜，恐

①《奏为密陈庆亲王奕劻任事忠诚宅心笃实事》，第一历史档案馆，档号 04－1－13－0429－054。

②陈旭麓等编：《辛亥革命前后——盛宣怀档案资料选辑之一》，上海：上海人民出版社，1979年，第67页。

不堪事，请将岑急调粤督，从事剿抚。"① 就这样岑被迫离开了京城，清流派实力大减。

第二步，庆袁抓住岑春煊离京的机会，迅速将矛头指向瞿鸿禨。奕劻利用独对机会，密奏瞿鸿禨"谋重翻戊戌前案，请太后归政"，"此最为孝钦所惊心动魄者"②，慈禧的神经被深深触痛，遂有罢黜瞿鸿禨之意。袁世凯在《复端方密函》中说："十六日，大老（奕劻）独对，始定议遣出（岑春煊）。……人得藉口谓其推翻大老，排斥北洋，为归政计，因而大中伤。"③ 与此同时，庆袁又用重金贿买了此前在政坛郁郁不得志的翰林院侍读学士恽毓鼎。恽毓鼎于五月初六日上折弹劾瞿鸿禨"暗通报馆，授意言官，阴结外党，分布党羽"④。"暗通报馆"指瞿鸿禨与外国报纸互通声气，对此，《梦蕉亭杂记》卷二记载："善化恃慈眷优隆，复拟将首辅庆邸一并排去。两宫意尚游移，讵讹言已传到英国，伦敦官报公然载中国政变，某邸被黜之说。适值慈圣宴各国公使夫人于颐和园，某使夫人突以相询。慈圣愕然，嗣以此事仅与善化独对，曾经说过，并无他人得知，何以载在伦敦新闻纸中，必系善化有意漏泄。天颜震怒。"⑤ 恽宝惠记曰："瞿鸿禨笔下敏捷，深得太后赞许，有一天独叫瞿人见，谈到奕劻，曾露罢免之意。不知由何人传播，登载于英伦报纸，驻华英使夫人且于太后招待游园之际，当面询问。太后虽极力否认，而疑此语为瞿所独闻，不应泄漏于外。"⑥

"授意言官"则指瞿为赵启霖等人背后的主谋，唆使御史弹劾庆亲王父子。"联外"和"结党"两项都是清廷统治者最为忌恨的，慈禧遂下定罢黜瞿鸿禨之决心。清廷虽然表面上命孙家鼐、铁良查明具奏此事，但当日不待查明复奏，即将瞿鸿禨革职。甚至林绍年力请派查时，慈禧"哂而允之"，表示："林某要查，我不知如何查法"⑦。可见，"善化去职，深宫正有成见，

<hr>

① 《神州日报》，1907 年 6 月 8 日。

② 汪诒年纂辑：《汪穰卿先生传记》，北京：中华书局，2007 年，第 129 页。

③ 骆宝善评点袁世凯函牍》，长沙：岳麓书社，2005 年，第 180 页。

④ 恽毓鼎著，史晓风整理：《恽毓鼎澄斋奏稿》，杭州：浙江古籍出版社，2007 年，第 77 页。

⑤ 陈夔龙：《梦蕉亭杂记》，载荣孟源、章伯锋主编《近代稗海》（第一辑），成都：四川人民出版社，1985 年，第 390 页。

⑥ 恽宝惠：《清末贵族之明争暗斗》，载《晚清宫廷生活见闻》，北京：文史资料出版社，1982 年，第 63 页。

⑦ 陈旭麓等编：《辛亥革命前后——盛宣怀档案资料选辑之一》，上海：上海人民出版社，1979 年，第 59 页。

不言而喻"①。

《盛京时报》报道称："瞿协揆之谋覆庆邸已非一日，故引岑公保入京及一击不中，岑之慈眷素优，无损毫末，而瞿乃独承其弊，当林侍郎补度支部侍郎时，懿旨即拟命瞿林同出枢廷，世中堂佯为调停事遂暂辍，然亦因其时岑尚在京有所惮，而不敢遽发，及岑出京而祸作且益烈矣。"②

第三步，彻底击垮岑春煊。岑春煊因庚子年间护驾有功深得慈禧太后宠信，虽然被排出京，但"底缺未开，主知犹故"③。为彻底击败岑春煊，庆袁集团再出杀招。先是五月二十八日，陈庆桂侍御参劾岑春煊"贪、暴、骄、欺四大罪"④。此折上后，慈禧因对岑春煊仍然心存眷顾，留中未发。⑤接着袁世凯的儿女亲家端方"知太后恶康梁，端方用蔡乃煌谋，以梁启超相片合春煊相片照作一纸，进呈太后。"⑥也有的说，"乃由粤人蔡乃煌谋于袁。又知西后痛恨康、梁，乃赂照相师，将岑春煊、康有为、梁启超、麦孟华四像合制一片，广售京津，由蔡赍巨金谒袁，转李莲英，密上西后"⑦。七月初二日，恽毓鼎再次出手参劾岑春煊，他说："康有为、梁启超现已到沪，与岑春煊时相过往，岑春煊留之寓中，又证以所见各处函电均确鉴可凭。臣又访得岑春煊幕中有粤人麦孟华，为庚子富有票逆首，曾经湖广督臣张之洞奏拿在案。岑春煊去年在沪即引为心腹，旋复至浙江巡臣张曾敭，冀与联络一气，幸张曾敭察其心地不纯，登时拒绝。岑春煊仍复置之幕府，所有密谋诡计惟麦孟华之是从。岑春煊本系戊戌年保国会领袖，然朝廷倚畀甚隆，不应在与异志逗留不前，反与康有为、梁启超、麦孟华诸逆相勾结，臣不知其是何居心。"⑧

慈禧最痛恨康、梁等人，最不能容忍的就是岑春煊与康、梁有任何接

---

① 刘体智撰，刘笃龄点校：《异辞录》，中华书局 1988 年版，第 210 页。
② 《瞿协揆被参风潮志详》，《盛京时报》，光绪三十三年五月二十三日。
③ 岑春煊：《乐斋漫笔》，载荣孟源、章伯锋主编《近代稗海》（第一辑），四川人民出版社 1985 年版，第 104 页。
④ 陈旭麓等编：《辛亥革命前后——盛宣怀档案资料选辑之一》，上海：上海人民出版社，1979 年，第 56 页。
⑤ 陈旭麓等编：《辛亥革命前后——盛宣怀档案资料选辑之一》，上海：上海人民出版社，1979 年，第 56 页。
⑥ 赵炳麟：《赵柏岩集》上，南宁：广西人民出版社，2001 年，第 302 页。
⑦ 刘成禺：《洪宪纪事诗本事簿注》卷二，台北：文海出版社，1966 年，第 36 页。
⑧ 《奏为两广总督岑春煊勾通逋贼情迹可疑事》，第一历史档案馆，档号 04－01－02－0108－012。

触。相比陈庆桂的面面俱到，恽毓鼎奏折的高明之处在于，主体内容全部围绕岑春煊如何勾结康、梁着笔，大肆铺排了岑春煊与康有为、梁启超、麦孟华之间的密切关系，甚至搬出了戊戌年间旧事。所有这些都对准慈禧最忌讳、最痛恨之处，慈禧惊惧之余，联想到五月十六日奕劻独对所陈以及陈庆桂的弹劾，对岑春煊的信任彻底动摇。奏折、照片的互相印证，让慈禧最终"以久病未痊，允其（岑春煊）开缺调理"①。清流派的另一名大员林绍年也被排挤出军机处，改任河南巡抚。

回顾庆袁集团的反击过程，先排岑、再倒瞿、最后再倒岑，可以说，一环扣着一环，足见对攻击瞿、岑的精心策划。另外，恽毓鼎在丁未年七月初一日的日记中这样记载："闭户自缮封奏，劾粤督岑春煊不奉朝旨……冀朝廷密为之备也。蔡伯浩、顾亚蘧来久谈。"② 这段话前面说的是缮写封奏的主要内容，最后一句话转而说了蔡伯浩、顾亚蘧两个人的来访。蔡伯浩即蔡乃煌，也就是伪照片的始作俑者。顾亚蘧则曾"疏劾枢臣鹿定兴、尚书葛宝华，附片劾粤督岑春煊受病已深，请听其乞去，以示保全。诸辅恶伤其类，惮其敢言，乃摘附片中语巧中之。有旨回原衙门行走。"③ 原来顾亚蘧一年多前就曾经弹劾过岑春煊，并因此受到攻击和处分。《异辞录》"袁世凯不能达瞿鸿禨"条还载有顾亚蘧帮助袁世凯交纳瞿鸿禨的轶事："庆邸当国，项城遥执朝权，与政府沆瀣一气，所不能达者，惟善化一人，顾雅蘧侍御慨然以疏通自任，令善化、项城结为异姓兄弟。"④ 能够成为袁世凯试图交结瞿鸿禨的中间人，足见顾亚蘧与袁世凯的关系不简单。在这样一个非常时刻，三人聚在一起久谈，来访的两位都与弹劾岑春煊有重大关联、与庆袁集团关系密切，目的不言自明，无非是谋划怎样更好地把岑春煊参倒。由此可见，对于弹劾岑春煊，庆袁集团精心谋划，志在一击必中。

丁未政潮以瞿、岑先后被开缺，庆袁集团大获全胜而告终。通过这次事件，奕劻、袁世凯进一步排斥了异己势力，势力空前膨胀，清流派则在朝中再难站稳脚跟。随着瞿、岑的被罢黜，清廷中出现了权力失衡。为防

①岑春煊：《乐斋漫笔》，载荣孟源、章伯锋主编：《近代稗海》第一辑，成都：四川人民出版社，1985年，第105页。

②恽毓鼎著，史晓风整理：《恽毓鼎澄斋日记》，杭州：浙江古籍出版社2004年版，第351页。

③恽毓鼎著，史晓风整理：《恽毓鼎澄斋日记》，杭州：浙江古籍出版社2004年版，第312页。

④刘体智撰，刘笃龄点校：《异辞录》，北京：中华书局，1988年，第194页。

止奕劻等人擅权，维持权力平衡，清廷开始有意识地培植新势力，令醇邸载沣在军机处学习，以形成对庆袁集团的牵制，使得皇室"远支近支交相为励"[①]，不以奕劻为大。载沣"日见亲任，太后用以抵制庆王，亦如任崔玉贵以抵制李莲英。盖凡老臣老奴皆务妥慎，对于干犯礼义之端，不敢有一字唯诺，故太后皆防其掣肘，而预制之也。若某亲王之童骏，则可玩之于股掌之上。慈禧，慈禧可谓知人已已"[②]。慈禧还特意指派老臣鹿传霖指导载沣，学习军机处的各项事宜，预为接班奕劻。从这方面讲，载振之开缺不完全由于杨翠喜案，杨翠喜案只是一个开端，真正的原因在于皇室内部之争。与此同时，引张之洞、袁世凯同入军机，"盖太后之意，始欲借载沣以防载振，继又欲借之洞以抵制世凯，其虑不可谓不周。"[③] 慈禧此举虽然在一定程度上抑制了袁世凯政治势力的进一步扩张，但改变不了庆袁独大的局面。奕劻、袁世凯共同把持朝政，政多决于二人之手。

第三节 奕劻与清末立宪

1905 年，清廷派五大臣出洋考察宪政，自此拉开了清末立宪运动的序幕。1906 年，清廷召开预备立宪讨论会，庆亲王奕劻首先发言道："今读泽公及戴端两大臣折，历陈各国宪政之善，力言宪法一立，全国之人，皆受治于法，无有差别，既同享权利，即各尽义务。且言立宪国之君主，虽权利略有限制，而威荣则有增无减等语。是立宪一事，固有利而无弊也。比者全国新党议论，及中外各报海外留学各生所指陈所盼望者，胥在于是。我国自古以来，朝廷大政，咸以民之趋向为趋向。今举国趋向在此，足见现在应措施之策，即莫要于此。若必舍此他图，即拂民意，是舍安而趋危，避福而就祸也。以吾之意，似应决定立宪，从速宣布，以顺民心而副圣意。"[④] 这段陈述表明了奕劻赞成立宪的态度，其态度对清廷的决定至关重

---

①陈旭麓等编：《辛亥革命前后——盛宣怀档案资料选辑之一》，上海：上海人民出版社，1979年，第 54 页。

②王照：《方家园杂咏纪事》，载荣孟源、章伯锋主编：《近代稗海》第一辑，成都：四川人民出版社，1985 年，第 22 页。

③胡思敬：《国闻备乘》，载荣孟源、章伯锋主编：《近代稗海》第一辑，成都：四川人民出版社，1985 年，第 286 页。

④中国史学会主编：《辛亥革命（四）》，上海：上海人民出版社，1957 年，第 14－15 页。

要。奕劻多年经营外务部，对西方的政体情况有相当的了解，他又是皇室中政治经验最为丰富的老臣、重臣，因此他的话分量堪重。作为立宪改革的积极推动者，奕劻为了力促清廷早日宣布立宪规划政策，亲自上疏，他说："若不及早将国是决定，使宪政克期实行，万一人心不固，外患愈深，陷中国于朝鲜地位，臣等不足惜，其如太后、皇上何！"慈禧大为动容，当即答应宣布立宪年限。为使慈禧最后下定决心，奕劻又奏陈："此事关系国家存亡，大诏一下，即须实行。惟实行宪政利于君、利于民、而不利于官，将来不肖官吏恐不免尚有希冀阻挠者。请圣上十分决心，然后可以颁布，否则将来稍有摇动，恐失信于民，即危及君上，国家大局必败于阻挠者之手。"慈禧与光绪帝"毅然俞允"①。奕劻当时担任军机领班大臣，并且又管理财政处、练兵处、外务部，集国家内外大权于一身，如果推行立宪，设立责任内阁，他将顺理成章地成为内阁总理大臣的最佳人选。虽然奕劻是出于维护清廷统治和提升个人权位的目的才积极倡导立宪的，但毕竟提倡有功，使清末的宪政改革运动得以早日进行，加速了立宪派的成熟和觉醒，这一点是不容抹杀的。

在奕劻等人的支持下，光绪三十四年（1908 年），清廷确立了九年立宪的宗旨，声明在 1916 年颁布宪法，并于 1917 年召开国会。"各省议员要求速开国会"②，最后清廷在立宪派的压力和国内危机情势的逼迫下，同意将立宪日程缩短为四年。然而国内的局势已变，这种让步不过是杯水车薪，并未能救清廷于水火。

清末立宪将旧有的官僚系统打乱，传统各部皆改头换面，最重要的是根据预备立宪需要，在地方设立咨议局，在中央则先后设立资政院和内阁。作为元老重臣和皇族亲贵，奕劻担任第一任内阁总理。虽然以皇族组织内阁，不符合各君主立宪国的政治要求，但清廷仍然义无反顾地选择建立皇族内阁，这是亲贵用权的最突出表现。六月初十日内阁奉上谕：都察院代奏直省咨议局议员呈请另行组织内阁一折，黜陟百司，系君上大权，载在先朝钦定宪法大纲，并注明议员不得干预。值兹预备立宪之时，凡我君民上下何得稍出乎大纲范围之外。乃该议员等一再陈请，议论渐近嚣张，若不亟为申明，日久恐滋流弊。朝廷用人，审时度势，一秉大公。尔臣民等

①《时报》，光绪三十四年八月十一日。
②《光宣小记》，上海：上海书店出版社，1998 年，第 30 页。

均当谨遵钦定宪法大纲，不得率行于请，以符君主立宪之本旨。① 连英国的《泰晤士报》都认为："政府由此衰弱不幸之时代，今已稍稍警醒，渐有振作自强之象。政府既百事更新，将来自大有希望。以年老衰弱、优柔寡断、诡诈无能、行为乖邪之人掌宪政之发达，能否令人惬意则诚可为今讨论之问题也。夫则立资政院则固美举也。且以才智如溥伦其人者任资政院议长诚为可以褒扬之举，该院之讨论正当而尊严没，且颇具能力极为舆论称赞。乃为时不久去伦贝子，而代以老弱守旧之世续，无怪国人之稍明事理者莫不诟此为失策也。国民前争设内阁，今内阁已成立矣，以庆亲王为内阁总理大臣，此新内阁不过为旧日军机处之化名耳。彼辅弼摄政王者咸注意于满汉界限，而欲使满人操政界之优权，此诚愚不可及之思想，以故国民极多非议。夫庆亲王在大臣中为摄政王所最亲任者，亦政界中最腐败者，此种扬满抑汉之愚策必出于庆谋无疑也。"② 并且，"凡大臣之所有之显秩庆无不兼而有之 。庆尝为海军处总监，今日中国海军之窳状令人可悲，庆之无能即此可见。又庆曾充练兵处大臣，今日兵政之成效如此亦由其溺职有以致之也。庆之所签之重要条约，其最近之满洲条约及其附增之约，约中允许日本改筑安奉间所设之军用铁路后，以不能践约，日本乃不待中国之许可而自由行动。庆历任以来所为损辱国威之举不知凡几，此仅其一耳。庆居外务大臣之任，而对于应尽之职务悉去而不理。其待遇列强使臣之态度，天下各国无一能容忍之。各国代表尝专程往见此老朽腐败之员讨论交涉问题，六年以来已见六见矣，盖因庆虽为外务部大臣，而常常不在外务部办事也。但庆在私邸接见外使亦属希遇之举，虽帝王之拒人亦无以过之矣。"③ 对于皇族内阁，《申报》甚至直言："政府绝不以舆论从违为意，而实行宪政之神髓先亡。"④内阁设立后，所有职权概归内阁办理，如厘定京师官制、直省官制，设立行政审判院，设立审计院，设弼德院顾问大臣，编订文官考试，任用官俸各章程皆由政务处移归内阁办理，惟诸项政务皆系与宪政编查馆同办。故当内阁成立之时，即同时降旨以总协理大臣兼充宪政编查大臣，名虽为内阁与宪政馆同办，实则主持大权仍属于总协理。而宪政官

①中国第二历史档案馆编：《中华民国史档案资料汇编》（第一辑《辛亥革命》），南京：江苏古籍出版社，1991年，第135页。

②《庆亲王历史》，《申报》，宣统三年五月十二日。

③《庆亲王历史》，《申报》，宣统三年五月十三日。

④《对于钦定阁制之疑问》，《申报》，宣统三年四月十二日。

之提调、总帮、会办、局长皆惟庆那等之马首是瞻。"① 由此可见，奕劻在立宪改革过程中的职权之大。协理大臣徐世昌、那桐皆属庆党成员，因此，奕劻行使内阁总理职权时并不受协理大臣的限制和左右。

奕劻虽是宪政改革的积极提倡者，然而在对切实施行新政并不热心，甚至敷衍塞责。例如，奕劻对全国各地议员的请愿活动并不认可，《申报》直言："政府敷衍新政之假面目至今日而益形披露矣。各省代表之来京请开国会也则押令出京，资政院民选议员之来京请开临时会也，则又欲押回原籍。国会为立宪之主脑，而资政院又为议院之基础，政府乃深恶痛绝若此。"②自从担任内阁总理之后，奕劻遇到舆论压力动辄辞职，时论称："内阁成立而大臣乃负责人，吾今始恍然于临时会迟迟入奏之故，临时会入奏而总理大臣将不能辞其责任；吾今始恍然于庆邸辞职之故，庆邸辞职而责任无人敢负；吾始恍然于第二届常会忽然降谕之故，是故庆邸之辞职为临时会也逃责任也，以常会谕旨抵制临时会留庆邸也。先为卸去责任也。呜呼，总理大臣逃避责任之作用如此。"③ 遇有政见不统一之事，庆亲王奕劻往往选择退避三舍，不予过问。宣统三年（1911 年）六月间，奕劻连续几天未入值，究其原因，"盖因现议更调各省督抚及组织新内外官制两问题与监国意见颇有不合，故暂行托病请假以示其不愿干预。"④ 作为内阁总理，庆亲王奕劻不思力行立宪、改变清末弊政，而是一味推诿责任，仍然按照原来的方法行事，其假立宪之意由此可见。

另外，庆王好货，世人皆知。正因为他的这一禀性，袁世凯才有机会成为庆王的挚友。清廷决定进行立宪改革之时，袁世凯"借此以保其后来"⑤，因此对立宪提倡最力，曾言："官可不做，宪法不能不立。"⑥ 作为袁世凯盟友的奕劻亦赞成立宪，并有担任内阁总理之势。但由于袁世凯锋芒太露，遭到清廷猜忌，最终才没有按照奕劻、袁世凯的立宪主张行事。袁世凯被罢归洹上之后，奕劻和袁世凯仍然有书信、电报往来，联系密切。

①《总协理兼任宪政馆之用意》，《申报》，宣统三年五月初一日。

②《何不裁撤资政院》，《申报》，宣统三年二月二十四日。

③《庆邸之妙用》，《申报》，宣统三年四月十七日。

④《庆邸请假别因之传闻》，《盛京时报》，宣统三年闰六月十八日。

⑤陈旭麓等编：《辛亥革命前后——盛宣怀档案资料选辑之一》，上海：上海人民出版社，1979年，第28页。

⑥陈旭麓等编：《辛亥革命前后——盛宣怀档案资料选辑之一》，上海：上海人民出版社，1979年，第26页。

宣统二年（1910年），袁世凯嫁女，奕劻、载振父子皆有厚礼相赠送。另外，金梁曾记载："初，庆亲王领军机时，僚属皆仰其意旨，及载某（载泽）等入阁，常攘臂争呼，无复体统。庆亲王常怫然曰：'必不得已，甘让权力于私友，决不任孺子得志也。'故于之再出也，颇致其力，至是遂验。于是袁世凯奉命组阁，尽斥亲贵。"① 显然，奕劻这个"私友"特指袁世凯。虽然袁世凯的再次出山是时势使然，并不是奕劻直接作用的结果，但是奕劻亦从中出力不少。例如，奕劻在被任命为内阁总理之后，遭到资政院之弹劾，遂屡次提出辞职，并屡促项城（袁世凯）出山②，外间甚至谣传"庆亲王将荐袁世凯以自代"③。"庆邸及徐那两大臣力陈其（袁世凯）才可大用，足胜新内阁协理之任。"④ 武昌起义以后，清廷的王公大臣们自摄政王载沣、庆奕王奕劻而下都没有应变的大才，都拿不出处理军政的上策。而奕劻、那桐、徐世昌、袁世凯在西太后垂帘听政的时候，共同参与军政机宜，利害相关已非一日。所以在袁世凯被罢斥以后，同情其处境，希望其能有出山的一天，恢复他们的声势，也是情理的自然。自袁世凯到彰德以后，奕劻和袁世凯本有私电往返，武昌事起后往返就更频繁了，并且曾派员去彰德面商大计。当时，他们认为只有袁世凯出山才能应付那突然的变化，而当时也是引袁出山的好机会。因此，在二十三日由奕劻向载沣提出起用袁世凯的意见，但载沣并不表示态度。奕劻说："当前这种局面，我是想不出好办法。袁世凯的识见、气魄，加上他一手督练的北洋军队，如果调度得法，一面剿一面安抚，确实有挽回大局的希望。不过这件事要办就办，若犹豫迟延，就怕民军的局面再一扩大，更难收拾了。并且东交民巷也有'非袁出来不能收拾大局'的传说。"当时那桐、徐世昌也从旁附和，但载沣是反对这个意见的，不过他也拿不出什么办法。载沣同隆裕皇太后商量，隆裕皇太后也束手无策，考虑了些时候，也只好姑且答应了，但是他要奕劻保证袁"没有别的问题"⑤。为了劝袁世凯出山，奕劻"派阮斗瞻

①《光宣小记》，上海：上海书店出版社，1998年，第38页。
②《袁项城之出山问题》，《盛京时报》，宣统三年闰六月二十八日。
③《袁世凯起用之消息》，《申报》，五月二十九日。
④《起用项城最近消息》，《盛京时报》，宣统三年六月初七日。
⑤冯耿光：《廕昌督师南下与南北议和》，载《辛亥革命回忆录（六）》，北京：文史资料出版社，1981年，第352－353页。

（忠枢）来劝驾"①。正是"庆王、那桐的再三力保，或者可用"②，清廷才最终起用袁世凯。奕劻在袁世凯出山一事上费力颇多。由此可以看出，奕劻与袁世凯交情非同一般。而且，奕劻并不反对由袁世凯担任内阁总理。在清末立宪的过程中，奕劻因受袁世凯贿赂和笼络，对袁世凯百般依赖，影响到宪政的正常施行。

奕劻在担任内阁总理后，屡屡放出辞职的风声，但直到辛亥革命发生前都未真正辞去总理的官职。"振贝子（载振）未出洋之前，曾力谏庆邸辞退总理大臣之位，庆邸亦欣然俯允。嗣经监国一再慰留，两协理及各国务大臣凡于庆邸有关系者皆竭力设法挽留，庆邸退志遂渐消。自振贝子回国，乃历陈外人如何轻视，大局如何危险，各国著名报纸及一切舆论对于新内阁之举动百般讥消，趁此大局尚未倾覆，何不赶速乞退，俾朝廷另简贤能挽救颓局，纵有不虞亦可卸责，免为众矢之的。父王年已古稀，秉政多年，贪亲王双俸且世袭罔替，在亲贵中亦继宠荣之极点，正可优游林下，以乐天年，何苦执政操劳受人指责？"但"庆邸谓本拟决计乞退，乃监国慰留各王大臣极意劝挽，故至今未能如愿。振贝子谓他人不过依赖主义，恐父王退后个人地位不稳固，极力挽留，并非厚爱于我。国势衰弱至此，此后内政外交之棘手较前应更困难十倍焉，可自虑危险而为他人保全位耶。庆邸大为醒悟，次日即行请假，并决计一再续假，末后辞职，无论监国如何慰留断不再出。又两协理屡次奏保振贝子，监国亦决计大用振贝子。因前由农商开缺，仍由农部其他要缺，各有为难之虑均不愿担任。故两协理日前商之伦贝子欲令仍回资政院藉可获缺，而伦贝子亦窥知阁臣之意，词甚决绝，宁愿让缺闲居，断不再回资政院。现振以彼此同系亲贵，万不可因此致生意见，又壮志已灰，闻已致谢阁臣，无论何缺切勿再行奏保。惟庆邸果退，则朝廷必重用振贝子以慰贤良之意，恐当时不容辞职。"③由此可见，年逾古稀的庆亲王奕劻，之所以一直恋栈于权位，一为贪图总理大臣的权势与俸禄，不想错失权力和利益双收的大好机会，一为"庆邸不速退者因振贝子无秉政位置"④，想在自己在位期间为儿子载振的仕途发展铺平道路。

---

①王锡彤：《抑斋自述》，开封：河南大学出版社，2001年，第172页。

②溥伟：《让国御前会议日记》，载中国史学会主编：《辛亥革命（八）》，上海：上海人民出版社，1957年，第110页。

③《此次出洋后之振贝子》，《盛京时报》，宣统三年闰六月十七日。

④《袁项城之出山问题》，《盛京时报》，宣统三年闰六月二十八日。

1911 年，载振参加英皇加冕就是奕劻努力为之的结果。但载振在英国备受冷遇，"一、座席与波斯国同等事；二、归途只以普通头等伙食而不备专车事。三、于公会遭其冷眼看待之事；四、因无官职故不认为国家代表，且又非皇家近亲而属皇帝代表似属不稳。"① 载振重新踏入政坛之路并不顺利，最后只做到弼德院顾问大臣的虚职。载振在英国所受的待遇也反映出奕劻在外国人心目中地位的变化，奕劻的形象已经大不如辛丑议和之时。结果奕劻是"捡了芝麻丢了西瓜"，既没有维护住清廷的统治，又没有保住他和子孙的将来，倒是在立宪改革过程中落下一身骂名。

第四节 奕劻与清帝退位

奕劻是晚清政坛中的一个重要角色，对于清帝退位这一历史事件有相当影响。辛亥革命爆发后，清廷在全国各地的统治受到严重威胁，各地纷纷宣布独立。在这种危迫的情势下，奕劻力主清帝退位。皇族成员载润对于奕劻主张清帝退位一事记载道："奕劻、那桐等人，又只知贪污受贿；袁世凯有鉴于此，乃极力拉拢奕劻、那桐和张兰德三人，对彼等大行贿赂，以满足其贪财之欲。他一方面利用张兰德哄骗隆裕；另一方面又利用奕、那挟制载沣。因此，实际上当时的军政大权已操诸袁世凯之手。即在袁辞去军机大臣，而返回河南之后，仍在暗中操纵一切。及革命军起，清廷复起用袁为内阁总理大臣，袁乃认为时机已至，遂利用革命声势，对清廷进行威胁，而自己乘机窃取国政。"② 时人尚秉和在《辛壬春秋》中写道："醇亲王载沣、庆亲王奕劻、贝子溥伦附和隆裕太后，主张实行共和。溥伦甚至认为与其召集国会议决共和，不如自行禅让，对皇室更有益。近支王公中只有恭王溥伟、镇国公载泽、贝勒载涛谏阻。"③ 另据《泰晤士报》记者莫理循的书信记载："在清廷颁布退位诏书之前，袁世凯曾派人拜见各位亲王，试图先争取皇室诸亲王的同意。蔡廷干被派往拜见载润和其他一些

---

① 《振贝子之愤》，《盛京时报》，宣统三年闰六月二十六日。
② 载润：《隆裕与载沣之矛盾》，载《晚清宫廷生活见闻》，北京：文史资料出版社，1982 年，第 78 页。
③ 尚秉和：《辛壬春秋》，北京：中国书店出版社，2010 年，第 166 – 167 页。

显贵。载洵对退位诏书欣然表示同意，只有肃亲王善耆和贝勒毓朗提出反对。"① 1912 年 8 月 20 日，赵尔巽在劝戒东三省各界不要受宗社党蛊惑的演讲中声称"亲贵中首领庆亲王，即是首先赞同共和的人"②。可见，奕劻一贯持有支持清廷退位的态度。

十一月初九日，"隆裕太后召见近支王公七人，国务大臣十人，下谕旨召集国会议君主立宪及共和政体。"③ 内阁官员许宝蘅对这次召见的情况记载得比较详细："皇太后（隆裕）御养心殿，先召见庆亲王等近支王公，旋召集内阁总理和各国务大臣。皇太后谕：'顷见庆王等，他们都说没有主意，要问你们。我全交与你们办，你们办得好，我自然感激，即使办不好，我亦不怨你们，都是我的主意，言至此，痛哭，诸大臣亦哭。又谕：'我并不是说我家里的事，只要天下平安就好。'诸大臣退出拟旨进呈，诸王公又斟酌改易数语，诸王公复入对一次，退出后，诸大臣向诸王公言及现在不名一钱，诸王公默然，候旨发下后各散。"④ 此次讨论无果而终，王公们毫无主见，奕劻亦出于谨慎并未发表意见，总理大臣和国务大臣只说现在财政紧张，并不想干涉清廷的决定。对于清廷财政枯竭的问题，作为总理大臣的袁世凯决定从王公亲贵中搜刮军饷。前方"各路军队统领来电请亲贵牺牲财产，将士牺牲性命，不认共和。"⑤ 但亲贵有限的捐款无疑是杯水车薪，不可能解决当时的财政危机，亦不能使清帝摆脱退位的困境。清廷只得又召开御前会议讨论宪政与共和政体问题。

几天之后，清廷再次召开御前会议。据俄国公使记载："奕劻在此次会议中主张有条件退位，而蒙古王公反对。据俄国驻北京代理公使世清致俄外务大臣沙查诺夫的电报，十一月二十九日隆裕举行御前会议，其中有七名皇室亲贵与七名蒙古王公参加。庆亲王在此次会议中指出清廷经费和军需匮乏，他坚决主张在革命军答应保护皇族动产和不动产，保护宗庙，妥修德宗崇陵等条件下清帝退位。然而，蒙古王公提出异议，并认为革命军

---

①骆惠敏编，刘桂梁等译：《清末民初政情内幕——〈泰晤士报〉驻北京记者、袁世凯政治顾问乔·厄·莫理循书信集下卷（1912—1920）》，上海：知识出版社，1986 年，第 817 页。

②章开沅等编：《辛亥革命史资料新编》第 3 卷，武汉：湖北人民出版社，2006 年，第 239 页。

③那桐：《那桐日记》，北京：新华出版社，2006 年，第 706 页。

④许宝蘅：《许宝蘅日记》第一册，北京：中华书局，2010 年，第 385 - 386 页。

⑤许宝蘅：《许宝蘅日记》第一册，北京：中华书局，2010 年，第 387 页。

的保证不可信。于是，会议最后没有达成决议。"① 恽毓鼎的《恽毓鼎澄斋日记》记载："知昨日亲贵会议，奕劻力主禅让，溥伦和之，因蒙古王公不可而散。定于初一日再决议，同人拟尽明日之力，游说诸亲贵，开陈让位之害，以折其邪谋。明知无益，而奔走呼号，聊尽吾辈之心而已。天下者祖宗之天下，岂奕劻等所能送人耶？"② 但他记述的会议时间是十一月二十八日。据胡惟德言："皇太后十一月二十八日，见内阁全体密奏，又适袁总理被炸，极恐慌。二十九日，召开御前会议，宗室各王公等齐集，伦贝子（溥伦）主张自行颁布共和，庆邸附和之，皇太后抱皇帝大哭，醇邸（载沣）无言，恭邸（溥伟）、泽公（载泽）反对最力，无结果。"③ 十一月三十日，莫理循收到蔡廷干的信函，"蔡廷干称满族和蒙古族的王公们在十一月二十九日的会面中缄口不语，只有一个蒙古人即那王无拘束地发了言，他是主战的。"④ 许宝蘅二十九日因病并未到署，后来他在十二月初一日的日记中补记道："廿八日国务大臣与亲贵庆、醇诸邸会议，有议请后、帝退位，于天津另组织统一临时政府，民军政府亦同时取消，以蒙古王公反对甚力，未曾决议，今日又于旧内阁会议，总理因请假未到，庆邸亦不敢主张，前议仍未决定。"⑤ 溥仪在《我的前半生》中写道："太后召集第一次御前会议，会上充满了忿恨之声。奕劻和溥伦由于表示赞成退位，遭到了猛烈的抨击。"⑥ 亲历御前会议的溥伟有记，十一月二十九日的内阁会议中，只有溥伟反对赵秉钧代表袁世凯提出设临时政府于天津的建议。溥伟在此会议中主战，认为"汉阳已复，正宜乘胜再痛剿"，驳斥了梁士诒所称汉阳虽胜，但北方无饷无械以及胡惟德所举之外国不赞成开战的理由。奕劻则说："议事不可争执，况事体重大，我辈亦不敢决，应请旨办理。"⑦ 于是群臣和之。虽然上述几种版本史料的说法不尽相同，但基本可以认定奕劻不同意开战，并且此次会议没有达成统一的共识。

---

①陈春华等编译：《俄国外交文书选译：有关中国部分 1911.5—1912.5》，北京：中华书局，1988 年，第 256 页。

②恽毓鼎著，史晓风整理：《恽毓鼎澄斋日记》，杭州：浙江古籍出版社，2004 年，第 571 页。

③张国淦：《辛亥革命史料》，上海：龙门联合书局，1958 年，第 309 页。

④骆惠敏编，刘桂梁等译：《清末民初政情内幕——〈泰晤士报〉驻北京记者、袁世凯政治顾问乔·厄·莫理循书信集下卷（1912—1920）》，上海：知识出版社，1986 年，第 838 页。

⑤许宝蘅：《许宝蘅日记》第一册，北京：中华书局，2010 年，第 390 页。

⑥溥仪：《我的前半生》，北京：群众出版社，2007 年，第 43 页。

⑦溥伟：《让国御前会议日记》，载中国史学会主编：《辛亥革命（八）》，上海：上海人民出版社，1987 年，第 112 页。

随着局势日趋紧迫，清廷迟迟未决，只好再次召开御前会议。俄国代理公使世清在一份电报中称："禁卫军军官代表曾去见庆亲王，并以死相威胁，迫使庆亲王在十二月初一日御前会议上放弃声明，主张君主立宪。"①十二月初一日，水野幸吉在致莫理循的函件中也称："庆亲王出乎意料地突然改变了态度，变得拥护君主立宪。这显然是因为昨天晚上禁卫军代表对亲王殿下进行了恫吓性的访问。"② 许宝蘅在其日记中也称十二月初一日的会议，庆亲王"亦不敢主张"，"前议仍未决定"。溥仪记曰："奕劻没有敢来，溥伦改变了口风，声明赞成君主。"③ 另据记载："三十日，又开御前会议，庆邸未至，伦贝子忽而反对，恭邸等尤坚持亦无结果。十二月初一日，又开御前会议，胡惟德、赵秉钧、梁士诒奏请共和，故令余等列席，是日，庆邸仍未至，恭邸、泽公主持仍坚决，据说，庆邸不至系为宗社党人所挟持，伦贝子出尔反尔，亦因此也。洵、涛两贝勒未发一言。后赵秉钧等提出内阁解决时局办法，将北京政府与南京政府同时取消，另于天津组织临时统一政府，各亲贵王公与议者均反对，无结果。"④ 溥伟在他的日记中指出，"被隆裕太后召见参加十二月初一日御前会议的有：醇王、溥伟、睿王、肃王、庄王、载润、载涛、毓朗、载泽、那王、贡王、帕王、宾图王、博公，未列奕劻之名。隆裕太后询问诸亲贵到底是君主立宪好还是共和好，众亲贵都说"臣等皆力主君主，无主张共和之理"。在此次会议中，溥伟、那彦图、善耆都表示主战。而隆裕在向溥伟等人称，她并非主张共和，"都是奕劻同袁世凯说的"。隆裕还向溥伟说，让奕劻求外国人，奕劻则称外国人认为革命党是要政治改良才用兵，除非摄政王退位，外国人才帮忙。溥伟以载沣退政而外国仍未助清为由，说奕劻欺罔。那彦图也叫隆裕不再相信奕劻。溥伟和载指出，乱党实不足惧，只要出军饷，就有忠臣去破贼杀敌。冯国璋说过，发三个月的饷他就能把革命党打败。内帑已经给袁世凯全要了去，太后摇头叹气。溥伟拿出日俄战争中日本帝后以首饰珠宝育军的故事，劝请太后效法。善耆支持溥伟的意见，说这是个好主意。隆裕说：

①陈春华等编译：《俄国外交文书选译：有关中国部分 1911.5—1912.5》，北京：中华书局，1988 年，第 267 页。

②骆惠敏编，刘桂梁等译：《清末民初政情内幕——〈泰晤士报〉驻北京记者、袁世凯政治顾问乔·厄·莫理循书信集下卷（1912—1920）》，上海：知识出版社，1986 年，第 839 页。

③溥仪：《我的前半生》，北京：群众出版社，2007 年，第 43 页。

④张国淦：《辛亥革命史料》，上海：龙门联合书局，1958 年，第 309、310 页。

"胜了固然好，要是败了，优待条件都没有，岂不是要亡国么?"① 另据《盛京时报》载："庆亲王因赞成共和，大不利于众口，近支王公颇为反对，故庆邸托词抱病，特请假五日以资休息。"② 从以上几则材料可见，在这次会议中主战派占了上风，奕劻慑于各界的压力，没有明确表明自己的态度，但其主张退位的心意已经为各界所知悉。

十二月初八日，"夜半十一点钟军谘使良弼自肃王府归红罗厂寓，有乘马车之军服人出车拜谒，既近身，陡掷炸弹，党人立陨，良弼急避，仅伤其足，骨肉糜碎。"③ 后来良弼不治身亡。良弼毕业于日本的士官学校，是"满族少壮派军人的代表人物"④，在亲贵当中属于强硬派。此次炸弹事件发生后，主战的亲贵如善耆、溥伟等人闻风丧胆，纷纷避居大连、青岛等地。十二月初九日，"段祺瑞领衔及各军统领电奏要求共和，初十日晋省文武电奏请逊位"⑤。段等又"致电清内阁，斥责阻挠共和的王公，称即率全军将士入京，与之剖陈利害"。谣言不断地传播开来，称："革命军正在从海道北上；随时可以期望他们在烟台或秦皇岛登陆；本地报纸毫不犹豫地劝告朝廷体面地下台，而不要等到被迫退位。他们曾敦促各国舆论为此项活动服务，并且通知各条约口岸的商会说：如果他们申述目前的不稳定状态正在使贸易蒙受损失，并且告诉朝廷采取那些可能满足大部分群众愿望的和解措施是可取的，那么，将促进事态的发展。根据这个意见，上海商会理事会向前任摄政王、庆亲王和世凯发了上述内容。"⑥ 正如陈夔龙所说的那样："（袁世凯）嗣复授意前驱各将领，联衔力请逊位。沪上傩居某督等和之。商界各巨子亦和之。英国公使某君，亦复为之声援。"⑦ 情势所迫之下，十二月十二日，隆裕太后再次召集御前会议，在会议上，奕劻、载沣"皆以人心倾向共和，不若逊位全终"，于是才最终下定退位决心。另外，根据载润的说法："奕劻内阁总理辞职后，袁世凯内阁成立。时奕劻家

---

①溥伟：《让国御前会议日记》，载中国史学会主编：《辛亥革命（八）》，上海：上海人民出版社，1957年，第112－113页。

②《庆邸请病假原因》，《盛京时报》，宣统三年十二月初十日。

③恽毓鼎著，史晓风整理：《恽毓鼎澄斋日记》，杭州：浙江古籍出版社，2004年，第573页。

④申君：《清末民初云烟录》，成都：四川人民出版社，1984年，第30页。

⑤许宝蘅：《许宝蘅日记》第一册，北京：中华书局，2010年，第391页。

⑥《尔典爵士致格雷爵士电》，载胡滨译：《英国蓝皮书有关辛亥革命选译》上册，北京：中华书局，1984年，第344页。

⑦陈夔龙：《梦蕉亭杂记》，载荣孟源、章伯锋主编：《近代稗海》第一辑，成都：四川人民出版社，1985年，第412页。

居托病不出。载沣曾多次派王公、贝勒至其家敦请（我亦被派），始勉强进内应隆裕之召对。进内时即对大众声言：'革命军队已有五万之众，我军前敌将士皆无战意。'旋至听候召对室，又复申前言说：'革命党已有六万之众，势难与战。'当时那彦图闻而嘲笑之说：'数分钟内，革命党军队又增加了一万人之众，何其如此之速耶！'当时隆裕经奕劻如此说法，遂亦表示倾向议和。斯时载沣已辞去监国摄政，退归藩邸，不久，隆裕即下共和诏矣。后闻人云，奕劻曾受袁世凯数十万之贿，故为此语，并非认识到共和对国家有何好处而有此主张。"① 依据载润的说法及以上不同史料的记述，基本可以肯定奕劻赞成清廷退位的态度。

后来经过商讨，确定了宣统皇帝退位后清室的优待条件。清室的优待条件如下："第一款，大清皇帝辞位之后，尊号仍存不废。中华民国以待各外国君主之礼相待。第二款，大清皇帝辞位之后，岁用四百万两。俟改铸新币后，改为四百万元，此款由中华民国拨用。第三款，大清皇帝辞位之后，暂居宫禁。日后移居颐和园。侍卫人等，照常留用。第四款，大清皇帝辞位之后，其宗庙陵寝，永远奉祀。由中华民国酌设卫兵，妥慎保护。第五款，德宗崇陵未完工程，如制妥修。其奉安典礼，仍如旧制。所有实用经费，并由中华民国支出。第六款，以前宫内所用各项执事人具，可照常留用，惟以后不得再招阉人。第七款，大清皇帝辞位之后，其原有之私产由中华民国特别保护。第八款，原有之禁卫军，归中华民国陆军部编制，额数俸饷，仍如其旧。"② 对皇族的优待条件为："王公世爵，概仍其旧。对于中华民国国家之公权及私权，其与国民同等其私产，一体保护。免其当兵之义务。对于这个优待条件，太后甚为满意，亲贵亦认可"③。十二月二十五日，隆裕太后下懿旨三道，"宣布共和立宪政体"④。

对于奕劻主张退位的行为，溥仪大不认同，认为是奕劻断送了清朝的江山。他说："奕劻去世，他家来人递上遗折，请求谥法。内务府把拟好的字眼给我送来了。按例我是要和师傅们商量的，那两天我患感冒，没有上课，师傅不在跟前，我只好自己拿主意。我把内务府送来的谥法看了一遍，

---

① 载润：《有关奕劻的见闻》，载《辛亥革命回忆录（六）》，北京：文史资料出版社，1981年，第465－466页。

② 溥仪：《我的前半生》，北京：群众出版社，2007年，第45－46页。

③ 许宝蘅：《许宝蘅日记》第一册，北京：中华书局，2010年，第393页。

④ 那桐：《那桐日记》，北京：新华出版社，2006年，第709页。

很不满意，就扔到一边，另写了几个坏字眼，如荒谬的'谬'，丑恶的'丑'，幽王的'幽'，厉王的'厉'，作为恶谥，叫内务府拿去。过了一阵，我的父亲来了，结结巴巴地说：'皇上还还是看在宗宗室的份上，另另赐个……''那怎么行？'我理直气壮地说：'奕劻受袁世凯的钱，劝太后让国，大清二百多年的天下，断送在奕劻手里，怎么可以给个美谥？只能是这个：丑！谬！''好，好好。'父亲连忙点头，拿出了一张另写好字的条子来，递给我：'那就就用这这个献字，这这个字有个犬旁，这字不好……''不行！不行！'我看出这是哄弄我，师傅们又不在跟前，这简直是欺负人，我又急又气，哭了起来：'犬字也不行！不行不行！不给了！什么字眼也不给了！'梁鼎芬为此在其侍讲日记里称：宣统九年正月初十日，召见世续、绍英、耆龄，谕曰：奕劻贪赃误国，得罪列祖列宗，我大清国二百余年之天下，一手坏之，不能予谥！已而谥之曰'密'。奕劻本有大罪，天下恨之。传闻上谕如此，凡为忠臣义士，靡不敢泣曰：真英主也！"[1]溥仪本欲为奕劻赐予一个谬、丑、幽、厉之类的恶谥，在元老世续、绍英等人的劝说下才勉强赐了一个密字。这样，在近支亲贵和清廷遗老的眼中，奕劻成为彻头彻尾的葬送清朝江山的一大罪臣。那么奕劻在此期间有哪些不顾惜国运的表现呢？

武昌起义发生后，京畿各地陷入一片恐慌局面。"谣言甚多，传某某处皆兵变失守矣，或系伪电，或出讹传，均无其事。外城吴厅丞（篯孙）张皇失措，勒停唱戏，讥察行人，而无识无胆之京官，挈眷出都。邮传大臣复欲停止京津火车，一时人心摇惑，市面大扰，银行、钱店纷纷兑取银洋，周转不灵，遂致接踵闭门，钞票竟成废纸，甚至大清银行钞票亦不收用，是无国家矣。米价飞涨至每石银十二两，若非巡警得力，则剽剟横行，辇下不乱而自乱矣。"[2] 面对这样一个混乱与紧迫的国内环境，奕劻等人丝毫不顾及国运危迫，从大清银行大量提款，使官办银行陷入困难处境，加剧了清廷的财政危机。据莫理循记载，庆亲王从大清银行提款二十五万两白银，直接导致了北京的财政恐慌。"由于东方汇理银行以为期六月利息七厘，向大清银行贷款一百万两，恐慌稍为平息。目前户部正努力从四国银行（法国东方汇理银行、德华银行、美国财团、汇丰银行）得到一千二百

---

①溥仪：《我的前半生》，北京：群众出版社，2007年，第70－71页。
②恽毓鼎著，史晓风整理：《恽毓鼎澄斋日记》，杭州：浙江古籍出版社，2004年，第552页。

万两，为期一年的贷款。他们准备付八厘或更多些的利息，以皇家敕令作担保。皇室丝毫无意要动用其积累起的价值达一千多万英镑的财富（在1900年就达九百万英镑以上，从那以后，特别是前几天，又大大增加了），这时朝廷也预见到不得不离开北京的可能性。"① 这一说法在《恽毓鼎澄斋日记》中得到了证实："上月二十一以后，乱事初起，众亲贵竞向银行票号提取现银，挈存外国银行，且有倒贴子金以求其收纳者。庆王最多，二百四十万（外间传为二千四百万，恐无如此之多）。世中堂累代储积，有二百万。那中堂亦有此数。洵、涛两贝勒则仅百万。此外，极少皆数十万。观此而近十年之朝政可知已，不酿成亡国之祸不止也。国苟亡，此金亦总归乌有耳。"② 奕劻等亲贵大臣疯狂兑现的行为加速了社会的恐慌程度。在清朝政权生死存亡之际，亲贵等人离心离德，没有起到代表和表率作用，丝毫不顾及国运民情，直接影响到政权的威信力和统治力，变相加速了清廷的灭亡。

另外，面对迫在眉睫的财政枯竭境况，亲贵大臣不得不捐款救国。通过奕劻等亲贵的捐款情况可以看出他们拯救国家的作为。"清末，政府有发行公债票之议，自大僚至微秩，均须先行声明认购若干，以认购之多寡判定赏罚。那为内阁协理，位高百官，踌躇不决，密商奕劻，共筹规避之策，决议各人以卖产卖物为掩耳盗铃之计。于是，老庆卖车马，老那卖房屋，大登广告于报章，以炫人耳目。一日，二人遇诸朝，那责庆不应以不值钱之车马出售，启人疑窦，而自诩卖屋为万全之谋。庆曰：上若强迫承认，虽宣言卖身，亦复无益也。相与拊掌狂笑。"③ "'爱国公债'是若干时候以前批准的一项计划，但现在已成为对官吏阶层的一种强制性的征税。发行这项公债似乎并不含有明智稳妥的财政措施的因素。"④ 奕劻为了规避捐输，不惜卖车卖马以掩饰其真实财务状况，其他人亦是如此。这就导致"爱国公债章程自颁布以来，王公大臣应者寥寥。庆邸富可敌国不过捐五万两，洵贝勒得势不过三年积资可与庆王颉颃，此次闻只出一万两，泽公掌度支

---

①骆惠敏编，刘桂梁等译：《清末民初政情内幕——〈泰晤士报〉驻北京记者、袁世凯政治顾问乔·厄·莫理循书信集下卷（1912—1920）》，上海：知识出版社，1986年，第765页。

②恽毓鼎著，史晓风整理：《恽毓鼎澄斋日记》，杭州：浙江古籍出版社，2004年，第558页。

③陈灏一：《睇向斋秘录（附二种）》，北京：中华书局，2007年，第37页。

④《朱尔典爵士致格雷爵士电》，载胡滨译：《英国蓝皮书有关辛亥革命选译》上册，北京：中华书局，1984年，第316页。

数年，所得尤巨，闻只捐一万两千两。那桐亦不敢多捐只出万金，惟世续慨捐八万两为王公大臣中最多者。"①

"（袁世凯）以接济军用为名挤出了隆裕的内帑，同时逼着亲贵们输财赡军，亲贵感到了切肤的疼痛，皇室的财力陷入了枯竭之境。至此，政、兵、财三项全到了袁世凯手里。"② 绍英因载泽辞职，在辛亥末年曾暂署度支大臣，对当时王公大臣的捐输情况十分了解。根据他的记载："在辛亥十一月初七日，奕劻约见绍英，令人于初九日到王府取银十万两。十七日，奕劻又令绍英于十九日派人到府邸领银五万两购买债券。"③ 奕劻好贪是中外皆知的，他积蓄财富甚多，"据称在外国银行的存款，即有七百一十二万五千镑"④。而在捐输的过程中，奕劻却仅出资十五万两，为此，舆论对他颇多非议。郑孝胥直言道："宫中存款已尽出，约九百万两，可支至十二月初旬耳。亲贵私蓄二千九百万，皆不肯借作国债，惟庆邸出十万而已。虽谓亲贵灭清可也。"⑤ 亲贵们虽然捐输了钱财，但仍受到舆论的谴责，因为他们没有竭尽全力、倾尽所有。更何况从主观意愿上来说，包括奕劻在内的众亲贵看清廷大势已去，并不愿与政权共存亡、舍家纾难、放手一搏。"有些满族官员为了安全起见，已把他们的家属迁出北京；其他一些官员正在为他们自己的安危或顺利逃跑进行安排。"⑥ 奕劻属于亲贵中的老谋深算者，他早已将自己的财产转移，并安排好了避居天津的退路。鉴于亲贵吝于捐款，袁世凯派人查各亲贵在银行的存款，绍英告曰："查明亲贵大臣在各银行并无存款"⑦。事实上，各大臣并非没有存款，只是他们已将个人存款转移。

对于时局的危迫情况，恽毓鼎痛心疾首地论道：三年新政，举中国二千年之旧制，列圣二百年之成法，痛与划除，无事不纷更，无人不徇私，国脉不顾也，民力不恤也。其为害，智者知之，愚者知之，即当权之大老

①《王公大臣之爱国如此》，《盛京时报》，宣统三年十一月初七日。

②溥仪：《我的前半生》，北京：群众出版社，2007年，第40页。

③绍英：《辛亥年日记》，载《绍英日记》第2册，北京：国家图书馆出版社，2009年，第263、268页。

④骆惠敏编，刘桂梁等译：《清末民初政情内幕——〈泰晤士报〉驻北京记者、袁世凯政治顾问乔·厄·莫理循书信集下卷（1912—1920）》，上海：知识出版社，1986年，第728页。

⑤郑孝胥：《郑孝胥日记》，第三册，北京：中华书局，2005年，第1372页。

⑥《陆军上尉欧特白关于中国革命的报告》，载胡滨译：《英国蓝皮书有关辛亥革命选译》上册，北京：中华书局，1984年，第91-92页。

⑦《绍太保公年谱》，载《绍英日记》第6册，北京：国家图书馆出版社，2009年，第91页。

亦未尝不知之。所不知者，我监国及四亲贵耳（洵、涛、泽、朗）。大老知而不言，廷臣言而不听。日朘月削，日异月新，酿成土崩瓦解、众叛亲离之局。"① 加之外国各派势力无意维护和支持清廷的统治，清廷更加孤立无援。据《盛京时报》九月初四日报道："武昌起义爆发后不久，外交团领袖公使朱尔典就到外务部宣称各国决定不干预中国乱事。"② 十一月十二日，《盛京时报》又进行报道："奕劻照会各国公使，希望列强能拥护保存清廷，而惟某国答复极为冷淡，且述今日之中国不必以君主政体为是云云"③。从报章报道看，外国势力无意插手中国事务。英国作为西方国家之代表，"对袁世凯怀有很友好的感情和敬意。（他们）希望看到，作为革命的一个结果，有一个强有力的政府，能够与各国公正交往，并维持内部秩序和有利条件，使在中国建立起来的贸易获得进展。这样一个政府将得到英国能够提供的一切外交上的支持"④。随后，英国、法国、俄国、日本四国公使则异口同声，俱表示赞成清帝退位。这样，在国内、国外的大势所趋下，摇摇欲坠的清廷已然回天乏术，清帝宣布退位是维护其皇室地位最好的选择。奕劻一向能够审时度势，他在看清国内外局势后，才做出了支持退位的决定，因此他的这一决定是时势所趋。

　　而奕劻在清朝将亡之际，仍然不忘索贿，是他一直以来贪污行为的延续。"庆亲王对钱财的欲望是没有止境的，除非首先付钱给他，任何事情都不可能办成。"⑤ 例如，盛宣怀几次馈赠奕劻厚礼，奕劻对盛亦多加庇护。盛宣怀因倡导铁路国有政策受到资政院的弹劾，宣统三年（1911 年）资政院通过一项决议，请求皇上下令处死盛宣怀。为此，"四国公使走访了庆亲王奕劻，得到保证说：'不会加害盛宣怀。'盛宣怀在四国使馆的十名士兵的护送下，于昨天深夜前往天津，将先赴青岛。"⑥ 这只是奕劻贪污发生作用后的个中例子。奕劻贪污已经不是一例个人事件，而是当时社会的痼疾。

---

①恽毓鼎著，史晓风整理：《恽毓鼎澄斋日记》，杭州：浙江古籍出版社，2004 年，第 555 页。

②《外交团对于鄂乱之近况》，《盛京时报》，宣统三年九月初四日。

③《表同情于君主政体者勘》，《盛京时报》，宣统三年十一月十二日。

④《格雷爵士致朱尔典电》，载胡滨译：《英国蓝皮书有关辛亥革命选译》上册，北京：中华书局，1984 年，第 58 页。

⑤《代领事布朗致朱尔典爵士函》，载胡滨译：《英国蓝皮书有关辛亥革命选译》上册，北京：中华书局，1984 年，第 10 页。

⑥《朱尔典爵士致格雷爵士电》，载胡滨译：《英国蓝皮书有关辛亥革命选译》上册，北京：中华书局，1984 年，第 8 页。

在晚清，贪污之人不只奕劻一个，只因奕劻身居高位、名声在外，而成为贪污的个中代表。综上所述，奕劻的个人行为不仅影响到清朝的政治命运，而且对政治构建、政权建设、政局发展走向的影响亦不可低估。

附录 奕劻年表

纪　　年	年　龄	生平大事
道光十八年（1838 年）二月二十九（3 月 24 日）	出生	乾隆皇帝之子永璘的孙子，绵性之子
道光二十九年（1849 年）	十一岁	过继镇国将军绵懋
道光三十年（1850 年）	十二岁	承袭辅国将军爵位
咸丰二年（1852 年）正月	十四岁	封贝子
咸丰十年（1860 年）正月	二十二岁	咸丰帝三十万寿获封贝勒
同治十一年（1872 年）九月	三十四岁	同治帝大婚加郡王衔，授御前大臣
光绪五年（1879 年）	四十一岁	贝勒奕劻为考试八旗文童监射大臣，管理神机营事务；奕劻之生父绵性病故，奕劻著准其成服百日。奕劻在御前大臣上行走有年，尚属勤慎。著将绵性已革副都统衔加恩赏还
光绪七年（1881 年）	四十三岁	贝勒奕劻署镶黄旗蒙古都统
光绪九年（1883 年）	四十五岁	礼亲王世铎、御前大臣奕劻管理火器营事务
光绪十年（1884 年）三月	四十六岁	出任总理事务衙门大臣
十月		晋封庆郡王，郡王衔贝勒奕劻总理行营事务
光绪十一年（1885 年）九月	四十七岁	会同醇亲王奕譞负责办理海军事务
十月		派庆郡王奕劻、军机大臣刑部右侍郎许庚身与法国使臣互换条约
光绪十二年（1886 年）二月	四十八岁	内廷行走
六月		庆郡王奕劻、工部左侍郎孙毓汶与英国使臣互换条约

纪　年	年　龄	生平大事
光绪十三年（1887 年）	四十九岁	以续订葡国条约，庆郡王奕劻、工部左侍郎孙毓汶与葡国使臣画押
光绪十五年（1889 年）正月	五十一岁	授右宗正，管理皇族事务；光绪帝大婚，赐奕劻四团正龙补服，并赏赐长子载振为四品顶戴
光绪二十年（1894 年）	五十六岁	慈禧六十大寿，进庆亲王，赐府邸承泽园
光绪二十六年（1900 年）七月	六十岁	庚子事变，奕劻会同李鸿章与各国议和
十二月十日（1901 年 1 月 29 日）		清廷宣布变法，奕劻任督办政务大臣
光绪二十七年（1901 年）六月初九（7 月 24 日）	六十三岁	改总理各国事务衙门为外务部，奕劻任总理大臣，王文韶、瞿鸿禨任协理大臣
九月		代表清廷签订《辛丑条约》
十二月		载振加贝子衔
光绪二十九年（1903 年）三月十五日（4 月 12 日）	六十五岁	任总理军机大臣，仍理外务部事，继而总理财政处、练兵处事务，解任御前大臣授予载振
七月十六日（9 月 7 日）		载振授商部尚书
十月		御史张元奇弹劾载振召歌妓侑酒
光绪三十年（1904 年）三月	六十六岁	御史蒋式瑆弹劾奕劻在汇丰银行私存巨款，清廷派户部尚书鹿传霖、左都御史清锐查办，不得实证，蒋式瑆回原衙门行走
七月		命庆亲王奕劻、吏部尚书世续接充崇文门正副监督
光绪三十一年（1905 年）	六十七岁	担任日、俄修订东三省条约全权大臣
光绪三十二年（1906 年）七月初八（8 月 27 日）	六十八岁	清廷召开御前会议议定立宪事宜，奕劻主张速行立宪
七月十四（9 月 1 日）		奕劻总司核定官制改革

纪　年	年　龄	生平大事
九月		管理陆军部，并责成整顿一切事宜
十二月		庆亲王奕劻等奏变通军机章京额缺章程
光绪三十三年（1907 年）四月	六十九岁	赵启霖弹劾奕劻贪污受贿、其子载振纳妓。清廷派醇亲王载沣、大学士孙家鼐查办，根据二人的查办结果，赵启霖所奏失实，遂被革职查办。载振自知不容众论，四月六日引咎辞职
五月		恽毓鼎奏枢臣怀私挟诈请予罢斥一折，瞿鸿禨著开缺回籍；庆亲王奕劻奏恳恩开去军机大臣要差一折，不允
七月		上呈《奏请改考察政治馆为宪政编查馆折》，清廷下诏成立宪政编查馆，奕劻任总管大臣
九月		湖北按察使梁鼎芬奏劾奕劻、袁世凯怙恶不悛、贪私误国，传旨申饬
光绪三十四年（1908 年）七月	七十岁	奏请明定立宪年限
八月初一（8 月 27 日）		清廷颁布《九年预备立宪逐年推行筹备事宜谕》
十月十四日（11 月 7 日）		赴东陵地宫勘察陵寝工程
十月二十一日（11 月 14 日）		光绪皇帝驾崩
十月二十二日（11 月 5 日）		慈禧薨逝
十一月		宣统帝继位，载沣任摄政王，奕劻获封亲王爵位，世袭罔替，成为清朝第十二位铁帽子王
十二月		赏庆亲王头等二宝星
宣统元年（1909 年）正月	七十一岁	肃亲王善耆、镇国公载泽、尚书铁良、提督萨镇冰妥慎筹画海军，并著庆亲王奕劻随时总核稽察
六月七日（7 月 23 日）		奕劻奏请解管陆军部事宜，允准

纪　年	年　龄	生平大事
十二月		奕劻面奏恳请开去管理陆军贵胄学堂之差，著如所请
宣统二年（1910 年）正月	七十二岁	御史江春霖弹劾奕劻贪污受贿、结党营私等诸多罪状，因"污蔑亲贵"去职
九月		摄政王载沣召开御前会议，商讨成立内阁和国会事宜，同月资政院第一次召开大会
十月初三日（11 月日 4 日）		清廷宣布在宣统五年设议院
十月二十一日（11 月 22 日）		资政院通过弹劾军机议题
十月二十五日（11 月 26 日）		奕劻与资政院总裁溥伦合上新刑律总则
十一月		资政院上《恳明定枢臣责任并速设责任内阁具奏案折》。奕劻等军机大臣上折恳请开缺，清廷不允，资政院弹劾军机无果而终。奕劻又上《恳恩开去军机大臣及总理外务部事务要差一折》，不准
宣统三年（1911 年）四月初十日（5 月 8 日）	七十三岁	废军机处，奕劻任内阁总理大臣，组建内阁，徐世昌、那桐任内阁协理大臣
四月十一日（5 月 9 日）		上奏请收回成命，未允
四月十二日（5 月 10 日）		再次恳辞内阁总理，不准
六月十五日（7 月 10 日）		奕劻主持召开内阁会议，发布政治纲领
八月十九日（10 月 10 日）		武昌起义爆发，奕劻奏开去差缺，不允
九月十一日（11 月 1 日）		解任，袁世凯继任内阁总理，奕劻转任弼德院院长

续表

纪　年	年　龄	生平大事
十月		御史温肃奏请惩处奕劻、载泽、那桐、徐世昌、盛宣怀、瑞澂六人，留中不发
民国元年（1912 年）	七十四岁	清帝退位，奕劻偕家避居天津
民国六年（1917 年）	七十九岁	病逝，谥号曰"密"

参考文献

一、资料类

（一）报刊

[1]《大公报》（1901—1911 年）

[2]《东方杂志》（1904—1911 年）

[3]《国风报》（1910—1911 年）

[4]《京报》（1907 年）

[5]《申报》（1901—1911 年）

[6]《盛京时报》（1906—1911 年）

[7]《时报》（1904—1911 年）

[8]《顺天时报》（1907 年）

[9]《新民丛报》（1902—1907 年）

[10]《神州日报》（1907 年）

（二）档案

馆藏档案

中国第一历史档案馆藏：

[1] 蒋式瑆：《奏为缕陈军机大臣庆亲王奕劻等员未能称职并政治阙失各情形事》，档号 04 - 01 - 02 - 0630 - 022，光绪二十九年九月二十二日。

[2] 江春霖：《奏为特参农工商部左侍郎杨士琦等员攀援竞进众望不孚请旨罢课斥事》，卷号 04 - 01 - 12 - 0654，档号 04 - 01 - 12 - 0654 - 058，光绪三十三年七月初二日。

[3] 江春霖：《奏为陈明邮传部署侍郎沈云沛丞参上行走梁士怡屡滋物议事》，卷号 04 - 01 - 12 - 0682，档号 04 - 01 - 12 - 0682 - 002，宣统元

年闰二月二日 。

［4］江春霖：《奏请罢黜袁世凯余党事》，卷号 04－01－12－0682，档号 04－01－12－0682－001，宣统元年闰二月二日 。

［5］袁世凯：《奏请准辞去内阁总理大臣之职事》内政职官卷，卷号 01－01－13－0441，档号 01－01－13－0441－035，宣统三年十二日。

［6］《奏为密陈庆亲王奕劻任事忠诚宅心笃实事》内政职官卷，卷号 04－1－13－0429，档号 04－1－13－0429－054，光绪朝。

［7］《奏为已故大学士荣禄病重时告知袁世凯不宜在北洋请留神监察事》，宫中－朱批－朝年包附片，档号 04－01－01－1082－047，光绪三十三年十二月。

［8］《奏为密陈直隶总督袁世凯狼抗朝列虎步京师事》，档号 04－1－13－0429－058，光绪朝。

［9］岑春煊：《奏为代奏掌江苏道监察御史赵启霖奉旨恩赏开复革职处分谢恩事》，档号 04－01－12－0656－027，光绪三十三年七月二十九。

［10］赵尔巽：《奏为谨将遵旨密查岑春煊被参各节据实复奏事》，档号 04－01－12－0661－009，光绪三十四年二月二十二日。

［11］恽毓鼎：《奏为两广总督岑春煊勾通通贼情迹可疑事》，卷号 04－01－02－0108，档号 04－01－02－0108－012，光绪三十三年七月初二日。

［12］周馥：《奏为遵旨查明两广总督岑春煊被参各节事》，卷号 04－01－01－1089，档号 04－01－01－1089－007，光绪三十二年四月二十一日。

［13］张鸣岐：《奏为代递开缺两广总督岑春煊恭慰圣孝函事》，档号 04－01－12－0668－032，光绪三十四年十一月初六日。

［14］张人骏：《奏为遵旨查明复陈前督岑春煊等冤屈能员各折片及分别拟议事》，档号 04－01－12－0665－016，光绪三十四年六月初三日。

［15］锡良：《奏为北洋大臣袁世凯两次拨借奉天弹药价值及津贴脚价等项银两一并造报事》，档号 04－01－01－1068－049，光绪三十年十月初八日。

［16］陈田：《奏为枢臣袁世凯结党营私居心叵测据实纠参事》，档号 04－01－13－0421－030，光绪三十四年十二月十一日。

［17］袁世凯：《呈光绪二十九年份直隶司道府提镇密考单》，档号 04－01－13－0405－044，光绪二十九年。

[18] 恽毓鼎：《奏为特参军机大臣瞿鸿禨阴谋窃权分布党羽请立予罢斥事》，宫中－朱批－内政．职官（包），档号 04－01－12－0655－054，光绪三十三年五月初六日。

[19]《奏为民政部尚书肃亲王善耆不知自爱据实纠参事》，宫中－朱批－内政．职官（包）附片，档号 04－01－12－0691－110，宣统三年。

[20] 陆润庠：《奏为厘订官制敬陈管见事》，档号 04－01－01－1111－039，宣统三年七月初六日。

[21] 赵尔巽：《奏为饬令署理四川提学使赵启霖赴任事》，新整十八大类附片，档号 04－01－30－0070－013，宣统元年四月二十六日。

[22]《奏为条陈除积习重亲贵等自强中国之策事》，档号 04－01－30－0418－002，光绪二十七年二月二十四日。

[23] 王乃征：《奏为特参在太常寺少卿陈璧贪忮营私工于欺饰拟请简派清正大臣据实查办事》，宫中－朱批－内政．职官（包）朱批奏折，档号 04－01－12－0616－015，光绪二十八年五月初二日。

[24] 江春霖：《奏为任亲贤举新政事》，宫中－朱批－内政－礼仪（包）奏折，档号 04－01－14－0101－087，光绪三十四年十一月二十三日。

[25] 赵炳麟：《奏为培植皇室人才请颁诏重开上书房择学正品端凤负资望大臣为总师傅敬陈管见事》，档号 04－01－11－0014－002，光绪三十四年十月十四日。

[26] 赵炳麟：《奏为密陈用人大计以奠国本而杜后患事》，宫中－朱批，档号 04－01－13－0421－027，光绪三十四年十二月二十四日。

[27] 赵炳麟：《奏为国事孤危朝廷有转移风气之权宜等密陈管见折》，档号 04－01－03－0421－034.

[28] 赵熙：《奏为纠参邮传部铁路局部务废驰梁士诒亏耗巨款损失国权请派重臣查究事》，宫中－朱批－朝年包奏折，档号 04－01－01－1100－012，宣统二年十一月二十九日。

[29] 胡思敬：《奏为续参两广总督袁树勋黩货无厌剥民敛怨请查明罢斥事圣鉴事》，宫中－朱批－法律奏折，档号 04－01－08－0134－001，宣统二年正月十七日。

[30] 胡思敬：《奏为特参民政部尚书善耆勾通议员易宗夔等堕坏国纪请惩责事》，宫中－朱批－内政．职官（包）奏折，档号 04－01－12－0689－037，宣统二年十一月十九日。

[31] 奕劻、铁良：《奏为驻日经理员刘振清携款潜逃请旨缉查抄事》，档号04-01-38-0204-053，宣统元年四月初二。

[32] 奕劻、那桐：《奏为外务部筹备事宜事》，卷号04-01-30-0110，档号04-01-30-0110023，宣统元年闰二月二十八日。

[33] 江春霖：《奏为枢臣权势太重列款上陈恭祈》，宫中-朱批-内政·职官，档号04-01-12-0667-024，光绪三十四年九月初九日。

[34] 江春霖：《奏为恩纶曲予保全党羽阴图煽惑非召复勋旧大臣布列要地缓及恐不足恃事》，卷号04-01-12-0669，档号04-01-0669-011，光绪三十四年十二月二十四日。

[35] 陈田：《奏为密参北洋大臣袁世凯跋扈庆亲王奕劻误国将酿藩镇之祸请独断裁抑事》，卷号04-01-12-0651，档号04-01-12-0651-001，光绪三十二年八月初二日。

[36]《奉谕奕劻等著赏宝星》，档号02-03-12-034-0590，光绪三十四年十二月二十七日。

档案汇编

[1] 陈旭麓：《辛亥革命前后——盛宣怀档案资料选辑之一》，上海：上海人民出版社，1979年。

[2] 故宫博物院明清档案部：《清末筹备立宪档案史料》（上、下），北京：中华书局，1979年。

[3] 故宫博物院明清档案部：《清代档案史料丛编》，北京：中华书局，1978年以后陆续印。

[4] 国家档案局明清档案馆编：《戊戌变法档案史料》，北京：中华书局，1958年。

[5] 国家档案局明清档案馆编：《义和团运动档案史料》，北京：中华书局，1959年。

[6] 茅海建主编：《清代兵事典籍档册汇览》（第74、84、86、100册），北京：学苑出版社，2005年。

[7] 秦国经：《清代官员履历档案全编》，武汉：华东师范大学出版社，1997年。

[8] 中国第一历史档案馆、北京师范大学历史系编选：《辛亥革命前十年间民变档案史料》，北京：中华书局，1985年。

［9］中国第一历史档案馆、福建师范大学历史系合编：《清末教案》，北京：中华书局，2000 年。

［10］中国第一历史档案馆编：《清代军机处电报档汇编》，北京：中国人民大学出版社，2005 年。

［11］中国第一历史档案馆编：《清代档案史料丛编》，北京：中华书局，1990 年。

［12］中国第一历史档案馆：《光绪宣统两朝上谕档》，桂林：广西师范大学出版社，1996 年。

［13］中国第一历史档案馆：《庚子事变清宫档案汇编》，北京：中国人民大学出版社，2003 年。

［14］中国第一历史档案馆编：《清代文书档案图鉴》，长沙：岳麓书社，2002 年。

（三）史料汇编

［1］北洋军阀史料编委会编：《北洋军阀史料》第一册，天津：天津古籍出版社，1992 年。

［2］丁日昌：《丁中丞政书》，载沈云龙主编：《近代中国史料丛刊续编》第七十七辑，台北：文海出版社，1980 年。

［3］杜春和等编：《北洋军阀史料选辑》，北京：中国社会科学出版社，1981 年。

［4］葛士濬：《皇朝经世文续编》，载沈云龙主编：《近代中国史料丛刊正编》第七十五辑，台北：文海出版社，1972 年。

［5］《光绪会典》，载沈云龙主编：《近代中国史料丛刊正编》第十三辑，台北：文海出版社，1967 年。

［6］贺长龄：《皇朝经世文编》，载沈云龙主编：《近代中国史料丛刊》第七十四辑，台北：文海出版社，1972 年。

［7］何良栋：《皇朝经世文四编》，载沈云龙主编：《近代中国史料丛刊》第七十七辑，台北：文海出版社，1972 年。

［8］梁章钜：《枢垣纪略》，载沈云龙主编：《近代中国史料丛刊》第十三辑，台北：文海出版社，1967 年。

［9］李鸿章：《钦定大清会典事例》（光绪朝），光绪十二年石印本。

［10］麦仲华：《皇朝经世文新编》，载沈云龙主编：《近代中国史料丛刊》

第七十八辑，台北：文海出版社，1972 年。

[11]《清末职官表》，载沈云龙主编：《近代中国史料丛刊续编》第六十四辑，台北：文海出版社，1978 年。

[12] 求是斋校：《皇朝经世文编五集》，载沈云龙主编：《近代中国史料丛刊三编》第二十八辑，台北：文海出版社，1987 年。

[13] 延煦等编，陈金陵整理：《钦定台规》，全国图书馆文献缩微复制中心编，1989 年。

[14] 中国人民政治协商会议全国委员会文史资料研究委员会编：《清末民初风云》，载《〈文史资料存稿选编〉精选》，北京：中国文史出版社，2006 年。

[15] 上海商务印书馆编译所编：《大清光绪新法令》，北京：上海商务印书馆，1910 年。

[16] 上海商务印书馆编译所编：《大清新法令》，北京：上海商务印书馆，1911 年。

[17] 盛康：《皇朝经世文编续编》，载沈云龙主编：《近代中国史料丛刊》第八十四辑，台北：文海出版社，1972 年。

[18] 沈桐生：《光绪政要》，南京：江苏广陵古籍刻印社，1991 年影印版。

[19] 世续等撰：《清实录》（光绪朝），北京：中华书局，1987 年。

[20] 彦威、王亮编：《清季外交史料》，北京：书目文献出版社，1987 年。

[21] 王树敏、王廷熙：《皇清道咸同光奏议》，载沈云龙主编：《近代中国史料丛刊》第三十四辑，台北：文海出版社，1969 年。

[22] 伍廷芳等编：《大清新编法典》，载沈云龙主编：《近代中国史料丛刊三编》第二十七辑，台北：文海出版社，1987 年。

[23] 徐世昌：《退耕堂政书》，载沈云龙主编：《近代中国史料丛刊》第二十三辑，台北：文海出版社，1968 年。

[24]《宣统政纪》，载沈云龙主编：《近代中国史料丛刊三编》第十八辑，台北：文海出版社，1987 年。

[25] 中国史学会主编：《戊戌变法》，上海：上海人民出版社，2000 年。

[26] 中国史学会主编：《辛亥革命》，上海：上海人民出版社，1957 年。

[27] 中国人民政治协商会议河北省玉田县委员会文史资料委员会编：《玉田县文史资料第 5 辑》，1991 年。

[28] 中国人民政治协商会议北京市委员会文史资料研究委员会编：《文史

资料选编》第二十三辑，北京：北京出版社，1984 年。

[29] 朱寿朋：《光绪朝东华录》，北京：中华书局，1958 年。

[30] 上海市政协文史资料委员会编：《上海文史资料存稿汇编·政治军事》，上海：上海古籍出版社，2001 年。

（四）文集、奏折、年谱类

[1] 蔡尚思主编：《谭嗣同全集》，北京：中华书局，1981 年。

[2] 陈寅恪：《韩柳堂集》，上海：上海古籍出版社，1980 年。

[3] 端方：《端忠敏公奏稿》，载沈云龙主编：《近代中国史料丛刊正编》第十辑，台北：文海出版社，1964 年。

[4] 窦宗一编：《李鸿章年谱》，台北：文海出版社，1980 年。

[5] 冯桂芬：《校邠庐抗议》，郑州：中州古籍出版社，1987 年。

[6] 冯桂芬撰：《显志堂稿》，吴县冯氏校邠庐，1876 年。

[7] 冯玉祥：《我的生活》，哈尔滨：黑龙江人民出版社，1981 年。

[8] 顾廷龙等编：《李鸿章全集》电报、奏议、信函，合肥：安徽教育出版社，2008 年。

[9] 国家图书馆编：《清代（未刊）上谕奏疏公牍电文汇编》，北京：全国图书馆文献缩微复制中心，自 2005 年印制。

[10] 顾廷龙、戴逸主编：《李鸿章全集》，合肥：安徽教育出版社，2008 年。

[11] 郭嵩焘著，杨坚校补：《郭嵩焘奏稿》，长沙：岳麓书社，1983 年。

[12] 龚自珍：《龚自珍全集》，上海：上海人民出版社，1975 年。

[13] 辜鸿铭：《清流传》，南京：江苏文艺出版社，2008 年。

[14] 辜鸿铭著，黄兴涛等译：《辜鸿铭文集》，海口：海南出版社，1996 年。

[15] 何嗣焜编：《张靖达公（树声）奏议》，载沈云龙主编：《近代中国史料丛刊》第二十三辑，台北：文海出版社，1978 年。

[16] 胡思敬：《退庐全集》，载沈云龙主编：《近代中国史料丛刊》第四十五辑，台北：文海出版社，1970 年。

[17] 胡钧撰：《张文襄公（之洞）年谱》，载沈云龙主编：《近代中国史料丛刊》第五辑，台北：文海出版社，1967 年。

[18] 梁启超：《饮冰室合集》，北京：中华书局，1989 年。

[19] 劳乃宣著：《韧菴老人自订年谱》，载沈云龙主编：《近代中国史料丛

刊》第七辑，台北：文海出版社，1976 年。

[20] 李慈铭撰，王重民编：《越缦堂文集》，北京：国立北平图书馆，1930 年。

[21] 刘坤一：《刘坤一集》，北京：中华书局，1956 年。

[22] 李华兴、吴嘉勋编：《梁启超选集》，上海：上海人民出版社，1984 年。

[23] 李宝嘉：《官场现形记》，上海：上海古籍出版社，2011 年。

[24] 林绍年：《闽县林侍郎奏稿》，载沈云龙主编：《近代中国史料丛刊正编》第三十一辑，台北：文海出版社，1964 年。

[25] 骆惠敏编，刘桂梁等译：《清末民初政情内幕——〈泰晤士报〉驻北京记者、袁世凯政治顾问乔·厄·莫理循书信集下卷（1912—1920)》，上海：知识出版社，1986 年。

[26] 马来西亚兴安会馆整理：《江春霖集》，马来西亚：马来西亚兴安会馆总会文化委员会出版，1990 年。

[27] 瞿鸿禨：《瞿鸿禨集》，长沙：湖南人民出版社，2010 年。

[28] 施明、刘志盛整理：《赵瀞园集》，长沙：湖南出版社，1992 年。

[29] 孙中山：《孙中山全集》第一卷，北京：中华书局，1981 年。

[30] 汤志钧等编：《康有为政论集》，北京：中华书局，1981 年。

[31] 天津社会科学院等编：《袁世凯奏议》，天津：天津古籍出版社，1987 年。

[32] 唐文治：《茹经堂奏疏》，台北：文海出版社，1990 年。

[33] 唐文治：《茹经先生自订年谱正续篇》，台北：文海出版社，1990 年

[34] 盛宣怀：《愚斋存稿》，载沈云龙主编：《近代中国史料丛刊续编》第十三辑，台北：文海出版社，1974 年。

[35] 王闿运编：《湘绮楼全集》，上海：上海广益书局，1923 年。

[36] 王树枏著：《张文襄公全集》，载沈云龙主编：《近代中国史料丛刊》第四十九辑，台北：文海出版社，1970 年。

[37] 王韬著：《弢园文录外编》，上海：上海书店出版社，2002 年。

[38] 王先谦编：《郭侍郎（嵩焘）奏疏》，沈云龙主编：《近代中国史料丛刊》第十六辑，台北：文海出版社，1968 年。

[39] 汪叔子编：《文廷式集》，北京：中华书局，1993 年。

[40] 伍廷芳：《伍廷芳集》，北京：中华书局，1984 年。

[41] 夏东元编著：《盛宣怀年谱长编》，上海：上海交通大学出版社，2004 年。

［42］薛正兴主编：《李伯元全集》，南京：江苏古籍出版社，1997 年。

［43］薛福成撰：《庸庵文编》，载顾廷龙主编：《续修四库全书·集部》，上海：上海古籍出版社，2002 年。

［44］薛福成：《薛福成选集》，上海：上海人民出版社，1987 年。

［45］杨立强等编：《张謇存稿》，上海：上海人民出版社，1987 年。

［46］苑书义等：《张之洞全集》，石家庄：河北人民出版，1997 年。

［47］张謇著，张謇研究中心、南通市图书馆编：《张謇全集》，南京：江苏古籍出版社，1994 年。

［48］郑观应：《郑观应集》，上海：上海人民出版社，1982 年。

［49］郑观应：《盛世危言》，沈阳：辽宁人民出版社，1994 年。

［50］郑振铎：《晚清文选》，上海：上海书店，1987 年影印本。

［51］赵炳麟：《赵柏岩集》，贵州：广西人民出版社，2001 年。

［52］张佩纶：《涧于集》，载沈云龙主编：《近代中国史料丛刊》第十辑，台北：文海出版社，1967 年。

［53］章太炎：《章太炎政论选集》，北京：中华书局，1977 年。

［54］张枬、王忍之编：《辛亥革命前十年间时论选集》，北京：生活·读书·新知三联书店，1977 年。

［55］中国第一历史档案馆：《光绪朝朱批奏折》，北京：中华书局，1995 年。

［56］中国科学院历史研究所编：《刘坤一遗集》，北京：中华书局，1959 年。

［57］庄建平主编：《近代史资料文库》第六卷，上海：上海书店出版社，2009 年。

（五）笔记、日记、回忆录等资料

［1］曹汝霖：《一生之回忆》，香港：春秋杂志社，1966 年。

［2］陈灜一：《睇向斋秘录（附 2 种）》，北京：中华书局，2007 年。

［3］陈恒庆：《谏书稀庵笔记》，国家图书馆缩微中心库，缩微号：00M073556。

［4］费行简：《慈禧传信录》，台北：广文书局，1980 年。

［5］赫德：《赫德日记——赫德与中国早期现代化》，北京：中国海关出版社，2005 年。

［6］黄濬：《花随人圣庵摭忆》，载《民国笔记小说大观第四辑》，太原：山西古籍出版社，1999 年。

［7］金梁：《光宣小记》，载《民国史料笔记丛刊》，上海：上海书店出版

社，1998 年。

[8] 李孟符：《春冰室野乘》，载《民国小说大观》第一辑，太原：山西古籍出版社，1995 年。

[9] 刘大鹏：《退想斋日记》，太原：山西人民出版社，1990 年。

[10] 刘禺生：《世载堂杂忆》，北京：中华书局，1997 年。

[11] 刘体智撰，刘笃龄点校：《异辞录》，北京：中华书局，1988 年。

[12] 李慈铭：《越缦堂日记》，扬州：广陵书社，2004 年。

[13] 那桐：《那桐日记》，北京：新华出版社，2006 年。

[14] [英]濮兰德·贝克豪斯：《慈禧统治下的大清帝国》，天津：天津人民出版社，2008 年。

[15] 溥仪：《我的前半生》，北京：群众出版社，2003 年。

[16] 《清朝野史大观》，上海：上海书店，1981 年。

[17] 《清代野史》，成都：巴蜀书社，1987 年。

[18] 秦国经：《逊清皇室轶事》，北京：紫禁城出版社，1985 年。

[19] 中国人民政治协商会议全国委员会文史资料研究委员会编：《辛亥革命回忆录（六)》，北京：文史资料出版社，1963 年。

[20] 全国公共图书馆古籍文献编委会编：《袁世凯未刊书信稿》，北京：中华全国图书馆文献缩微复制中心，1998 年。

[21] 荣庆：《荣庆日记》，西安：西北大学出版社，1986 年。

[22] 荣孟源、章伯锋主编：《近代稗海》，成都：四川人民出版社，1985 年。

[23] 寿充一、寿乐英编：《外商银行在中国》，北京：中国文史出版社，1996 年。

[24] 孙宝暄：《忘山庐日记》，上海：上海古籍出版社，1983 年。

[25] 天台野叟著：《大清见闻录》，郑州：中州古籍出版社，2000 年。

[26] [德]瓦德西：《瓦德西拳乱笔记》，上海：上海书店出版社，2000 年。

[27] 王伯恭、江庸：《趋廷随笔·蜷庐随笔》，太原：山西古籍出版社，1999 年。

[28] 王锡彤：《抑斋自述》，郑州：河南大学出版社，2001 年。

[29] 汪荣宝：《汪荣宝日记》，载沈云龙主编：《近代中国史料丛刊三编》第六十三辑，台北：文海出版社，1990 年。

[30] 王文韶著，袁英光、胡逢祥整理：《王文韶日记》，北京：中华书局，1989 年。

[31] 文安主编：《晚清述闻》，载《清末民初系列丛书》，北京：中国文史委员会，2004 年。

[32] 翁同龢著，陈义杰整理：《翁同龢日记》，北京：中华书局，2006 年。

[33] 王士禛：《池北偶谈》，济南：齐鲁书社，2007 年。

[34] 吴庆坻：《蕉廊脞录》，载《清代史料笔记丛刊》，北京：中华书局，1990 年。

[35] 吴永口述，刘治襄记：《庚子西狩丛谈》，长沙：岳麓书社，1998 年。

[36] 吴瑜著，中国革命博物馆整理：《吴瑜日记》上册，成都：四川人民出版社，1998 年。

[37] 徐珂：《清稗类钞》，北京：中华书局，1984 年。

[38] 徐一士：《凌霄一士随笔》，载沈云龙主编：《近代中国史料丛刊续编》第六十四辑，台北：文海出版社，1989 年。

[39] 徐一士：《亦佳庐小品》，北京：中华书局，2009 年。

[40] 许宝蘅著，许恪儒整理：《许宝蘅日记》，北京：中华书局，2010 年。

[41] 薛福成：《庸庵笔记》，南京：江苏人民出版社，1983 年。

[42] 杨度：《杨度日记》，北京：新华出版社，2001 年。

[43] 佚名等编著：清代野史丛书《李鸿章事略（外八种）》，北京：北京古籍出版社，1999 年。

[44] 恽毓鼎著，史晓风整理：《恽毓鼎澄斋日记》，杭州：浙江古籍出版社，2004 年。

[45] 赵尔巽等撰：《清史稿》，北京：中华书局，1977 年。

[46] 中国人民政治协商会议全国委员会文史资料研究委员会编：《晚清宫廷生活见闻》，北京：文史资料出版社，1982 年。

[47] 张荫桓：《张荫桓日记》，上海：上海书店，2004 年。

[48] 中国历史博物馆编：《郑孝胥日记》，北京：中华书局，1993 年。

[49] 载振：《英轺日记》，台北：文海出版社，1972 年。

二、中文著作及译著

[1] 艾永明：《清朝文官制度》，北京：商务印书馆，2003 年。

[2] 白新良：《清代中枢决策研究》，沈阳：辽宁人民出版社，2002 年。

[3] 白钢主编：《中国政治制度通史》，北京：人民出版社，1996 年。

[4] 陈茂同：《历代职官沿革史》，上海：华东师大出版社，1988 年。

[5] 陈茂同：《中国历代选官制度》，上海：华东师大出版社，1994 年。

[6] 蔡冠洛：《清代七百名人传》，北京：中国书店，1984 年影印本。

[7] 丁守和主编： 《辛亥革命时期期刊介绍》，北京：人民出版社，1982 年。

[8] ［美］费正清：《剑桥中国晚清史》（上、下卷），北京：中国社会科学出版社，1985 年。

[9] 费行简：《近代名人小传》，台北：文海出版社，1974 年。

[10] 冯尔康： 《清代人物传记史料研究》，天津：天津教育出版社，2005 年。

[11] 高一涵：《中国御史制度沿革》，北京：商务出版社，1934 年。

[12] 古鸿廷：《清代官制研究》，台北：台湾编译馆，2000 年。

[13] 郭汉民： 《晚清社会思潮研究》，北京：中国社会科学出版社，2003 年。

[14] 郭汉民： 《中国近代史事探索》，长沙：湖南师范大学出版社，2004 年。

[15] 郭松义、李新达：《中国政治制度史》第 10 卷（清代），北京：人民出版社，1996 年。

[16] 郭松义、李新达、李尚英：《清朝典章制度》，长春：吉林文史出版社，2008 年。

[17] 郭廷以编著：《近代中国史事日志》，北京：中华书局，1987 年。

[18] ［美］亨廷顿：《变动社会中的政治秩序》，上海：上海译文出版社，1989 年。

[19] 华尔嘉：《清代贪污受贿大案》，北京：群众出版社，2007 年。

[20] 侯宜杰：《二十世纪初政治改革风潮》，北京：人民出版社，1993 年。

[21] 黄惠贤、陈锋：《中国俸禄制度史》，武汉：武汉大学出版社，2005 年。

[22] 胡沧泽：《中国监察制度史纲》，北京：方正出版社，2004 年。

[23] ［法］卢梭著，何兆武译：《社会契约论》，北京：商务印书馆，2005 年。

[24] 贾小叶：《晚清大变局中督抚的历史角色——以中东部若干督抚为中心的考察》，上海：上海书店出版社，2008 年。

[25] ［法］孟德斯鸠著，张雁深译：《论法的精神》，北京：商务印书馆，1993 年。

[26] 贾玉英：《中国古代监察制度发展史》，北京：人民出版社，2004 年。

［27］［新西兰］杰瑞米·普：《制约腐败——构建国家廉政体系》，北京：
中国方正出版社，2003 年。

［28］金梁：《近世人物志》，北京：北京图书馆出版社，2007 年。

［29］［美］柯文：《历史三调：作为事件、经历和神话的义和团》，南京：
江苏古籍出版社，2000 年。

［30］孔祥吉：《清人日记研究》，广州：广东人民出版社，2008 年。

［31］李鹏年等： 《清代中央国家机关概述》，北京：紫禁城出版社，
1989 年。

［32］李治安、杜家骥： 《中国古代官僚政治》，北京：书目文献出版社，
1993 年。

［33］李铁：《中国文官制度》，北京：中国政法大学出版社，1989 年。

［34］李文海：《世纪之交的晚清社会》，北京：中国人民大学出版社，1995 年。

［35］李曙光：《晚清职官法研究》，北京：中国政法大学出版社，2000 年。

［36］李剑农：《中国近百年政治史》，武汉：武汉大学出版社，2006 年。

［37］李剑农：《戊戌以后三十年中国政治史》，北京：中华书局，1965 年。

［38］刘厚生：《张謇传记》，上海：上海书店，1985 年影印本。

［39］刘伟：《晚清督抚政治——中央与地方关系研究》，武汉：湖北教育出
版社，2003 年。

［40］刘子扬：《清代地方官制考》，北京：紫禁城出版社，1988 年。

［41］刘梅生：《中国近代文官制度史》，郑州：河南大学出版社，1994 年。

［42］刘海峰：《科举学导论》，武汉：华中师范大学出版社，2005 年。

［43］刘泽华、汪茂和、王兰仲：《专制权力与中国社会》，天津：天津古籍
出版社，2005 年。

［44］［英］罗素：《权力论》，北京：东方出版社，1988 年。

［45］［美］马士：《中华帝国对外关系史》，上海：上海书店，2006 年。

［46］马寅初：《政治学与中国财政——理论与现实》，北京：商务印书馆，
2001 年。

［47］《南方周末》编：《晚清变局与民国乱象》，北京：北京工业大学出版
社，2011 年。

［48］邱涛：《中华民国反贪史——其制度变迁与运行的衍异》，兰州：兰州
大学出版社，2003 年。

［49］《实业之梦：张謇传》，成都：四川人民出版社，1995 年。

[50] 邱永明：《中国监察制度史》，上海，华东师范大学出版社，1992 年。

[51] 钱穆：《中国历代政治得失》，北京：生活、读书、新知三联书店，2001 年。

[52] 瞿同祖：《清代地方政府》，北京：法律出版社，2003 年。

[53] 瞿同祖：《中国封建社会》，上海：上海人民出版社，2003 年。

[54] 钱实甫：《清代职官年表》，北京：中华书局，1997 年。

[55] 任立达：《中国古代官吏考选制度史》，青岛：青岛出版社，2003 年。

[56] 石泉：《甲午战争前后之晚清政局》，北京：生活、读书、新知三联书店，1997 年。

[57] 孙伯南：《中国监察制度的研究》，台北：三民书局，1982 年。

[58] ［法］托克维尔：《旧制度与大革命》，北京：商务印书馆，1997 年。

[59] 王春瑜主编：《中国反贪史》，成都：四川人民出版社，2000 年。

[60] 王春瑜主编：《中国反腐败史话》，兰州：兰州大学出版社，2005 年。

[61] 王开玺：《晚清政治新论》，北京：商务印书馆，2006 年。

[62] 王奎：《清末商部研究》，北京：人民出版社，2008 年。

[63] 王尔敏：《弱国的外交——面对列强环伺的晚清世局》，桂林：广西师范大学出版社，2008 年。

[64] 王亚南：《中国官僚政治研究》，北京：中国社会科学出版社，1981 年。

[65] 王竹主编：《蓦然回首灯火阑珊处：北京百年电业稗史蒐谈》，北京：中国林业出版社，2008 年。

[66] 王钟翰点校：《清史列传》，北京：中华书局，1987 年。

[67] 魏绍昌：《孽海花研究资料》，北京：中华书局，1962 年

[68] 文安主编：《大清王府》，北京：中国文史出版社，2004 年。

[69] ［美］魏斐德著，邓军译：《中华帝制的衰落》，合肥：黄山书社，2010 年。

[70] 吴观文：《中国古代政治与监察制度》，长沙：长沙国防科技大学出版社，1991 年。

[71] 吴玉清：《清朝八大亲王》，北京：学苑出版社，1993 年。

[72] 吴福环：《清季总理衙门研究》，北京：文津出版社，1995 年。

[73] 吴趼人著，张友鹤校注：《二十年目睹之怪现状》，北京：人民出版社，1959 年。

[74] 谢俊美：《政治制度与近代中国》，上海：上海人民出版社，2000 年。

［75］徐彻：《美丽与哀愁：一个真实的慈禧太后》，北京：团结出版社，2007 年。

［76］徐曾渊：《中国监察制度的理论、渊源及影响》，台北："商务印书馆"，1972 年。

［77］雪珥：《国运 1909：清帝国的改革突围》，西安：陕西师范大学出版社，2010 年。

［78］萧一山：《清代通史》，北京：中华书局，1986 年。

［79］杨敏之主编：《中国历代反贪全书》，长沙：湖南大学出版社，1996 年。

［80］袁世凯著，骆宝善评点：《骆宝善评点袁世凯函牍》，长沙：岳麓书社，2005 年

［81］［英］约翰·奥特维·布兰德、埃特蒙德·白克浩斯著，张伟红译：《慈禧外传》，郑州：河南文艺出版社，2007 年。

［82］余英时：《士与中国文化》，上海：上海人民出版社，2003 年

［83］曾纪蔚：《清代之监察制度》，兴宁书店，1931 年。

［84］张金鉴：《中国吏治制度史概要》，台北：三民书局，1981 年。

［85］张建伟：《大清王朝的最后变革》，北京：中国社会出版社，1993 年。

［86］张晋藩：《中国政治制度史》，北京：中国政法大学出版社，1987 年。

［87］张晋藩：《中国法制通史》，北京：法律出版社，1999 年。

［88］张德昌：《清季一个京官的生活》，香港：香港中文大学出版，1970 年。

［89］张德泽：《清代国家机关考略》，北京：学苑出版社，2001 年。

［90］张仲礼：《中国绅士——关于其在 19 世纪中国社会中作用的研究》，上海：上海社会科学院出版社，1991 年。

［91］章开沅主编：《清通鉴》，长沙：岳麓书社，2000 年。

［92］庄建平：《晚清民初政坛百态》，成都：四川人民出版社，1999 年。

［93］赵园：《明清之际士大夫研究》，北京：北京大学出版社，1999 年。

［94］朱英：《转型时期的国家与社会——以近代中国商会为主题的历史透视》，武汉：华中师范大学出版社，1997 年。

［95］郑秦：《清代法律制度研究》，北京：中国政法大学出版社，2000 年。

［96］［美］周明之：《近代中国的文化危机：清遗老的精神世界》，济南：山东大学出版，2009 年。

［97］周锡瑞：《改良与革命》，北京：中华书局，1982 年。

[98] ［日］佐藤铁治郎：《一个日本记者笔下的袁世凯》，天津：天津古籍出版社，2005年。

[99] 曾朴：《孽海花》，上海：上海古籍出版社，2011年。

[100] 郑曦原、李方惠、胡书源编译：《帝国的回忆：〈纽约时报〉晚清观察记》，北京：生活·读书·新知三联书店，2001年。

[101] 庄练：《中国近代史上的关键人物》，北京：中华书局，1988年。

[102] ［美］斯蒂芬·R.麦金农著，牛秋实、于英红译：《中华帝国晚期的权力与政治：袁世凯在北京与天津1901—1908》，天津：天津人民出版社，2013年。

三、论文

（一）期刊论文

[1] 程为坤：《杨翠喜案与丁未政潮》，《紫禁城》，1989年第4期。

[2] 陈彬：《清代监察机关之管理》，《西南民族学院学报（哲学社会科学版）》，2001年第11期。

[3] 陈彬、阜元：《论清代监察制度的两个问题》，《四川师范学院学报（哲学社会科学版）》，1997年第3期。

[4] 陈凤尤：《清末名伶杨翠喜引出的一起贿官风波》，《湖北档案》，2010年Z1期。

[5] 陈勇勤：《晚清清流派思想研究》，《近代史研究》，1993年第2期。

[6] 陈勇勤：《晚清清流派的清议观探论》，《社会科学家》，1994年第1期。

[7] 蔡明伦：《明代言官勇谏原因考析》，《华中科技大学学报·社会科学版》，2005年第2期。

[8] 蔡明伦：《明中后期言官蜕变的原因》，《贵州社会科学》，2005年第2期。

[9] 蔡明伦：《论明朝中后期言官的蜕变》，《辽宁大学学报（哲学社会科学版）》，2005年第5期。

[10] 迟云飞：《清政府衰败是辛亥革命成功的重要条件》，《湖南师范大学教育科学学报》，1992年第1期。

[11] 丁健：《奕劻与辛亥袁世凯再起》，《江西师范大学学报（哲学社会科学版）》，2010年第2期。

［12］关汉华：《清代监察官员考选制度述论》，《广东社会科学》，2002 年第 6 期。

［13］何树宏：《奕劻与晚清政局》，《清史研究》，2000 年第 2 期。

［14］侯宜杰：《评清末官制改革中的赵炳麟与袁世凯的争论》，《天津社会科学》，1993 年第 1 期。

［15］华尔嘉：《王谢门庭：京津两座庆王府》，《纵横》，2009 年第 12 期。

［16］孔祥吉：《奕劻在义和团运动中的庐山真面目》，《近代史研究》，2011 年第 5 期。

［17］赖惠敏：《清代皇族的家族结构与财产分配》，《"中央研究院"近代史研究所集刊》，第 23 期。

［18］刘战、谢茉莉：《试论清代的监察制度》，《辽宁大学学报（哲学社会科学版）》，2001 年第 3 期。

［19］刘大有：《陇人安维峻笔下的义和团运动》，《甘肃社会科学》，1987 年第 4 期。

［20］李伟：《清代监察官员的选任、管理及对现代监察建设的启示》，《广州大学学报》，2001 年第 10 期。

［21］李志武：《试论宣统二年江春霖参劾奕劻案》，《学术研究》，2004 年第 3 期。

［22］李光辉：《清代监察官员的选任、升转与考核》，《成都大学学报（社科版）》20 能年第 1 期。

［23］林克光：《清末第一御史江春霖》，《历史教学》，2002 年第 1 期。

［24］蒋秀丽：《论腐败在清末新政官场的新演绎》，《延安大学学报（社会科学版）》，2003 年第 4 期。

［25］焦利：《清代监察之法镜鉴》，《国家行政学院学报》，2006 年第 4 期。

［26］倪军民：《试论清代监察制度机能萎缩及其原因》，《上海社会科学学术季刊》，1994 年第 2 期。

［27］彭剑：《"皇族内阁"与皇室内争》，《华中师范大学学报（人文社会科学版）》，2011 年第 2 期。

［28］孙季萍、张鸿浩：《清代高官贪污腐败犯罪及其惩治》，《烟台大学学报（哲学社会科学版）》，2010 年第 4 期。

［29］谭义军、杨成：《奕劻与清末宪政改革》，《华南理工大学学报（社会科学版）》，2011 年第 1 期。

[30] 王德泰、刘华:《论甲午战争期间"倒李"斗争中的安维峻》,《甘肃高师学报(社会科学版)》,1999 年第 4 期。

[31] 王宏斌:《晚清银钱比价波动与官吏贪污手段》,《中州学刊》,1989年第 4 期。

[32] 王开玺:《晚清论驳上谕风潮述论》,《北京师范大学学报(社会科学版)》,1998 年第 4 期。

[33] 谢俊美:《晚清卖官鬻爵新探——兼论捐纳制度与清朝灭亡》,《华东师范大学学报(哲学社会科学版)》,2001 年第 5 期。

[34] 谢元鲁:《论中国古代国家监察制度的历史经验》,《社会科学辑刊》2004 年第 3 期。

[35] 杨庆东:《我国古代"言官谏诤"制度的演进及启示》,《中共云南省委党校学报》,2005 年第 3 期。

[36] 杨成:《奕劻宪政思想论略》,《武陵学刊》,2010 年第 3 期。

[37] 杨曙光:《管窥清朝的监察制度》,《四川行政学院学报》,2005 年第 5 期。

[38] 赵炎才:《晚清选官制度的基本特征》,《云南社会科学》,2004 年第 1 期。

[39] 朱从兵:《一个言官的尴尬——赵炳麟的铁路筹建思想与实践》,《广西师范大学学报(哲学社会科学版)》,2005 年第 4 期。

[40] 周利成:《段芝贵献妓贝子案》,《湖南档案》,2003 年第 1 期。

[41] 甄光俊、方兆麟:《清末轰动朝野的一场官场花案》,《文史精华》,2007 年第 11 期。

[42] 邹范林:《论晚清的前期清流》,《山西大学学报》,1985 年第 3 期。

[43] 周增光:《奕劻与甲午战争》,《满族研究》,2011 年第 4 期。

[44] 周增光:《清庆亲王奕劻研究综述》,《满族研究》,2010 年第 1 期。

[45] 周增光:《奕劻与清帝逊位》,《清史研究》,2013 年第 1 期。

(二) 硕博论文

[1] 边秀双:《清代惩贪机制研究——清代官员贪污犯罪的社会学分析》,2011 年山东大学硕士论文。

[2] 柴松霞:《出洋考察团与清末立宪研究》,2009 年中国政法大学博士论文。

［3］陈一容：《清代官吏惩戒制度研究》，2005 年西南师范大学硕士论文。

［4］何增光：《民国监督制度研究》，2004 年浙江大学博士论文。

［5］焦利：《清代监察法研究》，2006 年中国政法大学博士论文。

［6］邝岭梅：《清代宗室王公处罚制度初探》，2009 年北京大学硕士论文。

［7］梁尔铭：《明代巡按御史监察职权研究——以〈按粤书稿〉为中心》，
2005 年华南师范大学硕士论文。

［8］刘本森：《急进与保守·剧变与不变——近代中国社会变迁模式新探》，
2011 年上海师范大学硕士论文。

［9］李昊懿：《政治文化视角下的官场潜规则研究》，2008 年湖南大学硕士
论文。

［10］李巧：《试论清代监察制度的建制及其监察机能萎缩的原因》，2004
年郑州大学硕士论文。

［11］李垚甫：《晚清警政及其反腐法制研究》，2009 年华中师范大学硕士
论文。

［12］李文生：《清代职务犯罪问题研究》，2006 年中国政法大学博士论文。

［13］潘崇：《清末五大臣出洋考察研究》，2010 年南开大学博士论文。

［14］司春玲：《晚清汇丰银行研究》，2009 年河北师范大学硕士论文。

［15］苏全有：《清末邮传部研究》，2005 年华中师范大学博士论文。

［16］肖宗志：《候补文官群体与晚清政治》，2006 年华中师范大学博士
论文。

［17］徐爽：《1901—1911：旧王朝与新制度——清末立宪改革述论》，2006
年中国政法大学博士论文。

［18］余明贤：《清代都察院之研究》，1979 年台湾政治大学硕士论文。

［19］王倩：《监察御史和晚清政局：以奕劻被弹劾案为线索的考察》，2008
年华中师范大学硕士论文。

［20］杨雄威：《日暮途穷——清末预备立宪时期的言路》，2006 年河北师
范大学硕士论文。

［21］周增光：《奕劻与清末政局》，2011 年北京师范大学硕士论文未刊本。

［22］张靖：《晚清选官制度变革研究》，2005 年中国政法大学博士论文

［23］张敬：《清末言官的变法观考察》，2005 年河北师范大学硕士论文。

［24］李洪岩：《清代反贪污贿赂法律研究》，2011 年南开大学硕士论文。

［25］徐勇：《言官与清末新政——以清末三霖为中心》，2012 年东华大学

硕士论文。

[26] 胡志勇:《奕劻与清末新政》, 2113 年华东政法大学硕士论文。

四、英文资料

[1] DR Reynolds , *China*, 1895—1912: *State – Sponsored Reforms and China's Late – Qing Revolution* [M]. selected essays from Zhongguo jindai shi (Modern Chinese history, 1840—1919).

[2] Isaac Taylor, *The Political Condition of China* [M]. Proceedings of the American Political Science Association, Vol. 6, Sixth Annual Meeting (1909), pp. 170 – 173, American Political Science Association Stable .

[3] J Judge, Public Opinion and the New Politics of Contestation in the Late Qing, 1904—1911 [J]. *Modern China*, 1994 – JSTOR.

[4] JohnE. Schrecker, *Imperialismand Chinese Nationalism: Germany in Shantung* [M]. Cambridge: Harvard Eniversity Press, 1971.

[5] Karl, Rebecca E. , *Rethinking the 1898 Reform Period: Political and Cultural Change in Late Qing China* [M]. Cambridge: Harvard University Asia Center.

[6] LE Eastman , Political Reformism in China before the Sino – Japanese War [J]. *The Journal of Asian Studies*, 1968 – Cambridge Univ Press.

[7] MB Rankin, "Public Opinion" and Political Power: Qingyi in Late Nineteenth Century China [J]. *The Journal of Asian Studies*, 1982 – Cambridge Univ Press.

[8] Meriberth Cameron, *The Reform Movement in China*, 1898—1912 [M]. Stanford: Stanford University Press, 1931.

[9] PDer Ling , *Two Years in the Forbidden City* [M]. New York: New York Moffat, Yard and Company, 1914.

[10] Ralph powell, *the Rise of Chinese Military Power*, 1895—1912 [M]. Princetone: Princetone University Press, 1955.

[11] Victor Purcell, *The Boxer Uprising: A Background Study* [M]. Cambridge: Harvard Eniversity Press, 1963.